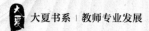
大夏书系 | 教师专业发展

终身成长
教师专业发展指南

郝晓东 —— 著

华东师范大学出版社
·上海·

图书在版编目（CIP）数据

终身成长：教师专业发展指南／郝晓东著. 上海：华东师范大学出版社，2025.
—— ISBN 978-7-5760-5975-5

I. G451.2-62

中国国家版本馆 CIP 数据核字第 2025WT6532 号

大夏书系 | 教师专业发展

终身成长：教师专业发展指南

著　　者	郝晓东
策划编辑	卢风保
责任编辑	潘琼阁
责任校对	杨　坤
封面设计	奇文云海·设计顾问

出版发行	华东师范大学出版社
社　　址	上海市中山北路 3663 号　邮编 200062
网　　址	www.ecnupress.com.cn
电　　话	021-60821666　行政传真 021-62572105
客服电话	021-62865537
邮购电话	021-62869887
地　　址	上海市中山北路 3663 号华东师范大学校内先锋路口
网　　店	http://hdsdcbs.tmall.com/

印 刷 者	三河市龙林印务有限公司
开　　本	700×1000　16 开
印　　张	17.5
字　　数	267 千字
版　　次	2025 年 4 月第一版
印　　次	2025 年 4 月第一次
印　　数	6 100
书　　号	ISBN 978-7-5760-5975-5
定　　价	72.00 元

出 版 人　王　焰

（如发现本版图书有印订质量问题，请寄回本社市场部调换或电话 021-62865537 联系）

目录

序　做生命的修桥筑路者　1

第一辑　阅读：站在大师的肩膀上前行

终身学习是一种减负策略　3
如何组织教师共读　8
教师阅读的特征与问题　18
教师需要提升专业阅读的能力　21
落实新课标应重视专业阅读　25
吻醒一本书　28
我反复阅读的十本书　35
导读者要学会"拆书"　44

第二辑　反思：为大脑安装纠错机制

自由意味着什么 *51*

休闲比工作重要 *58*

仅仅读书是不够的 *64*

人工智能时代为何还要读古典 *70*

有效的教改模式，为何用起来效果不好 *73*

为什么公众号文章阅读量低 *77*

共读要注重生成 *79*

共读要提高对话质量 *82*

第三辑　对话：突破认知的禁锢

什么是对话 *89*

如何成为团队领读者 *97*

成长是怎么发生的 *103*

未来教师的精神画像 *110*

不解决问题的阅读是伪阅读 *121*

做一名啃读者 *126*

积极意味着什么 *132*

第四辑　精进：向未知的自己逼近

提高执行力　*143*
道是无晴却有晴　*147*
如何提高学习力　*153*
是什么阻碍了成长　*159*
优秀是卓越的敌人　*163*
沉沦与救赎　*167*
要追问自我是否成长，而不必看重分数高低　*172*
接受命运，进化自己　*178*

第五辑　交往：寻找生命中的"重要他人"

谁是你的"重要他人"　*183*
比读书更重要的是什么　*189*
在阅读中重建心灵世界　*192*
相信共同体的力量　*196*
教师专业发展的"吉祥三宝"　*199*

第六辑　热爱：抵御心灵的麻木

做一个真正热爱孩子的老师　205
爱是一种能力　208
为什么热爱阅读的老师稀缺　213
想说"爱"你不容易　216
向李镇西老师学什么　221
抵御心灵的麻木　227

第七辑　理想：在远方召唤着你

办一所让孩子不愿回家的学校　235
给未来教师的十点建议　237
栖居精神家园，仰望深邃的天空　248
以自身的确定性迎接不确定的未来　252
学习希望　256
充满劳绩而诗意地栖居　262

后　记　267

序　做生命的修桥筑路者

承蒙晓东博士抬举，将即将付梓的书稿发于我，嘱我为之作一推荐序，于是有幸比万千读者提前数月一识宏论。晓东博士乃大才，其专业发展起步于中学课堂，成长于大学讲台，目下又全身心致力于中国教师群体的网络学习共同体建设大业，殚精竭虑地为众人抱薪，其经历之丰富、成长之稳健、情怀之阔大、学识之丰厚，皆足以支撑起一个既无限简单又无比丰富的"人"的形象，这个大写的"人"终身行走，终身成长，目光坚毅，脊梁挺直，一路修行一路歌，满眼欢愉满眼诗。

在汉字中，还有哪一个字能如"人"字一样，用如此少的笔画，树立起一个顶天立地的形象呢？"人"绝非单纯的生物学名词，而是附加了无限多的义项的社会学概念，是超越了蝇营狗苟、挣脱了名缰利锁的生命符号。人之为人的全部精妙，其实永远逃不过这一撇一捺的归纳与提炼，永远行动，永远探索，永远脚踏实地，永远清清爽爽、干干净净。

"人"是什么？首先应该是"人物"。"人物"未必一定要和"风流""英雄"挂钩，但注定同理想、行动与实力存在逻辑关联。晓东博士无疑是个"人物"，晓东博士这个"人物"的价值意义，不只体现为其博士学位、大学副教授职称和"新网师"执行主任身份，更体现为其长期坚守的造福他人的"修桥筑路"行为，体现为其为了中国基础教育的健康发展而栉风沐雨的公益情怀，体现为中国传统知识分子身上不可或缺的那份"拆下肋骨当火把"的使命担当。

人，还应该是"人才"。人才与天才的最大区别，在于后者源自先天的恩赐，前者源于自身的不懈努力。晓东博士由中学教师至大学教师、由本科生至博士生的成长历程中，有哪一个节点不曾凝聚奋斗的汗水？现在，他将自身经历以及由此获取的所有关乎教师专业发展的思考与感悟结为专著，无疑是将自身的成长经验毫无保留地传递给万千读者，旨在为中国基础教育培养更多的教育人才。

人，还与"人道""人性""人生"密不可分。晓东博士的这部作品，其特定阅读对象是成长中的中小学教师。在当下，无论社会各界对基础教育阶段的教师持有什么样的价值认知，不可改变的事实都是这个群体始终肩荷着为未来社会培养合格公民的重任。为了这份神圣的使命，中小学教师必须始终行走在求真向善的路上，始终以人道为基石、以人性为着力点，为学生的终身发展需要而持久学习。晓东博士试图用这部著作破解的成长难题，正在于给予中小学教师多方面的引导，使其能够在日常的教育生活中学会阅读、学会反思、学会对话、学会写作、学会专业交往，最终成长为自带光芒的人。

生活于 21 世纪的当下，没有人会否认终身学习的价值。然而，需要终身学习和真正开展终身学习之间，实在是阻隔着太多的障碍物。于中小学教师而言，最大的障碍在于职业认同中的自我认知遮蔽。太多的中小学教师误读了知识传授和生命雕塑间的关系定位，将教育狭隘理解为教学特定的教材内容。因为这份误读，也就很自信地认为凭借了既有的知识储备和成年人的社会阅历，足以应对中小学阶段的所有教学任务，无须不断吸纳最新的学术成果，甚至无须不断更新教学技法。此种误读产生的最直接的危害，便是相当数量的中小学教师主动放弃了自身的专业发展，只依凭了经验、阅历、爱心和时间消耗应对日常的教育教学事务。

消解自我认知遮蔽的最有效方式，莫过于专业实践、专业反思、专业阅读、专业写作和专业交往。此五者，可称为任何一种职业可持续发展的"五专"模式。"五专"的精髓，在于输入和吸纳，而非单向度的输出。

日常的教学活动属于专业实践吗？或许是，也或许不是，焦点在于是否拥有明晰且正确的课程目标。跟着感觉走的教学，永远都和专业实践无关，因为它缺乏真正的思考，缺乏基于理性和理想的体系化行动。教育者需要在教学实践中体味思考的快乐、发现的情趣和创造的幸福,却必须警惕自得其乐和自我陶醉。基于这样的认知,晓东博士在书中强调必须在日常的教育教学实践中努力提升学习力,"有意识突破心理舒适区,到陌生领域探险",必须"严格自我管理","培养专注力",我认为这样的主张超越了"技",走进了"道"的范畴,值得所有的读者朋友深思而后行。

至于日常工作中的专业反思,晓东博士特意用了一整辑的篇幅进行强调。透过晓东博士的论述,我们可以发现教师的专业反思既包含着最为宏大的"我是谁"等终极三问,又包括中观层面上对闲暇时光的考量、对专业阅读的审视、对人工智能时代阅读与教学行为的探索,还指向微观层面的公众号拟写和同伴共读等细节性问题。借助于这些文字,可以发现中小学教师的专业反思的外延实际上包括了无限丰富的全部社会生活。这便极大地拓展了专业反思的关注视域,建立起了"大教育"的宏阔视野。

专业阅读和专业交往,属于晓东博士在现实的"新网师"工作中最为关注的两大论题。教师如何才能有效开展专业阅读呢?晓东博士开出的药方是"集中时间深度共读,较长时间聚焦阅读",是"融入更大的读书群体实现跨界阅读",是"让对话发生",是"吻醒一本书",是把书拆解开来读。教师如何开展高效益的专业交往呢?晓东博士给出的答案是"找到高人,长期求学",是"选择那些与我们的愿景相匹配的共同体"。这两方面的道理似乎人人都懂,但真正要落到实处,却有相当多的细节性工作要精雕细琢。书中所举的众多案例,就为我们详尽呈现了专业阅读和专业交往中的诸多要点信息。

晓东博士在书稿的最后两章,用相对诗意的标题和内容为读者朋友勾勒了若干幅教育的美好图景。从我的感受而言,最喜欢的是"栖居精神家园,仰望深邃的天空"和"充满劳绩而诗意地栖居"。当然我也想拥有一所"让孩子不愿回家的学校",也渴望"做一个真正热爱孩子的老师","以自身的确定性迎接不确定的未来",以此"抵御心灵的麻木"。如果说前面的文字还有一定量的工笔细描成分,这两章便属于大写意,在技术之外追求更高远的理想和情怀。

人生当然无法远离功利,但人生更离不开理想和情怀的润泽。中小学教师无论生活于何种工作环境之中,其面对的教育对象都注定是这个世界上最纯洁的一个群体。终日置身于这样的群体之内，每一个不甘平庸的灵魂又如何不去为了美好而浅吟低唱，或者引吭高歌？

  我和晓东博士属于两个时代的教师。当我在 20 世纪 80 年代初的高中和大学校园中疯狂地追逐诗与思时，晓东博士刚刚开始接触最初的启蒙读物。这一最具理想主义和浪漫情怀的时代，给予我的是"文化大革命"之后的大反思和大希望，给予晓东博士的则是春回大地之际的万物萌发、欣欣向荣与温暖明媚。我用理想与激情安抚终于有了安放之地的大好青春，晓东博士用纯真和好奇放飞童年的轻盈与绚丽。很庆幸，我们竟然沐浴过共同的时代光辉，以至于 40 年后的当下，依旧能在人到中年之后，丝毫不减损骨子里的浪漫和执着。

  今天，高度发达的信息技术已经将我们带入了万物互联的生存环境之中，人工智能一次次突破人类的认知极限，让往昔的一个个不可能变成了现实。对此，有人很悲观地认为教师终究会被人工智能取代，也有人很乐观地认为无论科技如何发展，教师都绝不会被人工智能取而代之。事实上，悲观者看到的是个体的命运，乐观者看到的是群体的命运。从个体职业能力看，只知晓简单的知识传授技能，缺乏对现代信息技术的综合运用能力，缺乏与时俱进的学习力，注定要被淘汰。从职业群体看，无论人工智能多么发达，中小学生都离不开教师的心理抚慰、精神点燃、思想开启和灵魂擦亮。

  未来已来。这已来的"未来"绝不会张开双臂热情地拥抱躺平者，也不会钟情那种只知埋头苦干却不懂得及时更新自身知识结构的人。每一个教育者唯有积极行动起来，主动学习，主动思考，主动探究，努力成为自身生命以及他人生命的修桥筑路者，才能保证未来人生的畅行无阻。当你明白了这个道理，也就能够明白晓东博士所说的终身学习的全部意义。

刘　祥
2025 年 1 月 20 日

（刘祥，江苏省中学语文特级教师，正高级教师，江苏省教学名师）

第一辑

阅读：站在大师的肩膀上前行

终身学习是一种减负策略

教师减负,究竟减什么?

不是因为教师起早贪黑、工作量大就认为应该减负。如果是这样,那么,校长、局长用不用减负?警察、医生用不用减负?扶贫一线的乡镇干部用不用减负?其实,社会上很多人还羡慕教师这个职业呢,每周有双休,每年有假期。

要减负,先了解教师有哪些负担。

一

教师的负担大体可分为三类:第一类是家庭负担,这是家庭成员多、生病、经济收入低等造成的;第二类是事务负担,这是学校安排了太多与教育教学没有直接关系的迎检、评估、填表等事务造成的;第三类是专业负担,这是自身教育专业水平低,不能胜任工作而形成的。当然,相当一部分教师的负担,往往是以上两类甚至三类的叠加。

减负减什么?我认为主要是关注第二类和第三类。因为对于第一类负担,只能由教师及其家人一起来努力克服,有时,需要时间来解决。更多时候,也得接受现实,接纳命运。

现在的实际情况是:教师重视减轻事务负担,忽视减轻专业负担;教育行政部门重视减轻专业负担，忽视减轻事务负担。

许多校长和教师感受强烈的是，与教育教学无关的事务占用了大量时间，消耗了宝贵精力，导致没有时间和精力真正投入到教育教学研究中，结果，教师专业得不到发展，学校办学水平很难提升。这种现象愈演愈烈，直至引起教育部的重视，教育部部长陈宝生说："现在老师负担是很重的，各种填表、各种考评、各种比赛、各种评估，压得有些老师喘不过气来。……学校要拒绝各种'表叔''表哥'……让老师有足够的时间和精力研究教学、备课充电、提高素质、提高质量。"

闲暇出智慧。教师可供自由支配的时间越少，被各种检查、评比、计划、总结之类的东西弄得越忙，就越无暇研究教育教学，教育教学上的负担就越来越重。静能生定，定能生慧。我曾在高中工作十年，但真正有深度、有目的的研究是从带领大学生实习支教开始的。那时，我独自带领在校师范生从黄土高原远赴南海之巅，在人生地不熟的海南省五指山市实习支教。两年多时间，很少迎检考评，不需要写什么材料、填各种表格。除了到各个学校听课指导，也没有多少人情应酬，甚至家务活都很少。有大段安静的时间供自己支配，想什么时候读书就能什么时候读，想读几个小时就能读几个小时。除了吃饭，足不出户从早到晚阅读是常态，连续写作四五个小时也不鲜见。那是自己蛰伏积蓄，啃读经典，专业发展最快的两年。试想，如果没有充足的闲暇时间，只是整天埋头于教学工作或疲于应付各种事务，怎么能有"仰望星空"的可能？

我真切期望，教育行政部门和学校对此能真正重视，落实教育部为教师减负的精神，尽量减少各种形式性、重复性，与教育教学无关的事务，把教师从繁杂、繁重的事务中解放出来，还他们以自由支配的时间。

二

对教师而言，更需要重视减去第三类——专业负担，因为这是自己能主宰的。

人往往有过高估计自己能力的潜意识。教师在工作中遇到困难，往往习惯埋怨学生基础差等客观因素，而不是反思自己专业能力低。正因如此，才需要时刻警醒自身在学习上的懈怠，在专业上的停滞。

要做减法先做加法。要想减去工作之负，从根本上来说，需要终身学习。

苏霍姆林斯基讲过这样一个故事：

一位有30年教龄的历史教师上了一节非常成功的公开课，听课的教师们听得入了迷，竟连做记录也忘记了。课后，一位听课的教师好奇地问这位历史教师："这节课如此有感染力，你是用了多长时间来准备这节课的？"这位历史教师的回答非常经典："对这节课，我准备了一辈子。而且，对每一节课，我都是用终生的时间来备课的。不过，对这个课题的直接准备，或者说现场准备，只用了大约15分钟。"

如何用终身的时间来备课呢？苏霍姆林斯基说："这就是读书，每天不间断地读书，跟书籍结下终生的友谊。潺潺小溪，每日不断，注入思想的大河。读书不是为了应付明天的课，而是出自内心的需要和对知识的渴求。如果你想有更多的空闲时间，不至于把备课变成单调乏味的死抠教科书，那你就要读学术著作。应当在你所教的那门科学领域里，使学校教科书里包含的那点科学基础知识，对你来说只不过是入门的常识。在你的科学知识的大海里，你所教给学生的教科书里的那点基础知识，应当只是沧海之一粟。"

从新教育实验理念来看，教师终身学习，可以概括为"三专"模式：专业阅读、专业写作、专业交往。

专业阅读，让我们站在大师的肩膀上攀升。朱永新老师说："一个人的精神发展史就是他的阅读史。"新教育实验特别注重阅读的力量，特别注重在共同体中专业阅读、啃读经典。

专业写作，让我们站在自己的肩膀上成长。写作才是思维的真正开始，新教育网络教师学习中心重视提交作业、每日打卡、做批注、文字授课、写年度生命叙事、建立读写社等，都是为了培养写作习惯，提高写作力，锤炼思维力。

专业交往，让我们站在集体的肩膀上飞翔。你与谁在一起，就会成为谁。专业交往，就是寻找自己的"人生镜像"。在专业阅读、专业写作的基础上，通过专业交往，加入专业发展共同体提升专业化水平，是教师成长的必由之路。

三

如何才能做到终身学习呢？这不是时间精力的问题，甚至不是所处学校环境的问题，因为那些优秀乃至卓越的教师，不是因为他们都闲得不得了才学习，也不是因为他们没有"备讲批辅考"的任务、没有柴米油盐的烦恼才得以发展。

归根到底，来源于内心真正的热爱。

一是真正热爱知识：探求真理，求知若饥，愿意亲近那些穿越岁月的经典书籍，将终身学习作为自我发展的重要手段；勇于不断否定自我，将专业修炼当作终身之事；对知识如婴儿看世界一样，永远充满好奇、求知欲与惊叹。

二是真正热爱教育：己立立人，己达达人，不以成就自己的名利为目的，不热衷于公开课、发论文、做讲座，将教师职业作为自我实现的重要路径，以探究教育奥秘为乐趣，视学生成长为最高荣耀。

三是真正热爱生命：领悟天命，担当使命，不愿虚度时光让仅有一次的生命碌碌无为，为生命而栖居、筑造，为生命而爱恋、歌唱、奔跑……

很多时候，真正愿意做的事，总有时间；不愿意做的事，总不愁借口。在新教育网络教师学习中心就汇聚了这样一批热爱学习的老师，他们带班带课，也辅导孩子、照顾老人等，但再忙再累，也孜孜不倦、乐此不疲地坚持阅读写作，听课对话。日积月累，他们的教育素养越来越高，日常教育教学工作也越来越轻松，正朝向过一种幸福完整的教育生活。

四

其实，当谈到减负时，也要同时重视"增压"。

我也看到过一些老师，家庭负担和事务负担都不多，但除了应付学校的工作，把大量时间用在交际应酬、打牌、刷手机、打游戏、看微信等很少能产生增值的休闲娱乐上。

用魏智渊老师的话来说，叫"身体紧张，头脑放松"。"他往往是被动地工作，像一个零件，被镶嵌进学校这台快速运转的机器中，从早操一直到晚自习。中间无非上课、下课、备课、批改作业，有空就偷着打个游戏或上网聊天，晚上回家了再看看电视做做家务，如此而已。身体，是被学校这台机器规定了的。但是心灵，却没人可以规定，于是就长久地陷入倦怠、麻木、散漫状态。"这样的人是不自由的。

从哲学层次来讲，减负也好，增压也罢，都是为了人的自由：既不让外在繁杂的事务烦乱了心灵的宁静，也不让麻木的心灵控制了身体，而是让心灵处于警觉状态，对习焉不察的日常教育教学给予持续的省思与改进。

如此，做一个自由者，找回教师的职业尊严，活出短暂此生的意义和庄严。

（2019 年 12 月）

如何组织教师共读

2024年,我们在内蒙古巴彦淖尔组织了第四届暑期经典共读。共读活动过程中,我一直在思考一个问题:学校组织教师共读的困难有哪些?

我想,组织教师共读的困难有这些:一是老师们不重视阅读。二是读书的兴趣不浓。三是难以长时间地坚持阅读。比如说,学校组织一些读书会,一开始大家热情澎湃,后来人数却越来越少。四是老师们觉得读书和实践难以结合起来,理论和实际之间存在距离。五是专家推荐的有价值的书籍,老师们读不懂;即使能读懂,老师们也觉得无法解答他们在现实中遇到的问题。

新教育网络教师学习中心每年会组织一次经典共读营,这个共读营有一些明显的特征。

第一个特征是参与人数多。每期的会场无论容纳100人还是300人,都会座无虚席。

第二个特征是阅读时间长。我们一期共读活动有5天时间,每天6个小时,上午3个小时,下午3个小时。

第三个特征是阅读的书籍难。一般情况下,这些书是老师们自读肯定读不懂的,甚至读了之后也只觉得刚刚有些了解的。

第四个特征是阅读的方法简单。我讲课时偶尔用一下PPT,基本上就是我一个人导读,没有那么多现场活动和交流,虽然我们也有对话,但相对很多活动来说是少的。

第五个特征是阅读的效果不错。很多老师参加了 5 天的共读之后，感触特别深。

在每次组织共读之前，以及共读的过程当中，我一直在思考如何选择共读的书、读不懂书怎么办、如何激发教师阅读的积极性、如何有效组织教师共读等问题。思考后，形成了以下几条建议，希望对大家组织学校的共读有一些启发。

一、克服阅读随意化：根据需要确定主题，围绕主题选择书籍

在组织教师共读的过程中，一个重要的考量是如何避免阅读的随意化。随意化的阅读往往导致教师们缺乏系统性和目标感，最终难以获得深度的理解和实际的收获。为了克服这种随意化，必须根据学校的实际需要来确定阅读的主题，并围绕这一主题选择合适的书籍。

1. 根据需要确定主题

首先，校长需要明确学校目前面临的主要问题或发展方向。这些问题可能涉及课堂教学、学生管理、教师专业发展等方面。校长作为学校的领导者，最了解学校的现状和未来的目标，因此在确定阅读主题时，应考虑哪些问题最需要通过阅读来解决。例如，如果学校正处于教学改革的关键时期，阅读的主题可以围绕课堂教学改进展开；如果学校的重点是提升教师的教育理论水平，则可以选择教育理论相关的主题。

2. 围绕主题选择书籍

确定主题后，接下来就是围绕这一主题选择合适的书籍。书籍的选择应符合以下几个标准：

（1）挑战性。选择那些教师自读可能会觉得有一定难度，但经过导读后能够理解的书籍。这些书籍应该能在理论深度和实际应用之间找到平衡，使教师在阅读过程中既能提升理论素养，又能将理论应用于实际教学中。

（2）关联性。书的内容应该与确定的主题紧密相关，能够直接帮助教师解

决他们在教学实践中遇到的问题。比如，如果主题是"课堂管理"，选择的书应当包含课堂管理的具体方法和案例，而不仅仅是理论阐述。

（3）系统性。围绕同一主题，可以选择一系列有层次、有联系的书籍，形成一个完整的阅读框架。这样，教师们在读完一本书后，可以继续阅读其他相关书籍，以加深对该主题的理解。比如，先读一本概述性书籍了解全貌，然后再读一些具体方法论的书籍，最终再通过案例研究巩固所学。

为了帮助教师更好地理解书的内容，避免阅读中的困惑，学校可以在共读过程中提供导读和支持。这可以通过邀请专家进行讲解，或者由有经验的教师带领大家共同讨论书中重点和难点。通过这种有计划、有组织的共读，教师们不仅可以避免随意化的阅读，还能在统一的主题下获得更加系统的知识，从而更好地应对实际教学中的挑战。这种方式有助于形成一个持续的学习氛围，让阅读真正成为推动学校发展的重要力量。

二、避免阅读碎片化：集中时间深度共读，较长时间聚焦阅读

我们平时要求老师们读书，但主要问题在于老师们通常没有足够的时间。即便有时间坐下来，他们的心也不在读书上，往往读了一会儿就会被打断。有家长来了，或者需要送学生回家，有的老师则需要回家照顾孩子，心无法静下来。即使能坐在一起读书，可能也只有短短一小时的时间，而这一小时往往不够让他们真正进入状态。不等他们有所感悟，时间就已经到了。这就是我们平时面临的现实状况，老师们的心无法沉下来，而且大家也知道，如果这周读了一章书，隔一周再读时，早已忘记了上次读的内容，这样就连贯不起来。

1. 为何确定五天，少几天不可以吗

为了应对阅读碎片化这个问题，我们安排了五天的共读时间。有些老师可能会问，为什么不减少一点时间呢？其实，这个时间安排并没有绝对的标准，一天、两天、十天都可以。但关键不在于时间长短，而在于通过几天的时间，能否让老师们相对完整地理解这本书。因为方法是为内容服务的，读几天本身

并不重要，重要的是能否真正领会这本书的内容。选择五天的原因是，假期期间安排五天时间，老师们可以离开家，避免家务的牵绊。

2. 五天共读，也是一次大单元设计

这五天的时间，实际上本身就是一次"大单元设计"。第一天读完可能完全不懂，第二天有了一点感觉，第三天似乎理解了一些，第四天逐渐清晰，第五天则可能豁然开朗。这种读书的过程需要持续的时间，五天时间中，有人导读，老师们持续思考一个焦点，从而达到一个领会的状态。这种情况在日常生活中是很难实现的，因为各个要素难以匹配，自然难以达到这样的效果。以下用我们读《追求理解的教学设计》这本书为例，这本书的共读其实是在学习一个大概念——追求理解的教学设计。五天的时间，实际上就是理解这么一个大概念，而整个过程也是一个大单元设计。这也启发我们，为什么我们不能仅仅停留在以课时论教学效果的层次上。如果只通过一堂课来讨论，一个大概念是难以被领会的。

3. 共读完，依然不懂怎么办

有的老师可能会问，读完五天依然不懂该怎么办？首先，读了五天和完全不读肯定是不同的。而真正的学习是什么呢？是将这五天的学习作为下一阶段探究的开始，而不是结束。这样，它就具备了长效性，不再是碎片化的了。

三、避免阅读表层化，追求深度理解

在追求深度理解的过程中，我们首先需要明确什么是真正的理解。《追求理解的教学设计》这本书告诉我们，理解不仅仅是知道一个概念，还包括了解概念背后的联系和意义。理解意味着能够将知识迁移，在真实的情境中加以运用。

1. 抓住重点内容，不必注重全部读完

为了避免表层阅读，我们在导读时特别强调抓住书中最有价值的内容。在第一天，我就提出了"逆向设计"这一核心概念，并在接下来的几天中不断围绕这个模式进行讨论、阐释和交流。

很多老师认为读书就是从第一页读到最后一页，但实际上，读书的目的是要揭示书背后的知识和真理，而不仅仅是完成阅读任务。书只是一个教学材料，我们要通过书本理解知识，而不是仅仅学习书本内容。因此，导读过程中，我们需要将书本与实际理解相结合，进行全盘考虑，决定何时讲什么，何时调整，聚焦哪些内容是有价值的，哪些是共读时要突破的，而哪些可以留待老师们自行研究。

2. 联系教育实践，通过阅读赋予意义

书本就像月亮，照射我们的现实情境。每个人在读书时的理解不同，是因为书照射到的现实不同，而不是书本身不同。真正有价值的阅读应该能够帮助我们重新理解日常教育教学行为，或是理解我们的实践。通过读书，我们可以更新看待世界的方式，这种理解世界的方式一旦改变，世界就随之改变。

在学校中组织共读特别有意义，因为教师有共同的背景、共同面临的问题以及共同需要解决的挑战。尽管共读的是书，但思考的是大家当前的实际情况，这才是阅读的真正意义所在。

3. 注重共读生成，灵活调整阅读计划

在共读过程中，阅读计划虽然预设了从第一页读到最后一页的顺序，但实际上，我经常根据当下的生成情况进行灵活调整。所谓生成，是指在共读过程中，可能发现某些话题需要更多的交流，或者某些案例值得更深入的探讨。如果我注意到某位老师对某个话题有独特的见解，我会让他分享。因此，整个共读过程既有预设又有动态调整，重点是确保参与者的思维保持一致并达到一定的深度。

与传统的读书方式不同，这种导读需要导读者高度关注全局，同时激发参与者的主动性，确保他们在阅读过程中能够充分思考和交流。根据当时的思维状态，灵活调整阅读内容和节奏，是我们与传统读书方式的重要区别。

4. 跳出课堂局限，丰富扩大知识视野

我在与中小学老师共读后，发现了一个普遍现象：一旦开始读书，老师们很容易迅速将注意力拉回到自己的课堂、学生和实际操作层面，这种局限性使得他们很难跳出眼前的具体问题。然而，真正有效的阅读要求我们跳出课堂的局限，从更大的视野来看待教育问题。跳出学科看学科，跳出学校看学校，这样的视角能够带来全新的理解和收获。

这次共读结束后，在高中任教的刘莉芳老师给我留言，她说道：

我感觉我们一线教师争论的纠结之处往往在于我们总在纠缠理论在狭窄的教学领域的应用。解读往往能从更大的时间和空间尺度去思考问题。长期局限在对执教学科的探索中，思维受到了很大限制，但我们并没有意识到这一点。这与我们自身的教育背景、现实生活环境有很大关系。直到跳出来，从更广阔、更多元的视角去理解学科，反倒更加敞亮。我突然感觉共读的意义不仅解决了我们之前困惑的问题，更是专家用自己的思维方式影响我们的思维方式，而这种思维方式也会在我们对学生的教育过程中传递给学生。

在教学中，我一直强调，理解不仅仅是课堂设计，而且是一种思维方式。当老师们说"我懂了，这对我的课堂影响很大"时，我常提醒他们，这可能意味着他们还没有真正理解。因为这种理解不仅限于教学设计，它更是一种全局性的思维方式，应该在生活和实践中随时运用。

四、避免阅读活动化，紧紧朝向文本

在阅读过程中，很多老师会遇到这样的问题：大家听着听着可能就走神了，甚至睡着了，或者下一次不想再来了。这时，我们可能会想通过组织一些活动来吸引注意力，比如表演书中的内容。组织这些活动并不是不可以，但我们必须始终追问：这些环节结束后，参与者是真的领会到了书中的内容？还是仅仅是现场效果看起来不错？

1. 重要章节逐字朗读

在我们共读一本书的五天时间里，没有使用什么视频或课件，也很少进行表演和讨论，主要的方式就是对重要章节进行逐字朗读。有人可能会觉得这有些浪费时间，认为这些内容可以让老师们回去自行阅读。但事实证明，朗读可以帮助大家静下心来进行思考。虽然有些线下的读书会表面上看起来热闹非凡，但如果思维没有深度地发生变化，那么热闹也是徒劳的。真正的阅读需要安静的思考，只有在思维被深刻开启时，对话和输出才会有质量。

2. 朗读就是诠释

朗读不仅仅是阅读，它本身就是一种诠释。有时候，我们在默读时可能不太理解某段文字，但通过高质量的朗读，耳朵和眼睛同时进行输入，许多理解会自然而然地发生。这是因为朗读开启了不同的感官通道，使得理解更加深入。

3. 朗读就是聚焦

在线下共读活动中，经常会出现这样的情况：大家讨论同一本书，但每个人发言的内容可能涉及不同的章节，甚至在同一章内，大家关注的点也不一致。这种情况下，很难形成有效的对话。而通过朗读，我们可以聚焦在同一个概念及其上下文背景上，确保大家的思维集中在同一主题上，从而提高讨论的质量。

4. 提问引发思考

在朗读的过程中，我会随时打断并提出问题。这种提问可以引发大家的思考，并使讨论更加集中和有深度。特别是在读完一篇文章后，大家可能会觉得已经理解了，但实际上，如果没有深入地思考和提问，书的内容可能还没有真正被理解。共读的目的是通过集体阅读产生新的理解，而不是仅仅重复已有的认识。只有通过聚焦文本，深入思考，才能真正有所收获。

五、激发阅读动力：融入更大的读书群体实现跨界阅读

为了激发教师们的阅读动力，我们需要让他们融入更大的读书群体，实现跨界阅读。这是什么意思呢？当教师们只在学校内参与阅读时，周围的人过于熟悉，共读的效果常常局限于从书中吸收，而无法从身边人的发言中获得新的思考和灵感。事实上，我们的经典共读活动中，很多老师的收获不仅仅来自书本身，更在于接触到不同背景和经历的同行。例如，有的老师看到其他地区的教师，看到乡村教师，看到即将退休的老教师，以及那些年轻教师，仍然怀抱

着对阅读的热情，这种场景对他们产生了极大的触动。

通过进入更大的读书群体，教师们能够看到不一样的学习精神，产生浓厚的读书兴趣。这种经历可以突破他们在校内的小圈子，避免局限于负面话题的讨论，转而参与到更加积极的学习环境中。例如，山西沁县的一位老师在参加我们的线下工作坊后，他的感受不仅仅来自培训内容本身，而更是被其他自费长途跋涉来学习的老师们所触动。正是这种接触让他看到了更广泛的学习精神。

跨界阅读意味着跨越地理、学科和年龄的界限。地理上的跨界指的是从一个学校到另一个学校，从一个县到另一个县。学科上的跨界则是从原本的语文组、数学组、英语组等，扩展到其他学科。年龄上的跨界指的是年轻教师与年长教师之间的交流。这些跨界能够打破日常交流的固定模式，带来新的思维和启发。

在当前的教育环境中，如何调动教师的内驱力，从被动学习转变为主动学习，是最主要的任务。通过跨界阅读和融入更大的读书群体，教师们能够获得内心的触动，意识到自己阅读量的不足，从而激发内在的学习动力。这种内驱力的提升是教师专业素养发展的关键。

六、避免共读单调化，让对话发生

在共读过程中，如果只是一个人连续讲五天，不管内容多么吸引人，大家都会产生审美疲劳。为了避免这种情况，我们在共读的设计中加入了一些互动环节。

1. 分组讨论

在五天的共读时间里，我会拿出一个下午进行分组讨论。在这个环节中，大家经过两天半的阅读，积累了许多想法，这些想法在共读时没有机会或不敢提出来，但在分组讨论时就非常活跃了。

2. 闪电演讲

除了分组讨论，我们还设计了闪电演讲环节。我们会邀请一些对这本书已经有比较深入思考的老师，用大约十分钟或二十分钟的时间进行闪电演讲。他们从不同的角度思考问题，也会给我们带来启发。

3. 读前热场

在每次共读前，我们还会有一个热场环节。比如，在巴彦淖尔市临河区组织共读时，陈宏伟校长是音乐领域的专家，他每天都会安排学校乐团进行乐器表演。这种通过音乐热场的方式，不仅提升了学校领导班子的凝聚力，也为我们的共读活动增加了趣味性。

4. 读后书写

共读结束后，我们要求老师们进行书写总结。然而，很多老师对于写读后感非常头疼，常常觉得无从下手。交上来的作品质量参差不齐，有时甚至显得不太认真。其实，写作的前提是要在阅读中产生新的思考和体会。如果在读书过程中没有获得新感悟，那么写出来的东西往往是空洞无力的。因此，追求高质量的写作，首先要读出新体会，内心产生强烈的表达欲望，这样的写作才会有深度和意义。

七、避免知行分离，用书籍知识来组织共读

在共读中，避免知行分离是非常关键的。我们需要用书本的知识来贯穿共读活动，并且要尽量确保这些知识能够在实践中得到应用。我特别强调，每次读书时，我们不仅要理解书中的内容，还要努力将其应用到实践中。

我们共读《追求理解的教学设计》时谈到评估和评价的问题。评价不能只停留在概念上，如果老师们只围绕概念打转，是很难真正理解的。因此，我要求老师们在共读过程中，现场设计评价方案：先设计一个他们之前使用的评价方法，然后再反思、修改，通过书中知识改进评价方法。这样，理论就能与实践结合起来了。

书籍通常是对日常生活中的现象进行抽象总结，如果不能将这些抽象的知识还原到日常生活中，老师们往往会觉得书籍内容脱离实际，难以理解。书中的知识就像是水里提炼出来的盐，如果只谈盐，而不把它溶入水中，老师们就

会觉得这些知识空洞、不接地气。因此，在共读时，我们要把这些抽象的概念重新"溶入"到实际生活和教学案例中，老师们才能更容易理解。

作为导读者，不仅要理解书中的内容，还要理解听众的背景，尽量用他们的知识背景来解释书中的知识，这样才能让大家豁然开朗。高校专家在与一线老师交流时，往往会被批评"不接地气"。这并不是因为专家不懂书中的原理，而是因为他们不理解一线老师的实际教学场景。如果他们能够将书中的知识还原到这些场景中，就能真正与老师们产生共鸣。

一线老师在阅读书籍时，常常容易停留在自己的教学场景中，却难以将书中的理论提炼出来，因此会觉得书籍与自己的实际工作是割裂的。如何将书籍中理论与实际场景贯通，这是我们在共读中需要特别关注和解决的重要问题。

（2024 年 8 月）

教师阅读的特征与问题

当下,教师阅读呈现三个新特征。

一是越来越多的教师意识到阅读的重要性。一方面,在新课程标准颁布之前,不少老师对于阅读还有些不以为然,但现在,教育的导向和评价标准变了,从"知识中心"向"素养中心"转变。如果不阅读、不学习,就难以跟上教育变革的节奏。另一方面,许多传统意义上的名师基于对公开课和讲座式培训的反思,开始重申阅读的重要性,认为阅读是教育能力产生根本性变化的必由之路。

二是与2022年的新课标有关的书籍成为阅读重点。今年,与新课标有关的核心素养、作业设计、教学评一体化、大单元教学、深度学习等概念成为教师们持续关注的热点。与此有关的一批专业书籍,如《追求理解的教学设计》《大概念教学:素养导向的单元整体设计》《有效教学》《人是如何学习的——大脑、心理、经验及学校》等,成为教师阅读的热门读物。

三是越来越多的教师参加共同体阅读。长期以来,"有价值的书读不懂,能读懂的书价值不大"是教师阅读面临的难题。通过参加共同体阅读,教师能近距离听到专家的解读和反馈,能与他人分享阅读中的体会,从而突破个人经验与认知的局限和束缚,激发阅读兴趣,提高阅读内驱力。中国教育报、华东师范大学出版社以及新教育网络教师学习中心等专业学习共同体定期组织共读活动,越来越多的学校成立教师读书会、读写社,这些活动和形式都为促进教师共读创造了条件。

教师阅读存在三个突出问题。

第一，没时间读书。受教育教学工作繁重、工作时间长、非教学类任务多、考核评价压力大等多重因素的影响，从城市到乡村，从南方到北方，教师没有闲暇、没有精力读书成为普遍性的问题。教师阅读不是消遣性的，而是专业性的，对注意力、专注力要求极高，没有安静的环境、充足的时间和足够的精力，很难深入文本，消化知识，融会贯通。

第二，没能力啃读。由于日常主要从事教育实践，不少教师在理解专业书籍时，要么是寻章摘句，对一些句子或段落谈一些共鸣，要么是浅层化理解，对书泛泛而谈；在共读时，由于缺乏专家的引领，组织者注重共读流程、方法等外在形式，忽视了发掘知识的魅力，甚至存在阅读的游戏化和娱乐化倾向。以上情况就导致阅读的知识难以转化为有效解决问题的工具。

第三，阅读狭隘化。有的老师只读某一领域的书，比如，语文老师只读文学类的书，忽视教育学、心理学类的书；或者是反之。有的只读与教育教学有直接关系的书，比如班主任只读班主任写的书和写班级工作的书。教育是一项与各门学科都有密切关系的活动，教师需要跳出课堂看课堂，跳出教师看教师，跳出教育看教育。

针对以上问题，如何办？

第一，创造阅读时间。如何创造？"三找"加"三断"。三找：找帮手，分担家务和事务；找同伴，参加阅读共同体遇到"尺码"相同的人；找环境，尽量到安静的场所。三断：断开手机，减少刷短视频、刷屏的时间；断开无效社交，多一些独处和思考；断开负面情绪，保持内心的宁静和闲适。

第二，提升阅读力。磨刀不误砍柴工，如果读书是砍柴，提升阅读力就是磨刀。如何磨？系统性啃读有难度的专业书籍甚至经典书籍。系统性，指围绕一个专题，一本接一本地读，书要多但主题不要散。啃读，是指扎扎实实，一字一字，一句一句，一章一章，边读边勾画、标记，最好是批注，画思维导图，写阅读笔记。

第三，跨领域读书。除了阅读与教育有关的书，每年读几本哲学、历史、地理、经济学、法学等非教育领域的经典书。读书，不能只读校长、教师乃至高校教育学者写的书，还要读一些其他领域专家写的书。在最深处，许多知识和道理是相通的。

我长久地思考一个问题：一个人要怎样阅读，才有可能发生根本性变化？根据我个人的经验和体会，要做到"五位一体"。五位是指：变浅阅读为深阅读，有高人指导下的阅读，与实践联系的阅读，与写作结合的阅读，有时间长度的阅读。一线教师工作繁重，很难完全做到，但不妨朝向这个目标。

（2023 年 12 月）

教师需要提升专业阅读的能力

受《中国教育报》的邀请，领读了一本有关认知心理学的专业书籍——《为什么学生不喜欢上学》。起初，我以为这本书的内容不算太难，老师们只要认真阅读就能理解概要。所以，我在领读时没有逐章解读，而是结合教师的实际需求，联系相关认知心理学的观点，凝练核心要点，从"思维的内在机制""专家是如何思维的"和"如何成为专业型教师"三个方面重点剖析和阐述。希望能对老师们的阅读起到引领、深化、拓展和巩固的作用。

但在领读过程中，通过老师们的批注和发言等发现，不少老师在理解文本上还是存在困难。具体表现为三点：一是难以从整体的角度抓住文本要点；二是对一些关键概念吃不透；三是就知识谈知识，无法与自己的教育实践相联系。

为什么对比较简单的专业书读不懂呢？《为什么学生不喜欢上学》一书提出，思维的发生需要三个要素：一是环境；二是工作记忆，即思考和思维的区域；三是长期记忆中的事实性知识和过程性知识。按照这本书中的观点分析可知，一线教师的长期记忆中缺乏认知心理学的事实性知识。长期记忆中的事实性知识储备越丰富，理解就越游刃有余；事实性知识越匮乏，理解就越困难。但事实性知识也是经由学习而来的，在事实性知识缺乏的情况下，如何能读懂文章？这是一个更为根本的问题。

在我看来，主要原因出在环境和（长期记忆中的）过程性知识这两个方面。

要读懂专业类书籍，首先要创造良好的阅读环境，让阅读慢下来。慢，一方面指阅读的速度不快，另一方面指阅读的心境安宁。要让阅读慢下来，一是选择能让内心安宁的空间，如果环境杂乱，声音嘈杂，心思就容易杂乱，精力就难以聚焦到文本上。哪怕眼睛盯着书，也容易走神。二是保证有较长的阅读时间，一般以两小时为宜。"咬文嚼字"是需要时间的，阅读时间太短，不利于深入思考。以我为例，习惯早晨五点半起床阅读到七点半，这段时间大部分人还在休息，一天工作还未开始，很少有工作和事务的干扰。清晨，人的精力非常充沛，适合啃读有难度的书籍。在今天信息大爆炸的互联网时代，我们要警惕数字阅读、碎片阅读、浅阅读和快阅读对阅读力的侵蚀。专业阅读还是要有充分的纸质阅读，注重深阅读和慢阅读。

说完环境，再看过程性知识。

所谓过程性知识，在这里指阅读的方法。缺乏学术训练的老师，习惯采取消遣式阅读方法。这种阅读方法的具体表现主要是：阅读速度快；喜欢阅读感兴趣的书或者书中感兴趣之处；对不懂之处或想当然猜测，或囫囵吞枣不求甚解，或绕道而行；习惯"我注六经"，而不是"六经注我"。这样的阅读方式，适合阅读新闻资讯、小说诗歌、网络信息等大众化的信息和知识，不适合阅读专业书籍。以消遣性阅读的方法来阅读专业书籍，相当于拿了一把普通切菜刀去砍牛骨头，不是骨头太硬，而是刀用错了。

教师专业发展要用专业阅读的方法。专业阅读区别于消遣性阅读，是以提高教育素养、解决教育实际问题为阅读目的，根据自身需求（而不是兴趣）选择书籍，采用批注、画思维导图等方法反复咀嚼，反复品味，与文本反复对话，意图透彻理解文本内容及形式的阅读过程。专业阅读是一种慢阅读、深度阅读、主动阅读。

首先，专业阅读是一种慢阅读。清代诗人陆珑说："欲速是读书第一大毛病，功夫只在绵密不间断，不在速也。"与消遣性阅读不同，专业阅读不片面追求阅读的速度和数量。有时，阅读一篇千字文章，字斟句酌，需要数小时；有时，为透彻领会一个概念咬文嚼字，也需要花费一个早晨。实际上，慢，就是快；快，往往是慢。啃读一篇专业文章虽然慢，但由于真正领悟了概念和原理，理解力得到提升，在阅读其他同类文章时，速度就会很快。

其次，专业阅读是一种深度阅读。为何要深度阅读？叔本华说："不加思考地滥读或无休止地读书，所读过的东西无法刻骨铭心，其大部分终将消失殆尽。"是否是深度阅读，与阅读的文本关系不大，主要指阅读参与深，阅读领会深。教师带着提升自我、解决实际问题的强烈需求，阅读有适当挑战的文本。或在自读中孤独静默，凝神聚思，反复品味，感受"心流体验"；或在共读中对话交流，思维碰撞，茅塞顿开，感受佛家"桶底子脱落"的豁然开朗。在深度阅读过程中，教师经历了丰富的思考体验、情感体验、价值体验和审美体验。

最后，专业阅读是一种主动阅读。与主动阅读相对的是被动阅读。在被动阅读中，读者只是泛泛、碎片化地理解文本的内容，只是"倾听"文本在"言说什么"。主动阅读是指教师带着问题全方位探究文本的内容和形式；不仅"倾听"文本表达了什么，还要用审辨式思维与文本对话。顾颉刚说："看书不能光有信仰而无思考，大胆地提出问题，勤于摘录资料，分析资料，找出其中的相互关系，是做学问的一种方法。"阅读一本书，我习惯于问几个问题：这本书写作的背景是什么？这本书针对什么问题而写？对这个问题其他学者是如何理解的？作者提出哪些新的见解？作者的见解对我有什么启发？

在阅读的不同阶段，可以提出不同的问题。在阅读前，可以提问：阅读这本书的主要目的是什么？这本书主要写了哪些观点？这本书是如何阐述这些观点的？书中每个章节之间的逻辑关系是什么？阅读中，可以发问：我过去是如何理解这个观点的？作者的观点与我的观点有哪些不同？作者的观点对我有哪些新的启发？自己原有的观点有哪些需要修正？阅读后，可以提问：如何将这本书中的知识运用到实践中？会有怎样的效果？如果自己来写这本书，会如何写？这本书中哪些内容需要补充，哪些需要删减？这本书的内容与哪些书有关联？如果要评价是否读懂这本书，需要提出哪些题目？正是在不断追问中，我们才能逐渐抵达文本的深处，与书籍对话，与自我对话。

要掌握专业阅读方法，首先要意识到专业阅读的价值，其次要明白什么是专业阅读，以及其与消遣性阅读的区别。而最重要的是"做中学"，即采用专业阅读的方法来阅读。事实上，这一点正是大部分老师专业阅读匮乏的主要原因。从"知道"到"做到"，还有十万八千里的距离，而只有"做到"了，才算名副其实的"知道"。独行快，众行远。对于普通教师而言，加入如《中国教育报》组织的暑期共读营这样的专业阅读共同体，由专家学者导读，有一大批同伴相互激励、相互影响，就是提高专业阅读能力门槛最低、效果最好的方式。目前，国内兴起许多专业阅读共同体，如以新教育"三专"理论（专业阅读、专业写作和专业交往）为指导的新教育网络教师学习中心等，以专业的品质、成熟的机制吸引了大批教师踊跃加入学习。这种以自愿加入、自主学习、专家指导为特征的学习共同体呈现出勃勃生机，是互联网时代教师自主成长的新模式，正成为促进教师高质量发展的"孵化器"。

（2024 年 4 月）

落实新课标应重视专业阅读

观念影响行为。有什么样的教育观念，就有什么样的教育行为。

新课标中的新概念、新表述、新要求不只是文字的变化，更蕴含着育人观、学生观、课程观和教学观的变化和升华。所以，贯彻新课标的前提是更新、升级教师大脑中一些固有的教育旧观念。否则，当教师用固有的概念和思维来理解新课标时，就会难以理解或产生误解。教师能否重构观念并切实理解这些新概念、新表述和新要求的内涵和意蕴，深刻影响现实中的教育教学行为。要改变观念，准确领会新课标理念，教师除了必要的课堂观摩、听讲座与报告，离不开必要的专业阅读。

进行专业阅读，首先要选择那些有助于理解新课标的专业性的书。比如，要想了解核心素养的意义、核心素养导向的教学观、核心素养导向下的教学基本策略，就可以阅读余文森教授所著的《核心素养导向的课堂教学》。要理解什么是"大概念""大概念教学"，在大概念视角下如何设计教学目标、教学过程和教学评价，就可以阅读刘徽教授所著的《大概念教学：素养导向的单元整体设计》。要在短时间内把握"学业质量标准""项目化学习""情境学习""教—学—评一致性"这些概念，就可以阅读崔允漷等著的《新课程关键词》。要理解逆向设计的概念和原理，就需要研读《追求理解的教学设计》。这些书不仅系统全面分析了相关概念，而且彼此之间又有联系，它们从不同的角度对新课标的理念和实施进行了阐述。当深度阅读这些书后，教师不仅能深刻理解新课标阐述的理念，而且还能知道这些理念为何提出，指向哪里。当系统阅读完这些书后，大脑中犹如编织出一张有意义的概念之网，让我们在面对日常教育教学活动时，有了新的、不一样的认识和理解。

阅读专业书籍，不能采取随意浏览的消遣性阅读，也不应采取这里看一点、那里读一些的碎片化阅读，而是要采取研究性质的专业阅读，需要从学校层面和教师层面共同发力。从学校层面，可以组建教师读书会，在固定的时间和固定的地点组织教师共读、讨论和对话，或者将阅读融合进教研活动中。在每次组织教研前，提前布置阅读的章节，安排导读教师，布置预习思考题，在教研时组织老师们共读。从教师层面，可以借助便捷的网络，突破物理时空的限制，克服身边教育资源匮乏的不足，加入"新教育读书会"这样的在线阅读共同体，在更广阔的层面上与"尺码"相同的人一起研读。

阅读专业书籍，首先要坚信自己有读懂理论书籍的能力。起初理解不了，不是理解力弱，而是缺乏相应的知识背景。当沉浸阅读的时间久，书读得多的时候，那些看似模糊的概念就会逐渐清晰，那些一个个零散的概念也会逐渐联系起来。阅读有难度的书，还要克服浮躁、急于求成的心态，让阅读慢下来，用一个月甚至更长时间来啃读、批注一本书。慢就是快，快其实是慢。这样的阅读虽然慢，但读一页就有一页的收获，读一章就有一章的价值，读完之后，知识才能内化到自己的知识结构中，对日常教育教学有根本性提升。而片面追求阅读的速度和数量，表面看似乎读了不少，但真正吸收的不多，也就难以迁移到工作中。慢下来的啃读，除了学习新知识，还能提高阅读能力，让自己在阅读同类书时大大提高效率。

教师开展专业阅读，要尽量借助专家的导读和解读。专家因为长期浸润在这一领域，拥有丰富广阔的知识，他们通晓书的写作背景、写作目的、重点与难点。专家的解读能够让我们在较短时间中抓住重点，突破难点。就阅读而言，最好的导读专家是书的作者，其次是相关领域的学者。互联网时代，网络上就有这些专家的相关文章、视频和讲座。特别是在中国知网，几乎能搜索到大部分相关的论文。搜索、查找到这些与书籍相关的文章和讲座，对我们理解专业书籍有很大的帮助。

阅读，是教师以较少的时间和经济支出来增进知识、丰富智慧的不二选择，也是教师从"经验型"向"专家型"转变的必由之路。某种程度而言，谁在专业阅读上下功夫，谁就在此轮新课改的新征程中占据了领先位置，也才能走得更扎实、更远。

（2024 年 5 月）

吻醒一本书

发了一则微博:"生活中有太多的干扰在侵占你的时间,消耗你的精力,控制你的情绪,吸引你的注意力,你必须时刻提醒自己,将主要精力聚焦到最有价值之事上来。"

不禁怀念十几年前在五指山工作时的生活:家徒四壁,一床、一椅、一桌、一电脑。床上,一蚊帐、一草席、一竹枕,连被子都没有。最显眼就是一堆书了。桌子一学期也不用专门擦一次,地板一周扫一次(主要是一些虫子),几件T恤、短裤,洗一次用不了十分钟……

生活纯粹地像一根光溜溜的竹竿,没有任何的旁逸斜出。两年中,绝大部分内容就是看书、听课、码字,偶尔外出会友喝酒,闲暇之余就是坐在青山绿水中思乡了。

在五指山的两年,是朴素、坚守、寂寞的两年,然而也是最丰盛的两年,显现了生命中另外的可能性。

我想,未来的岁月中,能阻碍自己的唯有:

(1)功利心。

(2)急于求得外界的认同。

(3)自身无力感与外在期望形成的落差而带来的掩饰。

闲话完毕,言归正传。

"新网师"课程次第开课,中国哲学简史、完美教室、诗词文本解读等课程都已经进行了第一次研讨，从学习到教学、教育学经典等课程也即将开课。虽然课程各不相同，但各群中的讲师和组长都在强调两个词：预习、批注。

如何阅读一本有难度的好书，这里谈谈这个话题。

一

王子来到钟楼旁，他走上楼梯，打开那扇小门，一眼就看见公主躺在里面的一张床上。她仍是那样美丽、动人，王子目不转睛地看着她，情不自禁地走上前，轻轻地吻了她一下。忽然，公主睁开了眼睛，看见王子，害羞地坐了起来。王子拉着她的手，走出了小屋。这时，国王和王后醒了，宫里所有的人都醒了，大家睁大眼互相望着，一点也不知道自己已睡了一百年。院子里的马站了起来，踢甩着马蹄，猎狗吠叫着，到处乱窜；屋脊上的鸽子张开翅膀，扑落落飞上了蓝天；墙上的苍蝇来回爬动，寻找着美味佳肴；厨师一把抓住了孩子，打得他哇哇叫；女佣继续拔着鸡毛。一切又变得生气勃勃热热闹闹。王子与公主举行了婚礼，幸福地白头偕老。（选自《睡美人》）

公主即使再美，如果不是被王子吻醒，会依然沉睡梦中。一本书，即使再经典，如果仅是停留在书架上而没有深刻楔入我们的生命，也不能显现其价值。

经典的书籍需要被我们一次次"吻醒"。

二

不是每一本书都值得深深一"吻"。

只有那种能提升我们的理解力，能帮助我们深刻认识世界、认识自己的大家之作、经典之作才值得我们下一番功夫。

阅读分为两种，一种是消遣性阅读，一种是理解性阅读。前者为获得资讯而读，后者为求得理解而读。大部分人日常看报纸、杂志、小说，浏览网页等都是消遣性阅读，所读内容大多浅显易懂，以获得资讯、带来愉悦为目的，也称之为"悦读"。之所以"悦"，是因为所读内容契合内心感受，读者与文章产生了共鸣。但从本质上来说，这类阅读对自己的理解力并没有多少提升，并不能增加自己的才智，因为这样的文章所言和读者内在的知识结构是一致的。这就是为什么许多人也在大量阅读，但掩卷之后，除了获得一些碎片性的消息、信息，除了记下一些心灵鸡汤式的句子，生活工作"涛声依旧"——当下的问题依然像大山一样横在那里。

而我们提倡的理解性阅读与此不同，它以优化自身知识结构、提升理解洞察力、解决当下问题为目标。这类书往往不容易读懂，之所以读不懂，是因为作者大脑的思维、知识，是阅读者完全不具备的。所以，一本起码有三分之一读不懂的书才是好书。读这样的书不是悦读而是啃读。

从皮亚杰认知心理学角度讲，"悦读"就是同化过程——个体把外界刺激所提供的信息整合到自己原有认知结构内，就像消化系统对营养物的吸收一样。而"啃读"就是顺应过程——原有认知结构无法同化新环境提供的信息时，个体的认知结构因外部刺激的影响而发生改变。

三

阅读能力是有高低之别的。

同样一本书，有的人阅读后就能理解、吸收，化为生命营养，丰富自己的"武器库"，而有的人读后，只是记了一堆僵死的词语：这就是阅读力高和低的区别。许多人之所以畏惧经典，难以真正读懂有价值的书，不是因为其不识字，而是因为阅读能力低，采用了错误的阅读方法。比如，用消遣性的阅读方法来阅读经典之作，相当于拿一把钝刀来劈骨头，所获当然甚少。

最高的阅读力是自我发现式的阅读。这种阅读就是让一本书向既有的理解力挑战。读者在没有任何外力的帮助下，只凭着内心的力量，玩味着眼前的字句，独自挑战一本书，慢慢地提升自己，从只有模糊的概念到更清楚地理解为止。

常人的阅读力是理解式的阅读，读者在外力（名师的讲解或者其他书的导读）的帮助下，挑战一本书，头脑从粗浅的了解推进到深入的理解。《苏菲的世界》《中国哲学简史》就是为学习西方哲学和中国哲学而提供导读的书。

四

啃读的前提是选择书，选择那些值得挑战的书，那些能给自己带来深刻洞察力的书。

如何从浩如烟海的卷帙中选择出好书呢？

一是看作者，选择大家之作，真正的大家或者对文化、人生有深刻的领悟，如《庄子》，或者在某领域内有开创性的发现，如王国维的《人间词话》，或者在解决某一问题上有独到的认识和方法，如弗洛姆《爱的艺术》对"爱"的认识。二是听高水平人的推荐，这些人往往博览群书，见识深刻。能得到其认可的，往往是给其带来深刻领悟或启发的书。依靠这些人的推荐，可以少走许多弯路，少浪费宝贵时间。三是看出版社，一些积淀深厚、品质卓越的出版社对书籍质量要求非常高，比如三联书店、商务印书馆等，而一些商业化比较浓的出版社往往紧跟市场，追求效益，图书质量良莠不齐。

选择书一定要警惕那些商业包装的伪书。这些书的书名很唬人，而且往往虚构一个号称国外某顶尖大学教授的作者，杜撰出连续高居某某排行榜的噱头，伪造外国知名媒体、人物的图书评价和畅销信息，从而充分吸引读者的眼球，震撼读者的内心，而其内容往往是剪刀加糨糊速成的。这些图书主要集中在经济管理、励志以及心理自助类。

五

许多人，打开一本有价值的书认真阅读，但在硬着头皮读一阵后，感觉艰涩无比，索然无味，莫名其妙，最终不得不放弃、搁置。

其实，这是很常见的情况，即使水平再高的人，也有此类情况出现。

阅读有价值的书，需要掌握正确的阅读方法。

拿到一本有价值的书，首先要在一定时间内通读全书，抓住这本书的重点，明白"这本书在谈什么""这本书的架构如何"。

很多时候，之所以放弃阅读，一方面是因为我们对书的期望值太高，另一方面是忽略了这样一个阅读规则：头一次面对一本难读的书的时候，要从头到尾先读完一遍，碰到不懂的地方不要停下来查询或思索，只注意你能理解的部分，不要为一些没法立即了解的东西而停顿。

对大家之作，不要轻易地希望一次读懂，尤其在初读时，不要企图了解每一个字句。仅仅一本薄薄的《教育的目的》，我已经通读了十多次，还不敢完全说读明白。如果没有一定的功底，遇到不明白之处就查找相关资料，就容易被看不懂的章节、注解、评论或参考资料阻挠而泄气。其实，一本书，某几处读不懂，不等于后面的都不懂，如果因为一开始的障碍就放弃阅读，可能会导致后面比较容易理解的部分也丢弃了。何况书中内容经常是可以相互启发的，此处不明白，可能会在后面内容的启发下恍然大悟。而且，如果从头到尾读了一遍，那么第二次阅读时，就有了一定的知识背景或基础，可以站在一个全局的角度思考局部的问题，降低阅读难度。

读完第一次后，要尽可能地用一句或几句话概括出"这整本书说的是什么"，找出作者在问的问题，或作者想要解决的问题是什么。如果能说出，说明已经把握书的整体意思。如果要说的话太多，表明还没有将整体内容看清楚，而只是看到了多样的内容。作者总是针对一定的"问题"来写文章，但在写作过程中，他会把这个"问题"悄然隐藏起来，仿佛骨架隐藏在血肉之中，而读者的阅读正在于透过表层的血肉把握内在的骨架。

其次，在整体阅读之后，要反复咀嚼，追问"作者细部说了什么，怎么说的"。通过画底线、星号，在空白处编号、记下其他页码等方式，深刻理解核心要点，概括每一章节内容，然后将书中重要篇章列举出来，说明它们如何按照顺序组成一个整体架构。这样，就会更加清晰理解作者的思维脉络，更加透彻理解其观点。

再次，以上两个层次的阅读，仅仅是单方面明白了作者说什么，但真正读懂一本书，还在于与作者展开对话、交流，进一步追问："这本书说得有道理吗？是全部有道理，还是部分有道理？"

阅读就是一场对话，读者是最后一个说话的人。是否能与作者展开对话、辩论，是阅读力高低的主要标志。读书不仅要读出言外之意，还要写出言外之意；既要明确是赞同还是质疑，还要说出赞同的理由和质疑的原因。批注是非常重要的阅读方法，通过在书的页眉、页脚和其他空白处批注，读者可以随时和作者进行对话。许多人在阅读中不觉入睡，就是因为缺乏主动阅读的品质，没有和作者进行对话。做批注一是会让你保持清醒而不是昏睡；二是，只有通过书写，才能检测自己是否真正理解，如果说仅知道自己在想些什么，却说不出来，其实是并不知道自己在想些什么；三是，将阅读的感想写下来，能帮助你记住作者的思想。

这也是"新网师"为什么非常注重批注的原因，虽然批注式阅读非常慢，而且自己的理解也不一定准确，但它能保证阅读过程精神高度集中，并且是逐字逐句逐段思考的。从这个角度讲，对一本书的理解过程就是不断补充、修正批注的过程。如果短缺这一过程，在讨论时就容易导致脱离文本，自说自话。

最后，进行了以上三个层次的阅读，仅可以说基本读懂一本书，还不敢说读出了自己，不敢说书籍已经深刻楔入生命。我们还需进一步追问"这本书跟我有什么关系"。

如果缺乏这样的追问，知识还是停留在理论、概念层面，而不能融入自己的生命，不能与当下结合，还不能启迪心智，化为自己的"知识武器"。一本书所阐述的问题是整体的、共性的，而读者所读出的应该是个性的，是和自己的当下结合的。正如同样阅读《爱的艺术》，青年人可能收获了如何正确认识爱情，而老师思考的却是在班级管理中如何恰当地平衡父性之爱和母性之爱，如何在教育学生时正确发挥爱的力量。只有能将书中的知识与自己的当下结合起来，才能说在阅读中读到了自己。

六

　　知道阅读方法并不等于掌握阅读方法。如果不去实践运用这些规则，那么即使把这篇文章背下来，也无济于事。

　　人总是习惯依照自己的固有经验来应对外界。要培养正确的阅读方法，除了刻苦地练习、不断地运用，别无他法。刚开始运用时，会感觉阅读速度缓慢，理解非常困难，甚至痛苦，但这是通往自由王国所必需的。再优美的滑冰高手，也是在笨拙蹒跚和跌跌撞撞中起步的。熟能生巧，只要坚持不懈，勇猛精进，坚持按照规则来阅读，慢慢就会得心应手，思维能力会大幅提升，阅读的能力和速度也将有质的变化。

七

　　从根本上来说，阅读力关涉的不是智力和方法的问题，而是存在的深度。魏智渊老师曾说："存在的深度，源于经历经验。唯其如此，才能以同理心同情心进入作者内心，感受和把握语言欲抵达而未抵达之处。思与诗缺一不可，但决定的不是伪思与伪诗，而是存在之思与存在之诗。"

　　只有不断增加自己存在的深度，为存在增加力量，才能避免游离于词语的表面，才能抵达名家之作的根底，感受其生命气息。反过来说，不断地啃读大家之作，又会增加我们的理解和存在的深度。这是一个循环过程。

　　一本本大家之作静静地躺在那里，有待被"吻醒"，您会是那一个幸运的王子吗？

（2013 年 9 月）

我反复阅读的十本书

一、《给教师的建议》

这是一本教育学著作,也有心理学内容。作者苏霍姆林斯基是一位具有30多年教育实践经验的教育理论家。作者不是书斋里的理论家,所以,他所谈的每一个问题,不仅有精辟的理论分析,而且有生动的实际事例。全书深入浅出,通俗易懂,适合中小学教师阅读。

第一次阅读这本书是2020年,我在农村带大学生实习支教,还在"新网师"选修"给教师的建议"课程。根据讲师要求,我通篇批注。这是我第一次用批注的方法,也是首次做整本书批注。学习后,深知其价值巨大,我就要求实习支教大学生每人必须购买这本书,我每周六通过QQ群组织网络共读。书就放在我的车上,每到一所学校,听评完课后,我就组织大学生联系实际工作共读。书中提出了"两套大纲""读写自动化""思维课""交集点"等一系列真知灼见,对教育教学有重要指导意义。学习这本书,我明白了学生学习动机发生的内在原理,中小学阶段阅读的价值和方法,学困生形成的原因,课堂如何提出有价值的问题等知识。

我从一名中学语文老师转变为指导大学生顶岗实习的大学老师,从职业的浪漫期进入精确期,开启专业化学习,在这条路上,这本书起了关键作用。然而,遗憾的是,中小学老师误读、浅读这本书的现象比比皆是。

二、《论对话》

  这是一本旨在探讨如何交流和沟通的书，作者戴维·伯姆是英国物理学家、思想家。在 50 多年前，作者就敏锐地洞察到，现代科技的发展构成了一个庞大的网络连通全球，使得世界任何一个角落都几乎可以在瞬时之间彼此相连，然而与此相对应的，则是人与人之间感觉日渐隔阂，彼此之间的沟通以空前的速度变得每况愈下。

  为了打破这种隔阂，必须更重视对话交流。但现实中，对话往往沦为争辩、自说自话，各自偏执一端，无休止地争论，甚至谩骂。针对这种现象，戴维·伯姆从人类固守的价值观、情感的本质、内心思维过程的模式、人类记忆的功能等方面探究对话的本质、条件、方法和意义，旨在破除迷障，指明路径。

  几年前，我幸运地购买到了这本书的纸质版。读完之后，有种豁然开朗的感觉。许多段落，堪称鞭辟入里、一语中的、醍醐灌顶。我还是摘录一段原文吧。

  人总有各种各样的看法、意见或观念，它们均源自你的经历，包括你的道听途说。概括地讲，它们是你以前思维的成果和结晶。认清这一点非常重要。你曾经历的所有一切，都被深深地烙入了你的记忆之中。你的种种看法、意见或观念已经与你浑然融为了一体。当你的意见受到质疑时，就会不由自主地为自己辩护。但是，这样做有道理吗？如果你是对的，就用不着这么敏感，也无须来为自己辩护；假如你错了，又何必固执己见呢？关键原因在于，当你把自己与自己的看法、意见或观念视为一体时，别人所质疑的本来只是你的意见，但你却觉得别人似乎是在质疑你本人，所以你要奋起为自己辩护。在这个时候，原本不过只是你的一己之见，于是就被你奉作了"真理"（truth）。但事实上，所谓你的意见或看法，其实只不过是你自己的思维假定，仅仅出自你自身的经历而已。你通过或老师、或父母、或读书、或者其他的途径形成了它们。然后再出于各种各样的原因你把它们与自己视为一体，并因此而为它们争辩。

这本书为我后来组建读书会、管理"新网师"提供了理论根基和具体策略。理想的读书会本应是一个对话共同体，参与者如果不理解对话的真谛，就容易自说自话或相互争论，久而久之，无法反省自己的思维偏见，就很难从对话中汲取精神养料。

三、《儿童的人格教育》

这是一本心理学经典著作。作者阿德勒是奥地利心理学家，曾经与弗洛伊德一起学习、工作。这本书主要围绕"自卑与超越"这一主题，分析了自卑产生的原因、消极因素和积极作用，对教育提出许多洞见，对于理解自我、理解儿童有极高的价值。

几年前，我在"新网师"选修了这门课程，但初次学并没有完全读懂。教是最好的学，为了真正读懂这本书，我就主动申请讲这门课。后来，我才知道，这也是费曼学习法的核心技巧：用自己的语言来记录或讲述你要学习的概念。一开始讲解，基本是复述原来讲师的讲稿。讲完一次，不通透，就继续讲。前后讲了四年，直到第四次讲授，才犹如"桶底子脱落"，哗啦一下贯通。

自此以后，"自卑与超越""影响儿童成长的不是环境，而是儿童对环境的个体性理解""人格的统一性"等概念化为潜意识，成为分析教育教学问题的自动化工具。读完这本书，我的最大收获是：理解了每一个儿童都存在自卑心理，都有对优越感的内在渴求，所谓的"问题学生"其实是以错误的方法追求优越；领悟了培养健康人格对孩子一生的重要意义，人格不健康，就会引发方方面面的问题。

四、《静悄悄的革命》

这是一本教育学著作。作者佐藤学是日本著名教育家，其著作在钟启泉教授等的翻译和推介下，在中国基础教育界广为流传。这些年来，佐藤学在国内的知名度一直很高，也多次来中国考察交流。

与一般的高校理论研究者不同，佐藤学常年深入中小学听课，对基础教育一线教学非常熟悉，所以，提出的建议有实际操作性。佐藤学敏锐地发现了在纠正"一言堂""填鸭式"教学过程中，出现了过度强调学生中心而导致"主体性神话"的弊端，他做了细致研究并提出应对的思路和策略。

佐藤学深受杜威的影响，希望通过变革课堂、课程、教研和学校，加强学校与社区乃至社会的沟通，构建学习共同体式的学校。但他缺乏哲学和心理学方面的知识，缺乏如怀特海那样将认知放在时间中考量和对教育目的的终极性思考。教师如果缺乏深厚的学科素养和心理学知识，片面地强调对话，也很难真正建构概念，朝向有意义的学习。

2010年左右，我在"新网师"选修了"静悄悄的革命"课程，起初也是没有完全学懂这本书，只是对人与知识、人与人、人与自我三重对话理论印象深刻，因为这是支撑新教育实验有效教学框架的重要理论之一。2018年，因为我要指导中小学课堂教学，就与朋友们共读佐藤学的《静悄悄的革命》《学校的挑战》《教师的挑战》三本书。

读完《静悄悄的革命》，我的收获主要是增加了一种解析课堂教学的工具。现在，教学中的形式主义仍然严重，课堂上重视互动，老师"满堂问"，学生看似"小手如林"，实则有不少是浅学习、假学习。佐藤学提出"被动的能动性""润泽的教室""聆听比言说更重要""以学为中心的教学""交响乐团式的教学""三重对话"等观点，就切中时弊。

针对学校的变革，他说"要改变一所学校，需要不断开展校内教研活动，让教师们敞开教室的大门，进行相互评论，除此之外，别无他法"。他指出阶梯型课程"目标—达成—评价"模型存在的弊端，提倡登山型课程"主题—探求—表达"模型，他在学校变革、课程建设等方面的许多观点让我受益匪浅。

五、《传习录》

这本书记载了王阳明重要思想的主要表达和这些思想发生、发展、形成的全部过程，集中阐述了阳明心学中"心即理""知行合一""致良知"三大核心命题，是了解和读懂王阳明其人其书的必读之书。王阳明心学是对程朱理学的反动，也是孔孟儒学的回归。他敏锐地洞察到世人心灵遮蔽，片面陷入"格物致知"的误区，物控制了人，生命丧失活力与自由（哲学意义）。

在知识爆炸、成功学盛行的今天，阳明心学尤其有极强的现实指导意义。但是阳明心学的不足也很明显，过度强调了个体的主动性而忽视了环境对人的塑造。我甚至想，优秀者乃至卓越者更容易学习王阳明，而普通人很难学王阳明，因为普通人往往是被环境刻写的。当然，阳明肯定不会同意这种意见。

我之所以对这本书产生兴趣，是多年前在内蒙古鄂尔多斯罕台小学内，见到一块大石上刻着王阳明的四句教：无善无恶心之体，有善有恶意之动，知善知恶是良知，为善去恶是格物。因为对这四句话不理解，有些好奇，遂产生阅读王阳明的书的念头。2017年，我在常春藤读书会发起共读，一个冬天与朋友们每周末相聚逐句啃读《传习录》。围绕这本书，又共读了《阳明学述要》《〈中庸〉洞见》《中庸》等几本书。

这几年，经常会翻出这本书，对其中一些语句默念涵泳，常读常新。这本书对我的启发有三点：一是让我从整体、联系的角度理解世界和事物，而不至于割裂、碎片化；二是通过知行合一、事上磨，来修炼心性，致良知；三是在遇到困境和挫折时，内心能恢复宁静和强大。

六、《高效能人士的七个习惯》

这是一本阐述自我管理的书，在全球以40多种语言出版，被福布斯评为有史以来最具影响力的十大管理类书籍之一。作者史蒂芬·柯维是全美25位最有影响力的人物之一，也是一位成功的父亲，他的儿子肖恩·柯维撰写了《杰出青少年的七个习惯》，也很畅销。

在变化的世界里，有哪些不变的原则？史蒂芬·柯维在这本书中提出了七个习惯：积极主动，以终为始，要事第一，双赢思维，知彼解己，统合综效，不断更新。这本书与一般流行的自我管理方面的书不同，它提供的不是零碎的技巧，而是终身受用的原则，原则后面又包含着一套深刻的价值观。所以，它不单是改变行动，而且是塑造新的观念。其实，观念的革新才是行为持续改变的条件。

  2013年，我在山西省原平市带大学生实习支教，首次读到这本书，深有感触，便组织团队的指导老师共读。在读这本书的过程中，我的收获是一个不断渐进的过程，不同阶段领会不同。起初印象深的是书中对时间的四种分类："重要而不紧急""重要而紧急""紧急而不重要""既不紧急又不重要"。要事第一，就是要先做"重要而不紧急"的事。后来，因为做管理工作，需要不断沟通，对"知彼解己"有共鸣："首先寻求去了解对方，然后再争取让对方了解自己。"再后来，"以终为始"的观念又给我以新思考，人要未雨绸缪，居安思危，带着对十年、二十年后的规划来重新思考当下的选择。

七、《新教育年度主报告》

  这本书是新教育实验发起人朱永新老师在历届新教育年度研讨会上所做的主题报告的结集出版，是新教育共同体十余年来丰富经验的集中呈现。这本书语言流畅，充满激情，深入浅出，记录了新教育众多专家、学者、校长、教师长期的教育实践与探索，既有理论高度，又有操作引领，针对当下诸多教育难题进行了解剖并提供了解决方案。

  我在"新网师"学习的16年，也是不断学习主报告的16年。从2009年加入以来，我就特别关注、收藏新教育实验每年的主报告，至今仍然记得初读时的眼前一亮、怦然心动，年度主报告犹如在重重迷雾中突然投射的一束光，照亮前行之路。不论是在"新网师"主持语文研课，还是实地指导缔造完美教室等，我都是践行和依据年度主报告中的理论。更重要的是，"新网师"本身就是年度主报告中"共读共写共同生活"的具体实践。

  后来，我把年度主报告中的理论运用到指导大学生实习支教中，深刻体会到理论的价值和巨大力量。只要掌握了理论的精髓，在任何条件下都能因地制宜、创造性地开展工作，如果不掌握理论，机械模仿，往往会沦为邯郸学步、东施效颦。

学习这本书，我的收获主要有五点：一是进行了共读共写共同生活构筑共同体的实践和探索；二是掌握了六个维度和三重境界的新教育理想课堂；三是清晰了教师成长的方法和策略；四是明白了学校文化的使命和意义；五是领会了缔造完美教室的意义和构建。

八、《批判性思维工具》

这本书是我所见到的批判性思维类著作中最好的一本。全书阐述了批判性思维的概念、意义，如何成为一个批判性思考者，以及一个好的批判性思考者应该是什么样的等问题。因为新课改注重培养学生审辩式思维能力，所以我有意识关注这类书，从网上购买了相关书籍近十本，我发现这本书更有价值。荣格说："除非你把潜意识意识化，否则它一直会影响着你的生活，然后你说那是命运。"

对于从应试教育中成长的我来说，有一些惯性思维，如盲从权威、懒于思考、缺乏理性、等待标准答案等已经化为潜意识的一部分，影响着工作和生活，过去虽然有所觉察，但不是很清晰，看到这本书才透彻理解。书中许多论断一语中的，直抵本质，发人深省。我还是摘录一些吧。

人类心理通常是目光短浅的、不自由的和从众的。与此同时，它又是擅长自我欺骗和合理化的。人在本质上是高度自我中心、社会中心和自私自利的。人们的目标不是获取事实而是获取好处，不是通过理性过程来获得自身的观点信念，而是反感理性批评。盲信、担心、偏见和自利是人类思维的主要特征。自我欺骗和缺乏自控是人类思维最重要的特点，这些破坏了人们思维的完整性。如果你指出大多数人的错误，他们可能会暂时沉默。但是绝大多数情况下，人们就像橡皮筋一样，这是暂时的拉伸，不久后还会回到原样。

我阅读完这本书，感觉其有很大价值，2015 年与大学同事共读，2017 年在常春藤读书会共读，2018年夏天又带着一群中学生进行共读。每次阅读，常读常新。学习这本书对我有两大影响：一是增强了元认知能力，开始警惕自我中心和社会中心思维，避免非理性思维；二是增强了逻辑分析能力，有助于分辨日常思维中的逻辑漏洞。

九、《教育的目的》

此书是英国教育家艾尔弗雷德·诺思·怀特海关于教育的经典著述，成书于1929年，全书每个篇章都是精品，可谓字字珠玑，博大精深。其中蕴含的深刻教育思想，即便在今天看来，仍然闪耀着不朽的智慧光芒。

2011年，我在"新网师"选修教育学经典课程，开始学习《教育的目的》。为了彻底学懂，我就开始讲授这本书，在"新网师"一直讲了三四年，终于通透。课程讲义也出版在《改变教育的十二个关键词》一书中。后来，我在常春藤读书会又组织共读。

通过学习这本书，我收获最大的有四点：一是怀特海提出的教育目的论。"学生是有血有肉的人，教育的目的是激发和引导他们的自我发展之路。""教育只有一个主题——那就是多姿多彩的生活。"二是课程观。"不要同时教授太多科目，如果要教，就一定要教得透彻"，学校课程应该是一个统一于生活的整体，学科之间应该相互包容或融合，反对科目之间相互对立。三是知识观。"不能加以利用的知识是相对有害的。"四是认知节奏论。智力发展是一个"浪漫—精确—综合"循环上升的周期性过程。只有适应儿童智力发展的规律，才可能"在学生的心灵纺织出一幅和谐的图案，把对学生直观理解来说各有其内在价值的不同教学内容，调整到各个从属的循环周期中去。我们必须在合适的季节收获合适的作物"。可以说，怀特海的教育理论成为我理解教育教学的根本观点。

十、《苏菲的世界》

这本书是挪威作家乔斯坦·贾德创作的一本关于西方哲学史的长篇小说，

被誉为20世纪百部经典著作之一。它以小说的形式，通过一名哲学导师向一个叫苏菲的女孩传授哲学知识的经过，揭示了西方哲学史发展的历程。我在读高中时就听说了这本书的魅力和价值，但一直没有读懂，直到加入"新网师"，选修了这门课程，才逐渐领会其妙。围绕这本书，我又阅读了一系列哲学著作，如《中国哲学简史》《哲学的邀请》《西方哲学史》《哲学导论》《大问题》等。

我带大学生实习支教时，带着团队老师共读《苏菲的世界》。2017年暑期，我带20多名中小学生共读这本书，每天6小时，连续读了20天，孩子们还读得兴致盎然。这颠覆了我对中小学生阅读潜力的理解。这本书带给我的价值主要是，使我粗线条了解了西方哲学史，为阅读其他书提供了一个宏大的背景和支撑。有没有这个背景，是大不一样的。

（2024年4月）

导读者要学会"拆书"

什么是拆书？为什么新教育读书社群要组织导读者来拆书？有的老师同意拆书，有的老师不同意拆书，同意或不同意，都是一种看法。看法是一种指向，要想理解拆书这个概念，就要回到根本性的目的，放在更大的背景当中去理解拆书的目的。

有人说拆书是为了要读懂书，要读以致用，这个没有问题，只不过我们还需要进一步去思考，什么叫作"读懂"。读懂有几个层次。第一个层次，是指理解文本的意义，即理解文本在说什么，或者说文本呈现了什么，作者想呈现什么。这是一种读懂，或者说是读懂的第一个前提。如果没有把握住文章的主要意思，那显然就不能叫读懂。第二个层次，理解了作者在说什么并不意味着读懂。有的时候，读者比作者更理解他的书。比如苏霍姆林斯基《给教师的建议》，从今天的社会发展来看，苏霍姆林斯基的观点还存在一定的局限性，如"两套大纲"就可以用课程来取代。所以，我们读懂一个观点的同时，也包含着对这个观点的某种批判，只有在批判的基础上，才可能意味着读懂。第三个层次，知行合一。能准确批判也并不意味着真正读懂，真知要能指导生活，真正做出来，实践了，能和生命进行完整的融合，才可能意味着读懂了。总之，当我们提到读懂的时候，就它本身而言，可能有这三个层次的意义：一是文章在说什么；二是能用批判性视角理解文章的价值和局限；三是能够运用。

除此之外，从解释学的角度来讲，读文章本身也是一种解释。按照作者中心解读观,文本是作者思想感情的流露,文本解读就是致力于帮助读者去还原并把握作者创作文本的原始意图。"读懂"就是要原原本本地去读懂经典在说什么,书在说什么,不能有所发挥。读者要做的是分辨出书在说什么,而不是自己在说什么。这就意味着我们读《论语》是要去理解孔子在说什么,而不是我们认为孔子在说什么;我们读《传习录》是要理解王阳明在说什么,而不是我们在说什么。共读时,导读者是要通过自己的表达让他人更清晰地理解王阳明,而不是借助王阳明去更好地理解自己。这就是读书当中的"我注六经",即通过我去注解六经,去理解六经。"我注六经"意味着导读者是一座桥梁,他人是通过导读者这座桥梁去理解孔子在说什么,王阳明在说什么,苏格拉底在说什么,杜威在说什么。但是这种解释学,它本身也有漏洞。如果我们从理论上追问的话,作者中心解读观必然会遭遇到这样一个无法解答的问题:你怎么认为你的理解就是孔子的理解?你又不是孔子。由此可知,我们要通过读书去纯粹还原孔子是不可能的!因为我们所有的解读都是在用自己的观点去理解孔子,谁都不是孔子,谁都没办法还原孔子。这就有了读者中心解读观:文本解读与读者密切相关,是读者创造性阅读和解释的结果。文本的意义是读者充分发挥自身主观能动性,阅读文本后为其赋予的。其价值在于能发挥文本的现实意义,避免知识与读者隔离。但这种解读观也容易导致解读偏离文本的原意。比如《愚公移山》,文本本意是要去宣扬愚公艰苦奋斗、坚韧的精神。但有的人却说,愚公为什么不能够去搬家,为什么非要去移山?再比如《武松打虎》,用今天的视角去解构,有人就说"武松打虎"违反了动物保护法等。当然,这不是我们今天的主要话题,我只是想用这些内容帮助大家去理解一个"读懂"概念背后其实还涉及很多的内容和层级。

为什么要拆书?我们今天之所以谈"读懂",是因为教师读书会在组织过程中存在一种现象:大家都不能沉下心来先去认真读原文,听作者在说什么,只是一味去谈自己的感受。事实上这种感受是碎片化的,你读这一章,他读那一章,或者有的读的是整体性的,有的只是抓住了一个枝节,真读懂了吗?真正理解了吗?未必!就像樊登讲书一样,我们听的是樊登咀嚼后的书,而不是书本身。教师读书会的专业性就是想通过我们的导读,让读者更好地去理解书，至于导读效果如何，把评价交给读者。为此，作为专业的教师读书会，我们今天之所以提倡拆书，就是为了避免两个现象：一是避免整天在组织读书，最终却没有读书，或者说只是囫囵吞枣、粗浅地读了读书，并没有真正去领会一本书。二是避免别人替我们读，听了别人的解读而误认为自己读懂了书。事实上，对于经典来说，再好的解读也不可能胜过原文。再过100年或者50年，解读经典的文章会被历史湮没，而经典原著依然熠熠发光，除非我们的解读能像朱熹的解读一样也成了经典。所以说，我们还是要对这些有价值的书，对经典书心存一种敬畏。为了避免大家囫囵吞枣地读书、粗枝大叶地读书，只抓住一个细节就以为读懂整本书，我们提出要拆书。当然也不是说我们的解读不重要，而是说解读的前提是要先解说，再去评价。如果没有解读就直接评价，我们的评价就很容易替代别人的思考。一个好的阅读者，面对一本书时，会尽量还原书的内容，把评价的权利交给读者。就像著名电影导演从情节、构思、色彩等角度看电影一样，呈现出的是一个专业解读者的视角。另外，现在读书会当中尽管请了专家导读，但专家主要用一两次课泛泛地讲一下。在这种情况之下，我们决定组织一个团队，把一本书一章一章"拆开"。

怎么拆书？对不同的书，方法又不太一样。

方法一：比如《教育的目的》是100多年前怀特海对英国人的几次演讲，谈到了教育的节奏，知识与生命的融合，教育就是五彩斑斓的生活，防止呆滞知识等。这样的演讲录怎么拆？就要问这么几个问题。第一，怀特海的文章是针对当时什么现实、什么背景提出的？第二，当时的教育出现了什么问题，存在什么问题？第三，怀特海对这种问题提出了什么有价值的见解或观点？第四，他的观点对于我们今天有什么启发？对这样一本书也没必要完全探究它的细节，只要能回答这几个问题，大致就把这本书拆开了，理解了。

方法二：如果我们拆解的是苏霍姆林斯基《给教师的建议》这本书，就要另当别论。因为苏霍姆林斯基的书，它是随笔性质的，不是严格的论文。它的观点分布在各个章节之中。这时，就需要凝练出主要观点，比如干国祥解读了之后就提出了"苏霍姆林斯基教育学循环"的思想。这就相当于用X光透视一样，透过皮肤直接抓住了人体的骨骼。知道了这个循环之后再去读整本书，就会觉得一眼看到底。再比如书中提出的第一套大纲、第二套大纲、交集点、思维课等，只要抓住几个关键词，就能把这本书拆了。

方法三：如果我们要拆《西游记》，就可以借助英雄的旅程中的一个内在结构去拆解，这样就理解了一个人从平凡到伟大的过程是怎么形成的。当然这只是一种视角，不是唯一的视角。

方法四：如果要拆一篇论文，就要去区分以下问题：论文提出了什么观点？是怎样论述这个观点的？用了哪些数据、哪些事实？这些数据、事实能不能证明他的观点？文章的结构是什么，是提出问题、分析问题、解决问题还是其他的结构？这篇文章的论点是什么？论点是基于什么背景而提出的？形成这个问题的原因是哪些？针对这些原因又给予了哪些解答？提出了哪些措施？这些措施是不是很恰当？所以说，拆书就是要针对不同的文本，选择不同的方法。

我们也可以适当地评价，评价也是为了理解。因为作者当时对问题的理解也许有片面性，现在我们可能已经有了更好的理解，为此我们也可以做一个补充，这样的话，就能让读者更全面地理解一本书。

我们肯定一本书，也不是为了肯定；否定也不是为了否定；批判也不是为了批判，而是要去理解。尽可能全面准确地理解书籍所指向的事实，指向世界最真实的东西，这才是我们拆书的指向。当然，这样泛泛地谈也只是一个启发、一个思考。我们可以围绕某一本书或者某一章节，像解剖麻雀一样进行解读，我们的目的不是要解读某个章节，而是要通过解读某个章节，学会拆书的方法，相互交流，彼此促进。另外，读书会也不一定非得规定一个月读完一本书，究竟读多长时间为宜，主要取决于能否读懂一本书。一个星期读懂了，就没有必要拖一个月；三个月才能读懂，那就不能读上一个月就停止。总之，我们要抓住根本性的问题，让我们的这些方法为内容服务，手段为目的服务。

（2024 年 3 月）

第二辑

反思：为大脑安装纠错机制

自由意味着什么

看过电影《肖申克的救赎》的人，对以下这一幕应该印象深刻。

安迪从监狱图书馆里翻到了一张《费加罗婚礼》的唱片，把自己反锁在肖申克大牢的播音室里，用扩音喇叭巨声广播着《费加罗婚礼》中的那曲著名的咏叹调《夜色温柔》。声音仿佛穿刺了肖申克的上空，所有犯人都被这美妙的音乐打动，停驻倾听。安迪滥放广播的代价是禁闭两个星期。狱友问安迪这么干值吗？安迪指指脑袋回答：有音乐就有自由……

人虽总是受限于各种枷锁，但生而有对自由的向往。无论我们曾经怎样的沉沦和不羁，怎样的失去自我，但只要不放弃追寻自由，生命就有丰富多彩的可能。

学校开学了，一些老师感慨：假期太短了，不想开学，又要工作等。开学意味着结束了假期中自由的生活，不能再一觉睡到天亮，不能随意外出购物、旅游，不能随时和朋友聚会、喝茶、聊天……

什么是自由？如何在看似庸常的现实中追寻自由？自由于我意味着什么？

我陷入了深思……

一

  动物是没有自由可言的。

  在草原上无所羁绊、闲适游走、自在吃草的绵羊，是自由的吗？不是，因为羊受到本能控制，看到绿草就要吃（除非吃饱）。只有当羊看到绿草，能摆脱本能控制而不吃草时，它才是自由的。而人则不同，早晨虽发困想睡懒觉，但为了按时上班也要克制睡意而起床；见了美食想吃，但为了减肥也能咽下口水而节食。

  人心生而自由，而无所不在肉体的枷锁之中。有人认为，随心所欲，想吃就吃，想睡就睡，想玩就玩，是自由的。其实不然，因为这还是被人的本能所控制，心灵被身体所役使，所以是不自由的。常人的不自由就在于生命被本能役使而习焉不察，沉湎于手机、麻将、旅游、网络、酒等外物而不拔，遛狗遛狗，就被狗遛了，宠物宠物，就被物宠了，钓鱼钓鱼，就被鱼钓在河岸上了。而几乎所有的人或多或少都会被某一意念、认识、思维控制。人当然也需要本能，否则都难以生存，但人之所以为人，就在于人不仅仅停留在自然、功利境界，还能上升到道德、天地境界，人除了有自然人生的一面，还有文化人生的一面。

  什么是自由？

  自由是心灵对身体的超越，是有承担责任的意志。自由不是想干什么就干什么，而是不想做什么就能不做什么。追求自由的人，把生命的意义看得比生命本身更重要。卓越之人甚至能够为了赋予生命以意义而牺牲生命本身。从这个角度讲，舍生取义是人最大的自由。自由是一种过程，并不是可以一下子完成和一劳永逸的，总是时时受到沉沦的侵蚀，需要不断争取。

二

  "不完整"是人的宿命，自由是人的抉择。

动物一出生就是"完成"的、封闭的。动物一生下来就知道的东西似乎要远远多于它在一生中所学到的东西。牛、羊、猪等动物出生后很短时间内就能独立行走,而且先天就遗传了觅食等生存技能,蜘蛛、蜜蜂、燕子不用后天学习就是一流的"建筑家",猴子、松鼠不用专门训练就是"攀爬高手"。而人和动物相比的一个区别在于,人类出生时几乎什么都不知道,几乎凡事都要通过学习才能知晓。一只猴子出生后,不论将其放到何种环境成长,其"猴性"基本不会有多大变化,即使是马戏团经过训练的猴子,也是在利用本能而达成了几种固定程序而已。而人则不同,一个人在中国长大和在美国长大,基本是完全不同的两种人。人是未"完成"的、开放的,没有被任何不变的本质或性格预先规定,这也就决定了人需要不断地发展自我、更新自我、完成自我。

从存在主义角度来看,人的未完成性让人有了朝向自由的可能——可以根据自己的意愿,通过不断抉择,成为自己想成为的人,而动物是没有这种自由的——一出生就如其所然,很难再发展自己。所以萨特说,正是自由决定了我们作为人而存在。

"我"是谁?

"我"是先天的遗传、生存的环境、成长的经历、接受的学问等因素而形成的"程序"塑造的"我"。这套程序,既成就了"我",也局限了"我"。所以,每一个人都是不完整的,是未完成的。认识自我是非常困难的,因为人要突破自己的"皮肤"。当人能反思形成自我的"程序"而追问此生之意义时,就意味着生命的觉醒,开始朝向自由。

真正的自由是从心所欲不逾矩,是有自己坚定的信念追求但不"执"。佛家讲"缘起性空"。这个空,不是无,而是有。正是这个"无",产生了各种可能性的"有"。常人不自由,就是因为被"有"——技艺、工作、观念——所蔽。艺精者为技所傲,失恋者为情所困,失意者为事所困,强辩者为念所执,在位者为权所骄,饱学者为才所满,为富者为财所纵。而常人被念所蔽,在抱怨、指责、嫉妒、犹豫、羡慕之中度过一日又一日。心灵的"杯子"太满了,装不进另外的东西,生命也就丧失了另外的可能性。归根到底,没有谁能阻碍你的自由,除了你自己。是思维,而不是任何外在的因素,阻碍了人的自由。

三

人的异化也阻碍通往自由之路。

实现自我是人的最高目标。人的所有发明、创造、生产本来是为了服务人，而这些发明、创造、生产却又影响、控制了人，这就是人的异化。工作本来是为了抵达幸福，而当人被工作控制，甚至出现工厂中"几连跳"的自杀事件时，人已经被异化了。科技的发展丰富了人、方便了人，但也异化了人。手机、电脑本来是让人沟通、获取资讯、处理信息更方便快捷的，但许多人整天手机、电脑不离手，把主要时间都用在上面时，其实已被异化。追求财富本身是为了让人幸福，但如果把手段当成目标，人被财物所左右，甚至为谋取财物而丧失健康、亲情、家庭乃至生命，那么，财物就成为主人，人成了奴隶。

有人说，自己被工作控制而不自由。其实，人如果没有工作，恰恰是最大的不自由。

工作就是劳动，劳动让人成为人。工作产生发明创造，工作让人实现自我价值，工作让人成为自我。自由与否不取决于做什么，旅游就是自由的表现吗？那你问导游是否都感觉自由？限制活动范围就是不自由吗？全身瘫痪的霍金也是自由的。之所以认为被工作控制，是因为你在工作中是被动而不是主动，是消耗而没有成长，是重复而没有创造。如果工作是主动的，是兴趣之所在，能体验到创造的快乐，能得到道德、智力和精神方面的完善，那么，工作就是休闲，工作就成为人通往自由的途径。

四

追求自由源于人对死亡的深刻认识，是死亡唤醒了人的自由意识。

生命总有一死，但唯有人这种高级动物才能意识到自己必死的命运，一头猪，是不会意识到自己的死亡命运的。一个人什么都可以逃避，但唯独逃避不了死亡的命运。死亡，是必然的、无法逾越的，必须独自面对的。你，终究会消失在这星球，化为尘埃，乃至连尘埃也没有，成为无。在人一生的"可能性"中，死亡是最确定的"可能性"。

必死的命运虽然十分恐怖，倒也是一种解放：它使我们从日常琐碎事务的奴役状态中解放出来，从而展开本质的"筹划"，唤起对生命的追问——什么是生命中最重要的，此生之意义何在，借此我们便能够使我们的生活成为仅属个人的、有意义的自己的生活，人就开始向着自由进发。因为死亡，才唤起了我们真正的生，这就是向死而生。

但很少有人这样思考。常人皆以为死亡是一个遥远的终点，遥不可及，只有在参加了一个葬礼，或者得了一场大病之后，才会有所悟，有所"看得开"。正如复旦女博士于娟在重病中写道："在生死临界点的时候，你会发现，任何的加班，给自己太多的压力，买房买车的需求，这些都是浮云。如果有时间，好好陪陪你的孩子，把买车的钱给父母亲买双鞋子，不要拼命去换什么大房子，和相爱的人在一起，蜗居也温暖。"非常理解并认同其感触，但这种认识还仅停留于亲情、爱情层面，自由的追寻还有更高处。而问题的实质在于，人随时都面临人祸、天灾、疾病、意外的威胁，人随时都可能死。因此，死亡现在就是"我"的"可能性"。思考生命的意义应该不是一个有待未来思考的问题，而是牵涉当下的一个抉择：我今天应该如何活着。

五

自由意味着什么？

孔子说："君子不器。"君子不应被一种"器具"（技艺、财富、名望）所拘泥。人之所以不自由，就是因为往往被"器"了。自由意味着人需不断清空"杯子"，辞旧纳新，避免生命的故步自封、沉沦、遮蔽。人生不过就是提醒自己反复做一个动作：清零。一步一步走，一步一步扔。走出来的是路，扔掉的是负重。路越走越长，心越走越静，时刻谦卑，时刻低眉，时时刻刻心里有敬畏。只有这样，才能修炼成精，任密雨斜侵，我只坐拥王城。

自由意味着要时时倾听内心的声音,寻找本真的"我",活在当下,珍惜"高峰体验"——一首老歌的怀旧,一处美景的遭遇,一席谈话的豁亮,凝视一朵花,独饮清凉月……

人的生命本身是一个惊奇,虽然自我感觉没有什么特殊之处,然而想想浩瀚宇宙,亿万年的星球,能出生在今天,生活于此地,拥有亲情、爱情、友情,从出生到现在经历各种精彩转变,进而思考自己,思索宇宙,品味人生,这不是惊奇的事吗?

从自由的角度思考教育,教育的目的就在于:唤醒人,唤醒人的本真存在,唤醒人的主体意识,而不是仅仅把人培养成为一个个"器"。一段话说得好:"教育的本质意味着:一棵树摇动另一棵树,一朵云推动另一朵云,一个灵魂唤醒另一个灵魂。"对待每一个孩子要抱以基于自身的怜悯、宽容,因为我们每一个人都是"病人"。一个残缺的灵魂有什么理由去武断指责、轻视、评判其他灵魂的不完善?

六

只想着把孩子教好是教不好的。

己立立人,己达达人。自己站立起来,方能让他人站立起来,自己抵达了,才能让他人抵达。教育的核心(也是困难之处)在于,教师的生命要尽力保持在一种"真理"涌现的状态之中。教师的生命应不断处于成长之中,很难想象一个对孩子、对教室、对课堂心不在焉、麻木不仁的老师能用所谓的技巧、方法、妙招教育好孩子。苏霍姆林斯基、雷夫等,都是生命力极其旺盛、阳光、刚健的人。所以,如果只想着如何管住学生,教好学生,而不反思、改进,提升自己的生命高度、强度,是成就不了真正的教育使命的,你只能成为经师,而不能成为人师。

教师对教室、对学生心不在焉、麻木不仁,产生职业倦怠,就是教师不自由的表现。对于教师而言,寻找到自己的本真,让自己的真理涌现,意味着自身需要不断成长,不断创造,不断擦亮自己的生命;意味着要追寻、坚守自己的信念，西天取经之路，没有捷径，有了信念，西天再远，妖魔再多，也能取得真经。

七

零零散散写了这么多，貌似深刻，但自己能做到多少？

因为我知道，人不是看其如何言说，而是看其依据什么而活。

因为无力，所以执着，我知道——

"有一种鸟儿是永远也关不住的，因为它的每片羽翼上都闪耀着自由的光辉。"

（2013年5月）

休闲比工作重要

一周假期，读书之余，会见了若干老友，然后回老家带父母到晋陕交界处看了看黄河壶口瀑布。父母年龄逐渐大了，趁他们现在身体还不错，我可以带着多到外面看看，否则，等他们将来行动不便时，即使心有余也力不足了。

高速路，车流滚滚；旅游点，摩肩接踵。黄金季节，时间宽裕，加之高速免费政策的刺激，有车一族纷纷走出户外，欣赏美景，放松心情。

而更多的人，除参加婚宴、探亲访友之外，看看电视，睡个懒觉，打牌、下棋、喝茶、散步、打球……

休息、玩耍也是生活的一部分，而且是生活的必需。

一张一弛，也是生活之道。不懂得休息的人也不懂得工作，只有休息好，才能以充沛的精力、饱满的情绪投入工作之中。而玩耍，从本质上来说也和睡眠等休息一样，通过转换思维，放松心情，达到一种精力的复原。

除了必要的家务劳动、人情应酬，大多数职场之人生活的主要内容就在工作与休息（玩耍）之间循环，工作之后休息，休息充足投入工作。

循环往复，周而复始。虽然也有滋有味，但总觉得距离幸福的味道还缺一种调料。

缺什么呢？

休闲。

一

休闲和休息（玩耍）不同。

在原始社会，原始人大部分时间为求生存而奔波劳作，除了睡眠等休息，生活基本没有闲暇时间。到了奴隶社会，社会出现了阶级分化，奴隶生活的主要内容就是劳动，而奴隶主脱离了生产劳动，所以有大量的闲暇时间。在那时候，劳动是奴隶的职业，而休闲是贵族的特权。在闲暇时间，大多数贵族的生活是玩耍——喝酒、打猎、赏景等，而少部分人开始在艺术和科学上有所作为——书法、绘画、音乐、历法等。亚里士多德说："艺术和科学既不以世人的快乐为目的，也并非生活所需，他们最先出现于人们有闲暇的地方。数学之所以最先出现在埃及，就因为那里的僧侣阶级有闲暇。"

从这个角度讲，闲暇产生智慧。

休息和休闲同样发生在工作之余，而且是自愿为之，可做可不做。但以消磨时间、摆脱烦恼为目的的活动是休息（玩耍），以提高道德、精神水平，增加知识为目的的活动是休闲。

一个人幸福质量的高低取决于休闲时间在生活中所占的比例。一个主要为生存而上下求索、四处奔波的人是没有多少幸福可言的，而对于一个生活基本被工作填满的人，也很难说有较高的幸福指数。许多教师之所以产生职业倦怠，主要原因在于：因为缺乏真正的休闲，所以生命之树缺乏滋养，从而慢慢干枯，本应是生机勃勃的教育工作就变成日复一日机械、枯燥的漫长劳役。

教师与教师的主要区别形成于八小时之外。八小时之内的工作大多是相同的，备课、上课、辅导、批改作业，而八小时之外，有的被琐碎的家务、人情杂务等缠绕，有的消磨于电视、电脑、打牌等玩耍中，而有的沉浸在阅读、书法、摄影等休闲活动中。久而久之，人与人的差别就显现了。前两者生命被限制，容易沦为教书匠，而后者逐渐走向自由，在教育中享受人生的乐趣。

是不是休闲，并不单纯取决于做什么。同样是旅游，大多数人仅仅是感官的享受——饱览美景，赏心悦目，忘记烦忧，而有人却览今思古，思绪飞扬，写出了文化著作。

是不是休闲，主要取决于能否促进心智的成长。大多数现代人混淆了休息（玩耍）与休闲的差别，误认为休闲就是娱乐，娱乐就是休闲。这和市场经济社会有一定关系，在工业革命之前，社会主要分为劳动阶层和有闲阶层，大部分劳动者忙于生产而没有休闲的概念。而工业革命之后，机器大量出现，许多原本由人来完成的工作被机器替代完成，加之社会分工越来越精细，这导致两个结果：一方面，大多数人拥有了更多的空暇时间，另一方面，人们把物质的增加片面地理解为生活的全部目的。大多数人在紧张的工作之后，主要把空暇时间用来消遣和娱乐，以便更好地投入工作。其实，攫取物质只是生活的手段，而不是目的。

某种程度上，休闲才是生活的主要目的，休闲就是享受生活，就是做那些对自己有意义的事情。休闲绝不是无所事事，而恰是有所创造。虽然工作也能进行创造，但休闲是自由创造。正因为人从繁重的劳作中摆脱出来，有了休闲，才能仰望星空，朝向自由，走得更远！

亚里士多德说："娱乐是为了严肃地工作，娱乐似乎是一种休息，因为人们不能持续不断地工作，所以需要休息。反过来，工作是为了休闲，正如战争是为了和平一样，幸福基于休闲胜于其他事务。"

二

许多人误解了休闲和工作的本质区别。

有的人认为八小时之内的事就是工作，八小时之外的事就是休闲。但对一个痴迷于绘画的艺术家来说，可能上班时的创作就是休闲，而下班后的家务活就是工作了。

有的人认为工作是辛苦的，而休闲是轻松的。但对于一个业余登山爱好者来说，冒着生命危险艰难地征服一座座大山，这对他来说却是休闲。许多人整天无所事事，躺着看电视，漫无目的地玩手机也是相当疲乏的。

有的人认为打球、跳舞、四处旅游就是休闲，而公文、会议就是工作。但对职业球员来说，打球等就是他们的工作；对于导游来说，穿梭于各大旅游景点恰是他们的工作。

有的人认为工作有报酬，而休闲没有报酬。但诸如李镇西等名师，他们休闲时的创作收入可能比工资要多得多。而有些工作，如家务活，你必须做但还没有报酬。

有的人认为工作有强制性而休闲没有强制性。但对于一个虔诚的宗教人士来说，定期参加宗教仪式对他来说也是有强制性的。

……

工作与休闲的区别，不取决于什么时候做，做什么，以及有没有报酬，而取决于在做的时候是否有自由，以及怀有怎样的心态。同样是参与慈善事业，对于红十字会的工作人员就是工作，因为他必须做，而且是抱着完成工作的心态，而对于发起公益活动的人来说，就是休闲，因为他可做可不做，是抱着体现个人价值、回报社会、播撒爱心的心态来做的。同样是养花，对于我们普通人来说，就是休闲，可养可不养，是抱着欣赏、享受的心态，而对于种植花卉的商家来说，这就是谋生的手段，以营利为目的。

工作和休闲是可以转化的。在年少求学时，学习于我而言就是工作，苦不堪言，而随着年龄的增加，现在学习就转化成了休闲，自主选择，乐此不疲。硬笔书法家庞中华原是体制内的公务员，休闲时醉心于钢笔字，随着书法造诣的日渐精深，名气逐渐增加，硬笔书法后来就成了他的主要工作。

美国哲学家艾德勒给工作和休闲进行了这样的区分："工作是为了得到我们赖以生存的物资，为了得到我们可以消费的物品，我们必须做的事。""休闲是人们可以在道德、智力和精神上获得成长的所有那些活动，通过这些活动，人们能实现人格的完善，履行其道德和政治义务。"

由此可知，大多数人之所以从事的是工作而不是休闲，是因为得依靠它来养家糊口、谋生度日，不想做也得做，没有选择。同样，大多数人只有休息（玩耍）而没有休闲，是因为在活动的过程中，只有身体、情绪的放松与调整，而没有心智的成长。

但，假如做一项工作，不为获得薪酬，不以谋生为目的，而是自愿主动参与，在做的过程中，不仅身心愉悦，而且自身能获得成长。

你说，这是工作还是休闲呢？

三

工作的最高境界就是休闲。

工作是不是成为休闲，可以从两个方面进行检测：

第一，如果你不以此来谋生，是不是还乐意主动去做？如果你还乐此不疲，那么，这项工作就成为你的休闲了。

第二，你的工作时间和休息时间是否有界限？如果做一件事时你时刻惦记着下班和放假，那么你做的就是工作；如果在你的生活中，工作日与休闲时间已经几乎没有界限，那么你的工作基本就是休闲了。

从这个角度讲，要想免除工作的劳役而终生生活在休闲中，有两种选择：一是以自己的兴趣爱好为职业；二是真正爱上你的工作，为之牵肠挂肚、魂牵梦绕。

如果工作恰是兴趣和擅长之所在，如果能从工作中找寻到内在的价值而不仅仅是为了薪酬，如果从工作中能得到心智的成长而不仅仅是消耗生命，那么，工作就和休闲融为一体了。

抱着工作的心态做事，你只能做一个合格的职业人；抱着休闲的心态做事，方能成为一名卓越者。

上一堂课，是工作，但上好一堂课，可能就是休闲；做一名教师，是职业，但当一名卓越的教师，可能就是休闲。

所以，从这个角度讲，休闲比工作重要。

高质量的休闲和工作是水乳交融的。

记得在海南工作的那段岁月里，往往经过一整天艰涩的啃读，就选择欣赏一部电影来调节大脑，放松心情，但看电影时，又对阅读内容有许多启发、感悟，看完后，还能随性写一些观后感。这时，我就难以分清，这是休闲还是工作。

一些教师一开始对许多卓越的新教育人不理解：周末、节假日也工作，他们不需要休息吗？他们不购物、访亲、做家务？既没有上级的硬性规定，也不能赚取更多的工资，为什么要如此辛苦呢？

如果理解了这一点，答案就迎刃而解：他们看似每天在工作中，实则在休闲中。他们已经超越了为薪酬而做事的境界，而从做事中寻找到人生价值之所在，在做事中自身得到了真正的成长。

四

工作时，身心忙碌，无暇顾及灵魂；休息时，又忙着把身体交付给各种聚会、郊游、棋牌等娱乐、玩耍中，不愿直面灵魂。

现代人因此而失去了自我。

何不在闲暇之中，给休闲也留出一点时间：阅读一本书，看一部电影，聆听一曲音乐，培植一下阳台的花卉，书写几张毛笔字；或者是在静静的山林里，凝视一朵花，沐足山泉水；或者一杯清茶，三五知音，清谈历史、哲学等共同感兴趣的话题……

（2013年10月）

仅仅读书是不够的

一

开卷有益，多多益善，这种阅读观念当然是正确的，但对于教师专业发展来说，往往会引起误导。在专业发展上，读书量大和专业水平高没有必然的联系（现实中，许多很少读书的老师，教出的成绩还很不错）。

许多爱读书的老师常有如此体会：看的书也不少，甚至很认真（笔记、批注），但读了许多书后，感觉除了积累了一些零散的信息、概念，专业能力并没有得到多少显著的变化和提高，班级管理、文本解读、课堂教学等教育教学水平依然停留在原来的层次。

原因何在？

教师的专业阅读，不在于构造一个知识丰富的大脑，而在于构造一个得宜的头脑。埃德加·莫兰说："一个构造得宜的头脑是善于组织知识从而避免知识的无效堆积的头脑。"蒙田说："一个构造得宜的头脑胜过一个充满知识的头脑。"之所以产生读书多，但成效不大的状况，是因为我们只是往大脑里堆积大量散乱的信息、知识，而没有将其整体化、背景化，没有改变大脑的原有认知结构。信息不是知识，知识不是智慧。举例来说，一台电脑被随意输入汉字、图片、视频，这些只是信息，安装的各种软件是知识，但知道用哪个软件处理信息，如何用软件处理信息，是智慧。一台构造合宜的电脑，是针对现实需要，安装了最合适软件的电脑，而不是装配越来越多的软件。教师的专业阅读，贵在大脑中构建若干处理教育教学问题的"软件程序"，而不是盲目、不加选择地海量阅读。

专业阅读，首先要针对当下的主要问题和困惑来读，否则，学到的可能是屠龙之技，导致逐渐丧失学习的动力。但发现真问题也不易，问题是本质、根源，许多老师往往会把现象当作本质。比如，有的语文老师会说："我目前的困惑是不会教诗歌。"不会教诗歌是现象，不是本质，诗歌课上不好的主要原因是缺乏正确解读诗歌的能力，因此，"如何提高诗歌解读能力"才是本质。所以说，不能有效针对问题阅读，也是阅读成效不明显的原因之一。

阅读要围绕核心问题来选择书籍，进行结构化、主题化阅读。英国教育家怀特海说："零零碎碎的信息或知识与文化毫无关联，如果一个人仅仅是见多识广，那么他在这个世界里是最无用且无趣的。"他针对教育问题，有两个非常重要的观点：一是不要同时教授太多科目；二是如果要教，就一定要教得透彻。"少而透彻"这个观点，对于教师的专业阅读也有非常重要的启发：阅读不能同时针对太多问题，阅读主题太多，学习就会成为蜻蜓点水、走马观花，只会被动接收一些毫不连贯的知识和概念；进行专题性阅读，要学就学透彻，以达到能够灵活运用所学知识去理解并处理实际问题的效果。

"新网师"与其他教师专业发展共同体在理念上的最大不同正在于：它不强调盲目地博学，而是通过读透彻几本书（当然，要真正读透一本书，往往需要许多书做支撑，需要不同书籍相互打通并互为背景），建立自己的根本书籍（学科中每一领域的奠基之作），改变自身知识结构，将所学理论内化为自身的"武器"，形成扎实的专业能力。比如，在语文教学方面，通过研读《苏菲的世界》《中国哲学简史》《人间词话》等根本书籍构建强大的文本解读能力；通过研读《给教师的建议》《教育的目的》等经典书籍，掌握教育学原理；通过研读《构筑理想课堂》《生命中最好的语文课》，以及进行中小学语文课的实战演练，领悟"理想课堂三重境界""浪漫—精确—综合"认知规律等理论，最终熟练运用"有效教学框架"。这样的结构化阅读，不是着眼于从课堂技巧层面进行雕琢，而是彻底改造原有课堂模式，为一生的教学奠定坚实的基础。

二

专业阅读，除了要知道"读什么"，更要明白"怎么读"。

有用的书往往是不易读懂之书，容易读懂的书往往对专业发展没有多大作用。干国祥老师说："一本恰好有百分之三十难懂的书，也许是最好的书；超过百分之五十，恐怕就读不下去了；没有一处障碍的阅读，只能算是消耗时间的消遣。"所以在"新网师"，我们提倡"啃读"而不是"悦读"。如果缺乏正确的读书方法，即使提供了合适的书，往往也是"水过地皮湿"，甚至连地皮也湿不了。"新网师"不仅强调阅读根本书籍，而且重视阅读方法的改变——从大众化感性阅读转变为研究式的知性阅读。"感性阅读是指带有消遣性的阅读，阅读者仅凭借感觉去感受书中的信息而不加以反思咀嚼。而知性阅读，是指带有钻研性质的理解性阅读，阅读者凭借逻辑和已有的经验去理解书中的观点，与书籍反复对话，并以书中的思想对自身经验进行反思和改进。"（《构筑合宜的大脑》）

然而困惑大多数老师的问题，除了"读什么""怎样读"，更主要的是"何时读"。

在有的人看来，阅读已经成为如沐浴阳光、呼吸空气一样的自然需要，已经成为吃饭穿衣、刷牙洗漱一样的生活习惯，成为与生命中重要朋友约会一样的生存状态。但许多老师仍然停留于这样的困惑：工作、孩子、人情、家务、健身、购物、旅游等，样样都得花费时间和精力，哪有时间阅读？

的确，这些都是理由，但也都不是理由。

普通老师再忙，也没有朱永新老师忙，朱老师行政、科研、教学集于一身，且常年在全国各地调研、做报告，但能几十年如一日地啃读不辍且著作等身。"成功的花，人们只惊慕她现时的明艳，然而当初它的芽儿，浸透了奋斗的泪泉，洒遍了牺牲的血雨。"为了保证阅读、写作，朱老师每天早晨五点起床，等到上班时间，他已经完成了一天的阅读、写作任务。针对许多人抱怨没时间读书的问题，朱永新老师说："自来水是压出来的，时间是挤出来的。试想某一天，你生命中最重要的人突然约你相见，你会不去吗？肯定会想方设法相见。我认为，阅读就是我们生命中最重要的这个人。认可这一点，就一定能找到时间。重要的事情总是有时间做的。工作忙的借口，是因为你还没有把阅读作为自己人生最重要的事情。"

其实，从根源上来说，有没有时间阅读，与一个人的职业信仰、人生态度有关，它牵涉一个人对人生的理解和规划。有怎样的规划，就有怎样的取舍。我要成为一个怎样的人，要走怎样的路，此生之意义何在，成为教师意味着什么……只有对这些终极性问题有深刻思索和清晰答案，才能做到像呼吸一样自然地阅读。

这样的思考已经是哲学思考了。在"新网师"，之所以开设中西哲学课程（尤其是注重精研存在主义哲学），除意在从哲学高度高屋建瓴地关照、启发教育之外，也旨在解答个体根本的存在问题，让个体能对自身、生活、人生有深刻省察。

所以，"新网师"课程是一个有内在逻辑的综合系统。在"新网师"学习，不仅仅是阅读了几本书，改变了阅读方法，提升了教育教学能力，最重要的是改变了人的生存状态，让我们回归自身，体味人生幸福。如果没有生命的成长，没有阅读方式的改变，仅仅提供书目，在专业发展上是起不到根本作用的。

三

曾经有老师让我推荐值得阅读的书，我推荐了《给教师的建议》，另一位老师说："读别的不顶事吗？"后来，这位老师补充说，他已经阅读了几次，但读不懂。

埃德加·莫兰说："每个精神中都存在着产生自欺的谎言的可能性，自我中心主义、自我辩护的需要，使得每个人自己对自己说谎，而不对这个他本人是作者的谎言加以探测。"

优秀者在遇到读不懂的经典书时，会想："既然被称为经典之作，一定有其独到之处，是不是我的阅读方法有问题，是不是缺乏相应的书作为背景，是不是应该向一些专家求教……"

而常人在遇到读不懂的书时，往往自欺心理机制会自动产生作用——"这本书对我是没用的，真正大家的作品都是通俗易懂的，也许作者都不懂，专门弄些晦涩的词语哗众取宠……"然后将书束之高阁。

的确，真理都是朴素的，但领悟真理却不是轻而易举的，因为这关系到知识结构的充实或变化。读不懂，往往是因为大脑中旧的系统不能兼容、识别新的文件，是大脑中原有图式不能同化当前内容。这就要求大脑升级或更新系统。凭借原有认知结构来改变自身知识结构的难度，相当于揪住自己的头发使自己脱离地面。所以，我们不能因为真理是朴素的，就拒绝有阅读难度的书籍。

不喜欢阅读难度大的书，想阅读浅显易懂的畅销书，除"畏难"心理之外，也反映了许多教师存在的一个共性的思维定式：总想找一条付出少、收获大的捷径，找一些通俗易懂、立竿见影的绝招。这种心理也是当今市场经济社会上普遍弥漫的心态，所以才有层出不穷的各种"神话"和"大师"。

曾经（包括现在），我多少次为读不懂某些书而懊恼，一开始是怀疑书，后来是怀疑自己，但直到有一次看到干国祥老师在整本书上密密麻麻批注、勾画的痕迹，亲眼目睹干国祥、魏智渊等老师是如何废寝忘食、夜以继日地啃读，知晓干老师为主持数学课程，短期内攻读几十本数学书籍时，我才恍然大悟："钢铁"原来是这样炼成的，自己缺乏的不仅是聪慧的天资，更是勇猛精进的啃读品质。

四

这是一个适宜"聪明人"生存的时代。

放眼周围，在一个充斥房子、成绩、工资、职称、职务的话语环境中，在一个充满抱怨、指责、冷漠、嫉妒的喧嚣社会里，谈读书，谈理想，说好听是书生气，说不好听是书呆子气。

然而，在一个"聪明人"满街窜的年代，稀缺的恰恰不是聪明，而是一心一意，孤注一掷，一条心，一根筋。

您想成为哪一类人？

关键是，您适合成为哪一类？

（2013年8月）

人工智能时代为何还要读古典

一

人借由语言而存在。

语言对于人类来说，简直就像空气一样不可或缺！没有语言，人就像是一个孤岛，难以与他人交流、合作、发展。语言让我们能够表达自己、理解他人、交流情感、传递知识，成为我们存在的基础。想象一下，就如一个婴儿，不懂语言，连"饿了""困了"都说不清楚，只能通过哭来表达需求。

语言还是我们认识世界的一扇窗户。通过语言，我们可以给事物命名、描述它们的特点，甚至理解那些看不见、摸不着的概念。这样一来，世界在我们眼里就变得更加清晰、有条理。

我们的语言从哪里来？

固然吸收了其他民族乃至西方的文化元素，但主要还是从先人的文化典籍当中来。从孔子、孟子、老子、庄子、李白、苏轼、王阳明等先人的文章、诗歌、辞赋当中来。我们则借由他们所创造的语言而生存。

不了解语言，就意味着不了解当下，不了解他人，乃至不了解自我。

黑格尔说，熟知并非真知。许多语言，我们经常使用，却不代表完全了解。

我们日常会说，你要讲道理，那么，什么叫道？什么是理？为何说天道、人道，不说物道？为何说地理、物理，不说人理？我们常说"麻木不仁"，什么是仁？为何"麻木"就不仁？我们说这个人没有良知，那么，什么叫良知？王阳明谈的"致良知"和我们理解的一样吗？有两个新闻引起大众关注，吴谢宇、张波和叶诚尘被执法。法院在给杀害母亲的吴谢宇的判词中写道"严重违背人伦道德"，给重庆姐弟坠亡案中的张波、叶诚尘的判词中写道"严重挑战法律和道德底线"。那么，哪些是道德底线？什么是人伦道德？这些又来源于哪里？

除了语言概念，许多习俗和潜意识也值得深思。

我们为何在春节一定要回家团圆，要走亲访友拜年？为何习惯形象思维而不擅长抽象思维？为何重视集体主义而不重视个人主义？为何既要强调"知其不可为而为之"的进取精神，又要重视"道法自然""天人合一"？为何年龄越大，越会为"慈母手中线，游子身上衣""海上生明月，天涯共此时"这样的诗句而感动、触动？

要了解这些，仅仅靠《新华字典》，靠网络检索是不够的，需要我们回到传统文化的原典中，回到创造词语的源头去品味、琢磨和思考。

二

人工智能时代之所以还要阅读中华经典，还有第二个原因：学人文知识与科学知识有差异。

科学日新月异，新的发现和发明每天都冒出来，新的理论会推翻旧的理论，新的技术会替代旧的技术。学自然科学就像追潮流，得紧跟最新的知识和技术。这就如今天研发手机，就不需要再研究过去的大哥大、直板机这样的按键手机。

但学人文知识恰恰相反，需要不断回到远古时代哲人创作的经典作品中。

这是因为虽然科技在发展，时代在不断变化，但是人类的基本需求、情感和价值观仍然是相似的。经典作品中所蕴含的智慧、文化和思想价值，对于我们今天的生活仍然具有重要的意义和启示。研读《论语》，能够深化对智慧与德行的理解，明确以"仁"为核心的思想体系，从而更好地指导个人行为。阅读《道德经》，可以领悟道家智慧，把握自然与人生的真谛，进一步开阔视野与心胸。在阅读《庄子》的过程中，能够培养哲学思考的能力，深入理解道家思想的世界观，提升思维层次。阅读《传习录》，可以实践心性修炼，体验知行合一的境界，提升内在修养。

学习人文知识，只看现代人的作品，难以全面了解人文知识的演变过程和丰富内涵，难以了解当代作品与传统知识的关联和演变。那些哲学、历史、文学的经典著作，就像永恒的时尚品牌一样，不管时间怎么流转，都经得起考验，常读常新，有强烈的现实意义和指导价值。

中华经典是古代智者们的思想结晶，包含了许多人生、道德、政治、哲学等方面的深刻见解。通过阅读这些经典，我们可以继承和吸取这些智慧，帮助我们更好地理解世界和自己；能够启发我们的思考，激发我们的创新精神；能够引导我们思考更深层次的问题，提高我们的思考能力和智慧。通过阅读这些经典，我们可以更好地理解什么是正确的、什么是重要的，从而更好地指导我们当下的行为和决策。

（2024年2月）

有效的教改模式，为何用起来效果不好

经常有学校实施教改，推行某种课堂教学模式：几环节几要素，几步几步法，小组合作等。推广效果各不相同：有的模式在原来学校有效，但用在别的学校效果不好；有的模式用在某学科效果比较好，但用在另外学科效果不好；有的老师用起来效果好，其他老师用起来不好；一个校长在位时，推行得不错，换一个校长就推翻了。

这是什么原因呢？

经常能听到各种说法，如：模式本身不完善、不科学；教学有法，教无定法，不应该用一种模式套所有课堂；教师理念陈旧，理解不了新模式；学生基础差，不适合；等等。

这些话固然有一定道理，但还是停留在表象分析，没有触及深层问题。

深层问题是，教师和学生没有透彻理解学习究竟是怎么发生的。

只有理解了学习是怎么发生的，校长才不会机械地推行某种教学模式，教师才能真正转变教学理念，灵活运用教学模式。

为了说清楚这个问题，我要绕得稍微远一些。读起来有点抽象，但这是根本，所以，请耐心读完。

知识分为三类：陈述性知识、程序性知识、策略性知识。

陈述性知识是人能直接加以回忆和陈述的知识。主要是用来说明事物的性质、特征和状态，用于区别和辨别事物。比如，我是一名语文老师；五星红旗是我国的国旗；由不在同一直线上的三条线段首尾顺次连接所组成的封闭图形叫作三角形；生抽用来调味，一般的炒菜或者做凉菜的时候用得多，这些都属于陈述性知识。陈述性知识是回答"是什么"的知识，课本上的定义、定理、公式都属于陈述性知识。

程序性知识，是一套办事的操作步骤，是关于"怎么办"的知识。程序性知识不是从人们会"说什么"中得知，而是从他们"做什么"中推测得知。程序性知识的本质是一套操作规则或程序支配人的行为。我们常说的编程，就是编辑程序。麦当劳和肯德基能做到在全球几乎都是一个味道，就是全球所有的店遵循一套厨艺程序，而不是像中餐馆一样，依赖厨师的水平。学生只会背定义，但不会做题，就是因为仅仅记忆了陈述性知识，而没有转化为程序性知识。

策略性知识，是指学习者在具体情境中对任务的认识、对学习方法的选择和对学习过程的调控。我们在解决问题时，不仅要有一套程序性的知识，而且还要在遇到困难时，对内进行调节，不断反问自己："这样做行吗？可以吗？是否需要对原来的办法加以修改？"

举一个不太恰当的例子。

要成为一个好的厨师，除了基本的刀工、翻锅的基本技能，还要掌握大量陈述性知识：各种调味品的功能、各种食材的特性、各种味型的了解。仅仅背诵陈述性知识是不够的，还需要掌握程序性知识，即做各种菜的程序，比如做过油肉的程序、鱼香肉丝的程序等。但做菜过程中，各种偶然的突发情况经常发生，比如炖排骨时恰好姜没有了，怎么办？这就需要掌握策略性知识，用料酒代替生姜。然而，要领会、运用策略性知识，前提是明白陈述性知识，即生姜是为了给食物去腥增味，料酒也有这个功能，所以没有生姜可以用料酒代替。

我这是随便举例啊，不是厨师，不一定准确。理解了三类知识，就可以分析原来的问题了。教学模式属于哪类知识？属于程序性知识。

创造教改模式的专家，设定了一套流程：包括几个环节，每个环节的要点是什么，师生做什么，用多长时间等。但我们知道，上课与做菜比起来，差异太大了。老师面对的是活生生的、千差万别的学生，而厨师面对的是静止不变的食材；不同的老师对教材的理解和处理也不同，而再差的厨师也不可能把咸盐当作白糖。所以，在推广教改模式过程中，教师不仅要有关于教学模式的程序性知识，还需要有面对困难时的策略性知识，但是要选择恰当的策略性知识又关系到陈述性知识。

关系到哪些陈述性知识呢？主要是三类：学科知识、心理学知识、教育学知识。

比如，老师按照某种课堂模式给高中生讲《陌上桑》：行者见罗敷，下担捋髭须。少年见罗敷，脱帽著帩头。耕者忘其犁，锄者忘其锄。来归相怨怒，但坐观罗敷。

当讲到具体词义时，有学生把"坐"误解为"坐下来"。老师学科知识扎实，就会帮助学生回忆杜牧的《山行》中的名句："停车坐爱枫林晚，霜叶红于二月花。"其中的"坐"是"因为、由于"的意思。因为这是小学就学过的，学生把新的知识与原来的知识能联系起来，就会有恍然大悟的感觉。

再比如，老师按照某种教学模式上课，突然有学生插科打诨引得全班一片笑声，这就需要老师有心理学、教育学和管理学知识，控制课堂。

然而，更多的情况是，老师讲得很清楚，学生没学会；学生听懂了，但做题做不来；老师一再叮嘱，但学生一错再错。面对这类问题，就需要老师掌握认知心理学的知识了，要从原理上理解学习究竟是在学生大脑中如何发生的。当前，许多教师不明白也不研究认知心理学（其实，读师范时，也上过相关课，但只是为了应考，而不是解决问题，所以只是死记硬背了一些陈述性知识，在教学中用不上，早已忘记得一干二净），导致出现两种常见的现象：

一是无法精准判断学生学习中的困难，造成学生各种困扰，如偏科、厌学、学习很刻苦但成绩没提高等。

二是得出错误的结论，比如"先天智商不行""女孩子不适合学理科""天生马虎"等。

上一学期，我在新教育实验网络师范学院讲授佐藤学的《静悄悄的革命》，主要解决的是教学观问题，但教学观必须涉及学习观，不懂学习是怎么发生的，就如医生诊断不清楚病症就开始下药。

我开始讲授"学习是如何发生的"这门课程。每次讲座，我都准备上万字讲义，用文字给老师们讲授。文字有文字的好处，能够细腻、深度地表达和思考，有利于进行对话。但人接收信息的方式有别，有的习惯靠视觉，阅读书籍；有的习惯靠听觉，听其他人讲。文字讲授要求学习者有一定的阅读水平，对大众就不太适合。我进行了第一次授课后，萌生一个想法，我能不能用短短的一个多小时，用讲座的方式把深奥的问题讲清楚呢？

做这样的讲座，一方面我可以继续加深对这一领域的领会，另一方面做成课件，以后在其他场合做讲座时更方便，更主要的是让更多的人有机会理解和领会。

因此，我在 CCtalk 平台创建了一门课，希望能把"学习是如何发生的"这一原理深入浅出讲清楚、讲透彻，让校长们听了能提高指导教学的水平，让教师听了能提高课堂教学水平，让学生听了能提高学习能力。

（2020 年 3 月）

为什么公众号文章阅读量低

开启微信公众号的老师经常被一个问题困惑：我的公众号文章为何阅读量低？

原因有几个方面。

第一，文章价值低。毛泽东同志反对"党八股"，党八股的第一条就是：空话连篇，言之无物。"我们有些同志喜欢写长文章，但是没有什么内容，真是'懒婆娘的裹脚，又长又臭'。为什么一定要写得那么长，又那么空空洞洞的呢？只有一种解释，就是下决心不要群众看。"

想让更多的人阅读，文章就要提供干货。如，一针见血的洞见、别开生面的解释、鲜为人知的事实、可以操作的策略等。少说人云亦云的道理，少讲"正确的废话"。

写作首先要有读者意识：希望读者阅读后有什么收获。读者花时间阅读文章，总是期待得到一些什么。如果从文章中获得了自己不知道的知识，或者修正了之前错误的认识，或者受到了新的启发，那么这次阅读是有价值的。

如果写作者不知道自己写的文章对于读者来说有什么价值，只是自说自话，那么读者收获就少。阅读这样的文章，对于读者来说，就是低价值，他就不会转发这篇文章，作品就很难有更广的传播。要知道，我们不是明星，没有多少人愿意关心我们的生活琐事、儿女情长。

第二，文章不容易读懂。"俗话说：'到什么山上唱什么歌。'又说：'看

菜吃饭,量体裁衣。'我们无论做什么事都要看情形办理,文章和演说也是这样。"(《反对党八股》)

面对大众的文章要降低读者的认知难度,尽量不要设置阅读障碍。微信公众号文章面对的读者主要是大众,不是专业的学术研究者,所以,写的文章就不要如核心期刊上的一样深奥、专业,不要"高冷"。你想想,读者一般在什么时候阅读微信文章?可能是在吃饭、等车时,在困倦、休闲时,阅读的时间可能就是几分钟。大众不是学生,不可能如上课一样聚精会神,端坐静读。手机上还有抖音、快手等短视频平台,有今日头条、简书等内容平台,有专家学者的文章,有娱乐明星的八卦等。各方都在争着吸引读者的眼球,你的文章是与这些看不见的对象在竞争。如果文章结构不清晰,概念模糊,长篇大论,晦涩难懂,需要反复看才能读明白,换位思考,我们也很难阅读下去。

第三,文章缺乏趣味。"党八股的第四条罪状是:语言无味,像个瘪三。上海人叫小瘪三的那批角色,也很像我们的党八股,干瘪得很,样子十分难看。如果一篇文章,一个演说,颠来倒去,总是那几个名词,一套'学生腔',没有一点生动活泼的语言,这岂不是语言无味,面目可憎,像个瘪三吗?"(《反对党八股》)电脑处理信息,只要你正确输入,它就会随时识别,它不会疲劳,不会职业倦怠,不会有情绪。但人脑不是电脑,也没有算法支持。如果阅读的文章干瘪枯燥,没有趣味,大脑就不愿意吸收。

文章尽量写得有趣味一些。如果观点抽象,就增加一些例子,或讲一个小故事。如果专业词语多,就尽量转化得通俗一些。文章要有趣味,就多用一些贴近生活、生动活泼的语言,多从国外的语言中吸取一些养分,多从古典文化传统中汲取一些精华。六神磊磊的文章为什么那么多人喜欢阅读,不就是因为化用金庸的武侠小说而有趣味吗?

(2020 年 4 月)

共读要注重生成

新教育局长读书社群组织了共读。共读的书是石中英教授的《教育哲学》，主要研读了第四章第一节"知识与人生"。我作为导读者，主要做了几件事：

一是提炼出有价值的段落和内容。哪些是需要朗读的，哪些是不需要朗读的，哪部分是重点，需要讨论，哪部分不是重点，可以忽略等。总之是突出重点，让共读更聚焦。

二是确定难点，重点释疑、分析和阐述。

三是组织参与者讨论、分享。

共读中，葛占芹老师负责朗读，孙建通、马青林、王国己、王辉霞、王荣平等分别交流。

一般意义上的共读流程有主持人致开场白、专家导读、会员发言、听众提问、主持人总结。这样的流程包含了阐释、分享、对话、释疑，从外表看，已经很完美，但我们还是要追问：共读的目的、价值和意义是什么？

我认为是："发掘知识的魅力"和"精彩观念的诞生"。

帕尔默认为知识本身也是一种存在，拥有自己的声音。教育者和学习者应该尊重这个存在和声音。在教室中，知识是学习共同体中的中心，需要被阐明和尊重。学习共同体应该围绕知识，促进知识的深入理解和探索。教师和学生在遇到所教学科之前，自我意识可能只是处于潜伏状态。学习者需要通过学科来唤醒自我意识，找回教学心灵，让学科教学滋养、丰富自己的生命。

所谓的精彩观念，是指对学习者自身来说是一种突破和超越，可能在他人看来并无特别新奇，但对学习者个人而言意义重大。达克沃斯认为，智力的发展不仅仅是知识的积累，更重要的是个体能够通过自己的思考和探索，主动地构建知识，形成并表达自己独特的精彩观念。教育的目的是帮助学习者发展自己的思维，形成自己的精彩观念。教师在这一过程中扮演着引导者和支持者的角色，鼓励学习者探索、提问并形成自己的理解。

如何发掘知识的魅力，如何让精彩观念诞生？从读书会的共读来说，既要有充分的"预设"，更要促进丰富的"生成"。

所谓预设，就是导读专家要充分备课，确定重点、难点，精心准备讲稿和课件等。对于主持人来说，要全面考虑共读的全部流程、各个环节，对于分享者来说，要精心准备发言材料，努力做到言之有物、要言不烦。

但仅仅有这些还不够，因为缺乏"生成"。

要有"生成"，就不能完全按照原先的预设，一成不变地组织，而要根据参与者的兴趣、需要和对文本的熟悉程度，灵活地决定哪些内容需要强调，哪些内容需要精简。更重要的是，导读者要提出好的问题、高质量的问题（苏霍姆林斯基提出的"交集点"），激发参与者的好奇心与求知欲。主持人要多空出时间，多邀请学习者参与分享和讨论，并积极地给予肯定性评价和答疑。除预设的发言外，还能有丰富的即时性分享和临时性对话。这种分享和对话可能是模糊的、片段的，但恰恰是思维的火花和思考的结晶。这种丰富的、不确定性的信息就构建了一个有意义的场域，让每个置身其中的学习者思维碰撞，主动思考。特别是大家围绕一个问题发表不同的意见，进行争论、争辩，更能促进"精彩观念的诞生"。共读过程本身是一种研究活动，所有的参与者，不论是专家还是学习者，都共同探索未知，发现新的观念和理解。

在《教育哲学》中，石中英教授写道：

学习知识对于人类而言，不仅意味着实际的用途，也意味着理智的欢乐。所以课程的目的也不能仅仅局限于给学习者一些实用的知识，而且也要能够给予他们一种理智的欢乐，一种经过严肃认真地思考后豁然开朗的情感体验。这种理智的欢乐对于学习者的吸引力要超越任何外在的奖赏。尽管这种理智的欢乐超越任何实际的用处，但是它对于人类个体保持认识的积极性以及整个精神生活的健康来说，都是必不可少的。

  教师读书会的共读不会给老师们提升学历，不能给老师们晋升职称，更不能给老师们加工资，那么，如何吸引更多老师参与？除了通过共读、传授一些实用的知识，更多的就是让老师们在无功利的学习中产生"理智的欢乐"。因此，从这个意义上讲，促进更多的"生成"就意义重大。

（2024 年 6 月）

共读要提高对话质量

共读中，新教育读书社群提出的一些问题似乎主要聚焦在：一是直播参与人数少，二是日常互动比较少，三是报名人数比较少。这些问题只是现象，是我们目前运营模式呈现的结果。如果我们不对读书会的模式进行优化，不对我们的做法进行调整，仅仅盯在现象上，那么很难转变。

用第一性原理来说，我们首先要知道究竟用什么来评价读书会组织的效果。是参与的人数多，还是互动得多？都不是，这固然是两种指标，但只是表现出来的结果，而不是我们的目的。

老师们都很忙，从四面八方来到这里读书，究竟是为了什么？是为了参与直播吗？是为了来这里打卡吗？是为了来这里交流吗？是为了来这里分享吗？都不是，这些都不是主要的目的。

主要的目的是"我不知道读什么书，读了书读不懂，我想来这里读懂这本书"。所以一切的一切要围绕着读懂这本书，让这本书对参与的老师产生价值，这才是最终的目的。

其次，我们要思考：在座的每一位老师，已经是对读书会投入最多、最认真的老师，我们读过的书，自己真正读懂了多少？这些书对自己产生了多大的价值？如果我们都觉得对这些书印象不深，觉得这些书对自己没有产生价值，那么我们也很难去让这些书对其他人产生价值。

第一，选择书非常重要！读书会最终靠什么来吸引老师？最根本的是靠书，靠知识。不是靠表扬，不是靠证书，不是靠分享，这些都是锦上添花的事情，是附带性的，但不是根本性的。老师参与，最主要的是因为书的魅力；老师不参与，最主要也是因为没有"发掘伟大事物的魅力"，即没有把书的魅力发掘出来。

第二，要找什么书？肯定是要找对老师有价值但自己读又读不懂，在这里经过解读能读懂的书。我们提出要找根本性书籍、经典书籍，在这方面我们还需要形成共识，要重视，而不要被各种声音乱了我们的阵脚。

如何才能读懂一本书？

要真正读懂一本书，先是自读。在读书会组织过程当中，就要制定制度，想方设法地促进老师读书。一方面我们要去提示，另一方面希望老师能够把批注发出来。写固然更好，老师没时间写，拍个照能够把批注发出来也可以。我们要想方设法地促进老师批注，促进老师自读，要经常表扬，发现优秀老师。

除了自读，还要能提出有价值的问题。这就需要导读专家尽可能对每一章提出一些问题，让大家在读的时候能够聚焦，能够思考。不思考地读，是低质量的读。

第三，受限于自己已有的经验，导致读这本书是有偏见的，是理解不透彻的，这时候我们就需要听别人如何读，别人如何理解。所以打卡要促进老师们对同一章、同一问题有多元的理解。

在这里我要提出一个建议，凡是直播分享，发言尽量要有价值，避免谈得多却没价值，后者反而会让参与者下一次就不想来听了。大家都说为什么专家导读的时候人多，专家不导读的时候人少，因为不是专家导读的时候，发言质量不高，而大家又很忙，哪有时间在这里一直听闲聊。

所以，这给我们一个启发，对分享嘉宾的发言要把关，而不是任由嘉宾想说什么就说什么，想说多长就说多长。我们要提前把关，把提交回来的嘉宾分享内容看一下，提出一些建议。这么做，对嘉宾是促进，更主要是对听的人负责，让大家在短时间内能够听到高质量的发言，让发言质量更高。

凡是组织的讨论和分享，我提个建议，分享老师人数多一些时，单人分享时间就短一些。说实在话，对于根本性的书，发言时间太长就很难做到质量高。可以要求每位老师最多发言五分钟。五分钟，什么概念？五分钟正常的发言就能达到 1000 多字，一篇文章。老师对某一个章节，能够写 1000 多字，就已经很了不得了。每人五分钟，分享一个小时，基本上就是 12 个人分享，这样可以让分享人多一些。

读书要想读懂，还需要通过专家去把握其中的重点，聚焦难点突破。导读，不是说从第一页导读到最后一页，没必要。专家要把这本书最精华最重要的部分拎出来。导读有时候可以一页一个晚上，有时候一章一个晚上，也可以三章一个晚上。重要的不在于导读了多少，而在于解读得透彻，专家能不能够把概念充分剖析，让听的人听一分钟有一分钟的收获，听十分钟有十分钟的收获。至于说那些能读懂的内容，那么老师自读就可以。

各种活动要围绕着书，去使之显现，使之豁亮。要围绕目标开展相应的活动，而不单单是说"我组织了三次分享""我组织了五次活动""我盯住了多少人参加""我打了多少个电话"，这些都属于外在的东西。

和上课一样，如果我们不理解学习是怎么发生的，一直在形式上围绕一些环节、技术，有可能越跑越偏。所以说不要去追求群里的热闹，而是要追求群的质量高，不要片面追求群里边发言的数量，而是要提升发言的质量。如果暂时做不到提高质量，起码做到少发那些低质量的文字。每个人的注意力都是有限的，注意力都是有代价的、有成本的。群里边如果存在着大量活动、交流，但是没有高质量的发言，本身就会给大家的阅读带来干扰。我们追求的是说一句尽量算一句，没有的话就不要为热闹而热闹，不要为活动而活动，不要为写而写，不要为打卡而打卡。

要回到内容、回到本质上来。从这个角度来讲，现在不是活动少了，而是活动多了，多而质量不高。当然有一些"多"也是可以的，比如早读活动。但是这里要把握住度，不要制造焦虑。今天的生活压力已经够大了，许多人来读书会是想获得一些安宁，寻找一些方法，如果来这里更焦虑，那肯定坚持不下去。我们可以表扬榜样，但不要把底线定得太高。新教育的"底线 + 榜样"依然要守住，守住一个底线，让大家觉得轻轻松松就能完成。每个读书社群要给老师们一个明确的底线，比如每天发一页打卡或者每天拍照批注一页，哪怕勾画也行，代表读了就可以了。至于说打卡多少字，参与分享，每天能够参与早读，这些都属于"榜样"，我们可以提倡但不做硬性规定。

需要把仪式、客套的东西减少一些。仪式多了，那就形式化了。要把大量时间投入到读书上来。哪怕由某个老师一字一字读，我们听，也比听其他人讲要有收获。读杜威，是听杜威说，还是听二手、三手的人讲杜威？我们讲得再好，也不如杜威说得好。我们朗读，其实就等于听杜威说。我们的讲无非是去解读杜威。如果是借了杜威说自己，那读书会肯定办得质量不高，也不会吸引更多人。

直播和分享当中，把那些客套的话尽量去掉，把那些仪式性的东西去掉。我们三个月或者一学期搞一次表彰就好，不需要一本书搞一次表彰，因为那样就太多了，多了大家就不珍惜了。如果老师们觉得没有认真地读，就得到一个表彰，书还没有读懂，就成了优秀会员，反而会不珍惜。

现在有两个问题，第一是活动有点多，第二是发言长而质量不高，都要提高质量。每一次直播要言之有物。专家如果发言，你让他多说，我们请一次专家不容易。多与少是相对的，不是一个小时就是多，十分钟就是少。而是说有价值的话，再多也不多，没有价值的话，再少也不算少。组织交流，要对发言提前有个把控。一般的老师发言时间限制一下，比如五分钟，再如希望对方发言完之后提交一篇文字稿，这样我们还可以用在公众号上。

精读的书，要放慢。泛读的书，老师自己可以读。同时，下一步还希望书与书之间有联系。尽量围绕一个主题来读书，而不是就书来读书，这一本书和下一本书之间要有联系。这样的话，通过读一些书是会使一个问题、一个主题显现的。

（2024年5月）

第三辑

对话：突破认知的禁锢

什么是对话

中午看书，QQ 闪烁，一位老师询问：

我儿子上初三，学习不错，喜欢读书，可是我不知道现在给他推荐什么书看，请你给推荐几本，好吗？

我回答：

推荐书目要有几个前提：一是了解孩子当下遭遇的"问题"，二是过去阅读的状况如何，三是父母的培养方向是什么。因为这些无法了解的情况，所以难以推荐。

个人不成熟的意见：青少年阶段，仍属于阅读浪漫期，对小说、故事、诗歌等应该有丰富的积淀，如金庸的武侠小说、泰戈尔的诗歌等，如果这些方面积累得不错，可以适当推荐一些哲学入门书，如《哲学的邀请》《苏菲的世界》。

类似的希望推荐书目（电影）的问题经常遇到，但我一般都婉言回绝，不是故意卖关子，而是确实难以为之。我认为，选择书目是简单的，困难的是如何确定一个孩子的阅读路径。书籍犹如营养餐，阅读关键是看如何搭配营养、确定食谱。食谱确定了，菜谱是简单的。而更难的是如何让这些书化为滋养生命的养料，而不仅仅是"过目"。

常见的思维是：阅读的问题关键是要找到适合中学生阅读的书，只要找到适宜中学生阅读的书，就善莫大焉。这样的思维太宽泛，什么是"适合"？文学、历史、哲学、科普等种类繁多，书籍更是浩如烟海，每一种类都有大量适合中学生阅读的书，如果不加以规划、选择，就会造成"营养"不均，还浪费了学生的宝贵时间。

而我谈的不是书目选择的问题，而是由此引发的关于对话的思考。

不同的思维引发不同的观点和看法。在对话中，表面是语言在交锋，而实质是不同的思维在碰撞。

许多人在对话中振振有词、据理力争时，往往会忽视，语言背后所依据的那个"理"很可能并不是真理所在，只不过是一种"思维假定"。许多对话最后演变为火药味十足的争吵，就是双方都没有真正质疑和反思过自己内心深处的那些根本"思维假定"。如果"思维假定"就是错的，那么你越努力效果越糟糕。比如以罚抄写课文多少次的方式来"教训"不写作业的学生，貌似解决了问题，实则带来了更大的问题。

一

有许多新上岗的实习老师经常问：

课堂秩序混乱，我如何才能管住学生？

其实，老师的这个"问话"就是问题的根源。

当极个别的学生扰乱课堂秩序和偶发性的课堂秩序混乱时，是需要老师祭起"管理神剑"的。但如果是大面积地、常态地在课堂上出现纪律问题，那么，原因不在学生，而在老师身上。学生之所以不守纪律，主要是老师的课没有魅力，不足以吸引学生；课堂秩序，主要在"理"，而不是"管"。课堂生动丰富了，学生的注意力自然会被吸引到知识的周围，这样就不会出现秩序混乱的问题。如果课堂枯燥乏味，学生莫名其妙，天性好动的小孩子当然会"不安分"。如果是高中生、大学生遇到这种情况，他倒是不会扰乱秩序，而是以另一种方式来应对——睡觉。再进一步说，课堂适当地"失序"恰恰是学生思维自由的表现，如果人人如机器人一样笔直、端坐，反而会影响思维的灵活性，因为学生的思维焦点都集中在身体上了：身体是不是坐直，举手是不是90度等。最佳的课堂效果应该是活跃但不混乱、严肃但不僵死。课堂纪律是手段，不是目的，如果仅仅是把纪律管好，而没有把学生吸引到知识上来，这样的纪律有何意义？

把课堂秩序定位在"管"，这种观点背后的"思维假定"是：课堂纪律不好，问题出在学生上面，老师是没有问题的；学生之所以调皮，是因为老师没有找到行之有效的治理策略，如果找到这个妙招，课堂秩序就变好了；课堂上只有先把学生管住，才能上出好课。

前一种"课堂纪律是手段"的思维导致的结果是反思自己，提高课堂质量。后一种思维导致的结果是不断寻找治理的妙招：调座位、罚站立、叫家长、回家反省等，方法不一而足，但教师会发现，越治理，新问题越多。为什么？原因在于老师一开始的"思维假定"就是错误的。

如果一开始的"思维假定"就是错误的，那么，不管如何为之绞尽脑汁，结果也是"摁下葫芦浮起瓢"，正如一条河如果源头就被污染了，那么下游再怎么努力治理，问题也难以根除，可能还会延伸出更多的新问题。

我们往往认识不到思维自身就是问题之源。春秋战国，天下大乱，诸子百家纷纷提出自己的"救市"方案：儒家认为是礼崩乐坏，人心出了问题，主张克己复礼，回归周礼；法家认为是制度出了问题，主张"改制"；道家认为天下根本就不需要救，天下大乱，就是因为有人要治，有治就有乱，越治越乱。

思维总是以自己的方式在不断制造问题，然后再去寻找解决的办法，但当它试图解决问题时，却把事情弄得更糟。法家是"救市"方案中最有效的，但也是问题最多的。

进一步细察，就会发现，很多时候我们都是在一定的"思维假定"下固执己见，努力说服对方，而全然不省察自己的"思维假定"是否站得住脚。

一位网络名人在微博上发"每日一呼"：呼吁取消小学生学英语，增加国学课，救救汉语。其语言背后的"思维假定"是：现在小学阶段国学分量少，是英语内容多造成的；国人缺乏仁义廉耻和国学知识缺乏有关系；小学生学英语不是学术问题，而是利益问题等。但如果从遵从教育规律这一"思维假定"来看，其立论是站不住脚的，学习语言的最佳期正是儿童、青少年时期，错过最佳期，人的语言能力在逐步退化。有许多成年人一辈子都不会说标准普通话就是这个原因。

二

真正的对话就是让交谈各方都意识到自己的"思维假定"，从而搁置己见，谦虚反省，坦率交流，最终朝向真理。

苏格拉底"助产婆式"谈话法的魅力正在于此。苏格拉底并不会明确告诉对方应该怎样，不应该怎样，而是针对对方的认识，层层追问，使对方陷入矛盾，认识到自己"思维假定"的错误，然后将自己内部已有的知识引导出来。

不是所有的交流都是对话。有的是闲聊，东拉西扯，海阔天空，没有目的，也没有任何结果；有的是争辩，固执地认为真理在握，辩论的目的主要在于占取上风，驳倒对方，证明自己是对的，而对方是错的；有的是协商，不管谁对谁错，不管真理是什么，大家都相互妥协、退让一点，达成双方满意的结果。

对话的本质在于关心真理是什么，不在乎谁输谁赢，也不在乎一定要达成被大家统一认可的结果，所追求的是平等、自由、公正地交流和沟通。每个交谈者都能开诚布公、坦诚相待，说出内心深处最真实的想法，然后让各种观点碰撞、交锋、交融，让真理脱颖而出。

三

若干年前我在高中教书时，一次教研会，集体讨论一位学识渊博的长者的语文课。校长也是语文老师，发言时首先称赞了老教师的几处优点，然后委婉而中肯地指出其"落实不到位"等问题。老教师的脸霎时就红了，在校长发言完毕后，立刻尖锐地回击了校长的言论，为自己的课堂辩解，校长也毫不客气地反驳……

教研会最终不欢而散。

为什么会出现这样的情况呢？

首先，双方把自己的观点和自身等同起来了。戴维·伯姆说：

当你把自己与自己的看法、意见或观念视为一体时，别人所质疑的本来只是你的意见，但你却觉得别人似乎是在质疑你本人，所以你要奋起为自己辩护……但事实上，所谓你的意见和看法，其实不过是你自己的思维假定，仅仅出自你自身的经历而已。你通过或老师、或父母、或读书、或者其他的途径形成了它们。然后再出于各种各样的原因你把它们与自己视为一体，并因此而为它们争辩。

其次，顾及了"面子"，忽略了真理。在国人的惯常思维里，应该"扬善于公庭，规过于私室"，在公开场合否定别人的课堂就等于是和这个人过不去。在这种偏见下，自然会由"说事"发展到"责人"。

四

真正的对话倡导言谈的平等与自由。这种平等是指参与者的地位是平等的，不能出现人微言轻的现象，但在通往真理的道路上事实是不平等的，因为有的人领悟得多，有的人领悟得少。比如在讨论宇宙论和黑洞时，我和霍金绝对不是平等的，霍金的发言显然要比我更接近真理。自由是指通往真理的道路是自由的，人人皆可随时"出发"，但自由绝不等于随意。无条件地强调发言自由，只会导致混乱无序，其实质是人人固执己见、自说自话。所以，高质量对话的前提是聆听。

在"新网师"成立之初的几次讨论中,大家发言热烈,全然不聆听、不反思有价值的观点。在教育学课程中,大部分人谈的都是自己如何认识,而忽略了文本,忽略了苏霍姆林斯基如何认识,不是"我注六经",而是"六经注我",甚至有的老师发言仅仅是为了留下发言记录或表现自己。

许多貌似探讨真理的学术讨论往往言而无果,就是因为不同的发言者背后所持有的"思维假定"不同。本来"思维假定"不同正是对话的价值和意义之处,否则,人人都是同样的思维,也就没有对话的必要了。理想的对话效果是各方都搁置己见,让每个人的"思维假定"充分暴露出来并深思其合理性,最后达到反省自己、朝向真理的效果。但如果在讨论中,大多数人缺乏认真聆听的态度,只是固守在自己的思维堡垒中,只一味地想劝告、说服别人,那么,这样的讨论表面热热闹闹,实则并没有思想的启发和思维的深度,言谈者也只是表达了自己的看法和意见,而自身认识并没有多少提升。

控制欲、表现欲和利益都是影响真正对话的因素。在酒席或一些社交活动中,之所以不能产生真正的对话,就是因为往往有人有很强的控制欲和表现欲,高声喧哗,侃侃而谈,意图控制场面,突出自己,最终,参与者都只是在词语中喧嚣。

在"新网师"讨论中,最好的方式是:不懂就问,不必考虑问题是否简单、幼稚、遭人嘲笑;但也不要不懂装懂,故弄玄虚;在不明白的地方,不妨认真聆听,多听一听其他先行者和讲师的分析,对话不是仅仅表现在语言参与上,重要的是思维的参与。

五

如果明白了对话的真谛,一个人也可以经常和自己对话。

通过不断和自己对话,倾听灵魂深处的声音:此生意义何在?我想成为怎样的人?我是谁,该是一个怎样的人?

通过和自己对话,发现自己,接受自己,改变自己,最终成为自己。

而更多的情况是,通过和自己对话,省察思维跳动的脉搏,反思自己的

"思维假定"，正视自己的优缺点。

当接触难啃的经典书或文章，当硬着头皮读出一片茫然时，大多数人往往会条件反射地想到放弃，其背后的"思维假定"一一出现："我读不懂理论书""啃读这样的书无用""难以读下去，一读就瞌睡""读了一次，依然云里来雾里去，莫名其妙"……

但如果认真地和自己进行一番对话，会逐一发现这些"思维假定"的局限之处。

先看第一点，"我读不懂理论书"。为什么读不懂？自己下了多大功夫？是用知性阅读方法来阅读的吗？如果那些智力超群的人用消遣性的阅读方法，能读懂吗？

经过这样的对话，会明白，之所以读不懂，和阅读方法有很大关系。阅读经典书贵在字斟句酌，"敲骨吸髓"，细致批注，反复阅读，沉潜涵泳。

再看第二点，"啃读这样的书无用"。是读不懂不会用还是读懂了无用处？既然是经典，必定是经过时间检验的前人的思想与智慧，肯定不是书有问题，而是自己的思维有问题，这是潜意识中"畏难心理"在为自己找退缩的借口。

第三点，"难以读下去，一读就瞌睡"。是因为读书就瞌睡还是因为读不懂而瞌睡？为什么读小说就不瞌睡呢？如果是因为读不懂，那么应该寻找一些通俗的导读文章或向其他高人请教，而不是轻率放弃。

第四点，"读了一次，依然云里来雾里去，莫名其妙"。是自己愚笨还是功力不够？如果再坚持啃读几次，效果会如何？读书的时间选择得合适吗？读书过程全身心投入了吗？是选择精力充沛的时候阅读还是一天中劳累时阅读？

经过类似这样的自我对话，最大可能地避免行动被自己的思维束缚，从而能够比较理性地面对生活。

六

想到此，不由憧憬这样的场景：处一静谧、优雅、舒适之所，竹椅石桌，一杯清茶，三五人围坐，不设定任何目的，不解决任何具体问题，只是围绕一些心理学、教育学、哲学等话题清谈，让灵魂安静，让思绪流淌，哪怕只是一人朗读，其他人静静聆听，聆听古今哲人之顿悟，感悟宇宙万物之神奇，尽享景之优美，思之玄妙……

（2013 年 9 月）

如何成为团队领读者

一

中国教师报：有人说，读书是个人的事，要读什么书，怎么读，是根据自己的愿望、功用与兴趣决定的；还有人说，一个人读书过于随心所欲，一群人读书思维才能碰撞并进行创造。您认同哪种观点，还是另有思考？

答：是的，您阐述了自读与共读的价值。

自读是个性化的阅读，能充分满足自我的兴趣和需要，但仅仅有自读，有时会懈怠而坚持不下来，有时不知道哪本书更有价值，还有时因为有限的知识背景和固化的认知方式，难以突破思维偏见和局限，出现浅读、误读和读不懂的情况，这就需要共读。共读因为是一群人读，有阅读的群体效应，能激发阅读兴趣。在共读时，你会发现对同样一篇文章和一段话，不同的人有不同的理解，这种差异化的理解，对于突破认知局限，拓展思维视野，丰富知识背景，有重要的价值。但是，共读的质量又取决于共读前与共读后的自读，否则，难以有效理解别人的解读，也容易脱离书本自说自话，图有热闹。所以，不论自读还是共读，都是读书的方法，各有其价值，也有其不足。

目的决定方法。有人把读书的目的分为"学以致用"和"学以致知"。前一种是为解决问题而阅读，后一种是为满足兴趣而阅读，但我觉得二者也可以统一，而且需要统一，解决问题本身就蕴含着趣味性。教师阅读，应向医生、律师学习，把解决问题当作兴趣，开展专业性阅读、研究性阅读。从专业角度看，阅读的根本目的是不断修正主观认识，建立合宜的知识结构，更准确地理解教育教学的规律，把握儿童生命成长的规律。关于阅读，我们曾提出一个假设：你遇到的每一个问题，一定有一本书能解答；专业阅读，就是寻找最适合当下阅读的那本书。如果你找到了，而且能读懂，那就自读。如果没有找到，或者找到但读不懂，那就参与团队的共读。另外，如果遇到相关领域真正的顶尖高人，那么，就不要自以为是和犹豫不决了，一定要摈弃偏见，清空自我，谦虚地读他推荐的书，听他对书的导读或解读。

二

中国教师报：在您的个人成长历程中，是先进行了个人独立阅读还是先加入了群体阅读？在独立阅读阶段，有什么特殊的经历或经验？

答：我的阅读历程，既有大多数老师的共性，也有自己的个性。总结一下，大致经历了"自读—不读—共读—教读"四个阶段。在这四个阶段中，让自己的精神生命发生裂变的是第三个阶段——共读。如果没有共读，就不可能有今天的我。

在参加工作前，主要是"自读"。"70后"的青少年期是20世纪八九十年代，在那时，课外书被叫作"闲书"，家长和老师是不允许读的。因为我父亲是语文老师、农村小学校长，所以，我读了不少武侠小说，还有《读者》《青年文摘》《语文报》等报刊。这种基于兴趣的无目的的阅读，激发了我的阅读兴趣，养成了阅读习惯，积淀了比同龄人相对丰富的语文知识，潜移默化中促进了写作能力。

2000年，我正式参加工作，教高中语文课，有六年时间是"不读"。不读，不是指不看书，而是指除了语文教学参考书、高考备考资料、语文期刊，其他书基本没读。一是当时的资讯没有今天发达，信息闭塞，不知道读什么书，更不可能如今天通过网络加入阅读共同体，二是我作为职初教师，精力主要用在胜任课堂教学和班级管理上。那六年，虽然取得了一些世俗意义上的成功,但专业知识匮乏,所以过早地进入了职业发展的瓶颈期和倦怠期。

很幸运地,我偶然遇到了新教育实验,在这个团队中,在高人的指导下,开始了专业"共读"。共读一本本经典的书:五年时间,读了苏霍姆林斯基、阿德勒、怀特海、杜威、皮亚杰、维果茨基、孔子、庄子、老子……这五年的共读,极大地丰富了专业知识,锤炼了专业思维,拓展了精神世界,犹如孙悟空在八卦炉中烧出了火眼金睛。如果不是有人指导,如果不是加入群体共读,有些书压根就不知道,许多书仅靠自读也读不懂。共读,激发了对理论书籍的兴趣,提升了专业阅读的能力,从过去文青式阅读转向了教师职业的专业性阅读。

后来,由于一些其他的原因,团队发生变化,学术高人不再带领我们共读。我一度陷入迷茫,不知道读什么,不知该向谁请教。怎么办呢?唯有自救。我采用了一种独特的阅读方法来促进自己的学习——用教的方式来读。我组织了公益性的教师阅读共同体——常春藤读书会——解读一本本专业书。这种阅读既是自读(因为读的是我喜欢和需要的书,而且是我解读),又是共读(因为我是带着团队读)。所以,我命名为——"教读"。近几年来,我就用这种教读的方式,带着老师们读了一本本经典书,自己培养自己,在区域和国内也影响了一大批教师。

三

中国教师报:是什么契机让您想要组建一个阅读团队,团队是自发成立还是有行政力量的推动?刚开始组建时遇到了怎样的问题?有什么令人印象深刻的事情?

答:如前所言,我组织阅读团队的初衷主要是想通过教的方式促进自己的专业学习。一开始,我发起了公益性专业阅读共同体:常春藤读书会。组建两年后,因为被评为《中国教育报》"推动读书十大人物",也被咱们《中国教师报》报道,引起了单位领导的关注,单位领导支持我组织了内部老师参加的教师读书会。

因为我组织读书会和大多数人的初衷不同，不是完成单位的工作，不是为了营利，不是为了出名，而是为了自己的学习。所以，也就不受人数多少、外界评价与考核的影响。场地是朋友支持的，导读由我来免费负责，书籍各自购买，基本不需要经费的支持。我们主要就是每周聚在一起读书，所有的参加者都是自愿报名，没有被动参加和外在考核，有多少人参加也不重要，都是沉浸阅读，自得其乐。

这样的过程，给了我一个深刻的体会，要组织好读书会，有两个关键：一是找到合适的人，要寻找到对阅读有极大兴趣的人来组织。何谓对阅读有兴趣？不给钱也愿意做。二是找到合适的人后，充分信任，提供服务，而不要过多地用考核来检查、规范。

印象最深的有两件事，一件事是，有一次共读仅到了五位老师。有的参加者问我人数太少了，为人数焦虑吗？我说完全没有，因为我的兴趣主要在书籍上，哪怕有三人，也可以组织共读。如果只剩我一人，就在家自读。我是否读书与多少人参加没有关系。只有我们将精力用在读书上，读出书的价值，让参与者感觉不虚此行，才会吸引更多的人参加。读书会后来的发展，也确实印证了这一点。

第二件事是2018年元旦组织了年会，大家自愿捐款作为活动经费，群策群力策划方案，千方百计调动各自的资源，有的提供场地，有的联系嘉宾，更多的人作为义工服务。年会仪式感十足，对年度十佳阅读者表彰，由获奖者的家人给颁奖，邀请了专家做讲座，电视台做了报道，有几百人参加了年会。年会后，读书会的人数明显增加。这次活动，让我意识到，扎扎实实阅读固然重要，但适当的仪式和庆典对扩大读书会的影响力也有很大的作用。

四

中国教师报：您的读书团队持续了几年时间，目前有多少成员？我们知道一线有不少教师读书团队，但是许多团队缺乏活力与持久的动力，坚持不了几年就形同虚设了，您是如何保持团队活力的？

答：由于工作地点的变化，我现在主要是通过在线的形式组织新教育读书会，目前有一万多人。读书会是一个学习生态系统，活力是各种要素匹配后显现的结果。要让读书会有活力，我认为有几个要素：寻找到合适的学术领头人是核心因素，所谓"合适"是指，本身就喜欢读书，阅读量大，专业水平超越大多数老师，而且有时间且愿意参与读书会的组织；有充分的场地、设施、资金和时间的保障是基础因素，一味地让学术领头人免费付出是不现实的；与实践工作关联，将阅读与本职工作结合，学以致用，是关键因素；还有一个重要因素，读书会能与外界保持沟通交流，经常将专家请进来，也能够让读书会成员走出去。

我现在组织的新教育读书会，首先是汇聚了一批非常热爱读书且有公益情怀的老师。其次，我们遴选出了教育学、心理学、文学、管理学等方面最适合教师阅读的书籍，邀请国内教育领域知名的专家和一线名师，如王荣生、崔允漷、李镇西、李希贵、程红兵等担任导读专家。再次，通过在线的方式让老师们能够在自己适合的时间、地点，以自己适合的方式来阅读。最后，我们还将开启视频号，组织线下暑期经典阅读营、读者见面会、年度最佳读者评选等多种形式的活动，保持活力，促进动力。

其实，对于大多数学校来说，要达到以上的条件很不容易，这也是活力难以持续的原因。这其中最重要的是读书会领头人的热情、能力、人脉和学识。领头人选对了，其他问题都不是问题。在我了解的读书会中，"新网师"山西忻府区线下学习中心、河南南阳线下学习中心，以及开封市贞元学校等就组织得生机勃勃，主要就因为领头人选对了。

五

中国教师报：团队领读者一定程度上说代表着这个团队的最高阅读水平，也就是"天花板"。但是阅读本身是无限的，作为一个领读者，您怎么打破自身限制，以有限追寻无限可能呢？

答：确实如此，读书会组织者的高度决定了读书会的高度。

读书会的组织者要深入两个学习系统，一个是自己负责的读书会，一个是加入另外更高水平的学习组织。这样才能坚持专业学习，紧跟教育发展的前沿动态，了解国内外最新的专业著作，结识更多教育界的名家，突破自身限制。这样就便于把另外组织中学到的知识和结识的专家源源不断地引入读书会，让读书会的组织由"火车模式"进入"动车模式"，借团队成员的力，借外界专家的力。

六

中国教师报：如果一名青年教师想要成立读书团队抱团成长，您会给他提出怎样的建议？

答：一是要克服功利心态，信奉长期主义。阅读是吃饭，不是吃药，要从五年乃至十年的长度来规划自己的阅读书籍和阅读路径。二是寻找"尺码"相同的人，靠近高人。三是互联网和人工智能为教师的专业发展提供了平等、开放、丰富的资源和机会，一定要善于利用和借用。四是阅读权威的专业书籍。现在书籍太多了，我们盲目地跟风阅读，既浪费时间也收获不大。五是克服畏难心态，专业学习本来就不是轻松的事，但成就与难度是成正比的。六是阅读与写作、工作结合。阅读是输入，写作和工作是输出，以输出带动输入，产生正向的反馈，这才是能持久阅读的根本动力所在，也是专业阅读的目的所在。

最终，让阅读成为你的工作方式、学习方式乃至生活方式。当已经忘记了阅读，你看到书籍与生活不是割裂的，书籍与生命不是分割的，书籍、生活、工作、自我浑然一体，这就进入阅读的最高境界了。

（2024 年 3 月）

成长是怎么发生的

我的"编外"弟子（一位年轻且上进心强的优秀老师）向我描述了班级工作中遭遇的困境：大部分学生学习基础特别差，班级纪律也不好，接连出现逃课、打架现象……这位老师希望我能点拨、帮助。

虽然我提供了一些建议，并推荐了一些书，但我知道，在根本处，如果没有一个艰难的穿越过程，如果不能把知识转化为智慧，如果没有改变、完善大脑中的认知结构，所有这些或听来、或从书上看来的知识，都不能有效提升自己的专业能力，都不足以让自己彻底走出类似的困境。

而更可怕的是，经过阅读而不能转变内在认知结构，就会慢慢怀疑读书的作用，抛弃啃读艰涩的经典，然后逐渐迷恋那些语言优美而浅薄的教育畅销书，希望能从所谓的名师身上找到立竿见影的终南捷径，从教育神话中觅得药到病除的灵丹妙药。甚至不觉中喜欢上一则则"心灵鸡汤"，从中获得暂时的虚幻力量和回避自己、逃避当下的理由。而"心灵鸡汤"是不能治病的。或许，一些操作性强的所谓的"灵丹妙药"有立竿见影的效果，但久之，你也会发现只不过是扬汤止沸而已。

越是缺乏根基，越迷恋技巧；越迷恋技巧，越不能突破自己的认知结构：许多教师就迷失在这个恶性循环中。

有人特别喜欢四处听讲座，希望取得"灵丹"，甚至仅仅为结识"高人"；而有人不喜欢参加讲座，因为发现听来听去，最终都不能从根本上解决自己的问题。讲座引进门，修行在自身。讲座是有用的，它可以让你看到另外的"天空"，触动思维，启迪思考，激发行动；讲座是无用的，因时间、场地的限制和讲座者追求当场效果等因素，并不能引发认知结构的根本转变。要知道，坐在讲台上做报告者，没有一个是主要依靠听讲座而成长的。

一

专业发展之所以难，就难在突破、完善自己原有的认知结构。一方面，人都有为自己辩护的潜意识，很少从自身思维找问题，而是容易归罪于客观外在。辩护，实质就是维护原有的认知结构。另一方面，即使有人能认识到症结所在，也找不到突破的办法，或者畏惧突破过程的艰难。

当下学校教研遭遇的困境，就在于无论是同课异构、集体备课，还是推荐书、检查笔记、听报告等，都不能有效触动、改变老师的认知结构，仅有知识量的积累，而没有知识结构上质的变化。当专业发展培训无法真正促进教师成长时，就不能单纯怪罪教师参训不积极，当一些领导片面地寄希望于通过单向的讲座、报告来提升教师专业能力时，就会出现在网上继续教育中用下载"挂机王"来替代点击以积攒时间的可笑之事。

从某种程度上说，读书是无用的，因为没有一个名师是靠坐在书斋里博览群书而拥有强大专业能力的。如果把书籍当作盛满妙计的锦囊，希望在遭遇困惑时，从中拿一个"妙计"就能解决，这种想法本身就是幼稚的。

但读书是有用的，哪一个名师身后没有站立若干本深深启发自己的根本书籍？阅读虽然提供不了解决当下困难的具体方法，但可以提供一种理解，正如魏智渊老师所说："这种理解是一个人最内在的教育灵魂，是最根本的东西。在高度理解的基础之上，游刃有余的教育实践才有可能发生。"

二

在高中教书的近十年生涯中，我一再遭遇课堂教学提升中的瓶颈。

初为人师的几年，基本上是把教参上的解说搬到课堂上，然后要求学生记在笔记本或课本上。后来带了高三学生，主要是依靠几本"高考兵法"类的复习书进行大量应试训练。教过两轮高三后，对自己的教学，先不说学生满意不满意，最主要是自己就不满意。

虽然四处观摩了不少名师课堂，也通过教学杂志琢磨了一些教学设计，但从今天的角度来看，由于没有研读过几本根本书籍，语文本体知识（字、词、句、篇、修辞、语法、诗歌、小说、写作等）和教育中的专业知识（教育学、心理学、管理学等）不扎实、不丰富、不准确。

比如讲诗歌，由于没有研读《人间词话》这样的学科奠基之作，我只能在意象、意境、情景交融、寓情于景等词语中转圈，而全然没有触及诗歌灵魂，诗歌课堂机械枯燥，索然寡味。后来受一位名师的启发：注重课堂朗诵，希望通过朗诵演绎出诗歌魅力。但问题是，如不能精确理解一首经典诗之所以经典的原因，不要说读得好，就是将之唱出来，能引领学生抵达诗歌的根源吗？

后来，阅读了叶嘉莹的《唐宋词十七讲》，通过学习叶嘉莹分析一系列诗词，理解了"符码"等概念和"丰富而统一"等观点，讲解诗歌时，方觉有了"味道"，起码能触摸到诗歌本身而不是在外徘徊了，学生反应也很好。而当后来深入哲学领域，阅读了海德格尔的《艺术作品的本源》，涉猎了现象学的一些知识，尤其是听干国祥老师解析了一系列诗歌后，方觉触摸到通往诗歌本源的门径，但抵达的路途依然漫漫。

从这个角度讲，专业发展就是不断地寻找此时此刻最适合自己的图书。学科老师，要研读一些根本书籍，拥有丰富、坚实的学科知识，丰富自己的知识"武器库"。

三

然而，即便当时攻克了语文本体性知识匮乏的问题，语文学科另外的课程知识（教学目标、教学内容、教学特殊性、教学设计等）仍然存在很大问题。今天来看，给我这方面知识结构带来根本性、颠覆性变化的是《构筑理想课堂》一书。但，假如当时有人推荐我看完这本书，就能突破困境吗？不能。因为以当时的认识，仅仅能把书当作知识来学习，而不能使之成为解决问题的智慧，更不能引发认知结构的转变、完善。

对根本书籍，读完易，"穿越"难。首先，从2009年开始我参加"新网师"语文研课，开始"穿越"《构筑理想课堂》一书的历程，一直到2012年，整整用了三年。三年中，在这本书的引领下，围绕课堂教学，展开了一场艰难的持久战、攻坚战。除了反复啃读、批注这本书，还阅读了一系列关于语文教学充满真知灼见的小论文，反复精研了十几篇专家的课堂实录。对一些典型课例的主要环节（如《景阳冈》中"哨棒"的分析等）基本能背诵下来。

其次，运用"理想课堂教学框架"深度解读了50多篇初中、小学语文课文并按照"理想课堂教学框架"设计了教案，其中一些篇目还上课实践。在运用框架的过程中，不断返回到书中理解内涵。"运用—啃读—运用"是一个反复的循环，通过阅读理解框架，通过运用加深理解。

再次，深度研究了隐含在"理想课堂教学框架"背后的理论。通过研读《给教师的建议》，我明白了苏霍姆林斯基的"交集点""第一套大纲""书写阅读的自动化""教育学循环"等概念，通过研读怀特海《教育的目的》，理解了"浪漫—精确—综合"三阶段认知规律……

最后，围绕《构筑理想课堂》一书，展开了结构化、主题化阅读。深研了王荣生、孙绍振等学者的目标确定和文本解读理论，剖析了李镇西、郭初阳等当代语文名师的课堂实录，精读了海德格尔、杜威、皮亚杰等大家的一些学科奠基之作，更远的是开始长期地在哲学中沉潜。

我不是名师，相反，在教学中曾遭遇许多失败。尤其是现在，已经基本脱离了教学一线，更不敢妄谈教学。我只是以自己的经历来说明这样一个道理：读书不在多，而在透彻。对于根本书籍，只有在啃读的基础上反复运用、实践，才能真正理解，突破自己的认知结构，化知识为智慧。

阅读是为了运用，而运用又促进了阅读。回头来看，正因三年中不断地运用"理想课堂教学框架"这个武器，才得以真正改变认知结构，如果没有行动，没有50多篇课例的沉潜、打磨，"理想课堂教学框架"这个"武器"对我而言仍然是一个"名词",而不是"动词"。

心理学家皮亚杰提出,人类发展的本质是对环境的适应,这种适应是一个主动的过程。不是环境塑造了人,而是人主动寻求了解环境。在与环境相互作用的过程中,通过同化、顺应和平衡的过程,认知逐渐成熟起来。拿到一本书,遇到一位名师,仅仅是外在环境发生了变化,但这个环境并不能全然改变、塑造你,只有你主动想去了解这本书、这个人,在与书、人的不断相互作用中,认知才能真正发生变化。这就是为什么许多人即使购买、阅读了书籍之后,认知并没有发生变化而只能将其束之高阁的原因。

三年穿越,《构筑理想课堂》已成为我的根本书籍之一。从这个角度讲,专业发展,就是要不断拥有自己的根本书籍。

四

只有在运用知识的过程中才能不断改变、丰富、完善自己的认知结构,这是任何人在提升专业能力的过程中无法逾越的法则。

但对具体的个人来说,每个人的专业发展路径都是独一无二的,不存在两条完全相同的专业发展(包括阅读)路径。所谓的学习,只不过彼此启发而已。

专业发展的路径具有不确定性,这和生命中的"遭遇"有关系。"遭遇"不以人的意志为转移,而且常常与人的愿望背道而驰。德国教育家博尔诺夫说:"'遭遇'是对全新的、更高级生活向往的突然唤醒、号召,它使人摆脱无所事事的状态。"你不能完全确定职业中会有怎样的"遭遇":一次职业环境的转变,一个学生,一本书,一个家长,甚至偶然的一个教育事件都会让你的生命焦点发生转移。正如我的这位"编外"弟子,原先带的是所谓的"好班",那么焦点主要集中在语文学科本体知识,而在班级管理方面的压力不大,现在带的是所谓的"差班",焦点就从学科本体知识转移到班级管理(教育学、心理学、管理学等)。让自己焦虑的首先是"不好管",其次才是"不好教"。

"遭遇"虽然会带来挫折、困惑,但也是契机、财富。生命是连续性和非连续的统一，成长的实质就在于把一次次的"遭遇"和"危机"转化为调整自己、号召自己、激发自己的契机。人生如打牌，不在于把好牌打好，而在于要把一手差牌打漂亮。

五

认识自己的不足，突破自己的局限，是非常痛苦的。很多时候，你会问自己：我为什么要"穿越"这些？意义何在？拿什么来说服自己把生命交付于教育，把心灵完全献给学生？是什么让自己可以一次次鼓起勇气重新开始？美国作家帕克·帕尔默说："真正好的教学不能降低到技术层面，真正好的教学来自教师的自身认同与自身完整。"

他在《教学勇气》中说：

认识学生和学科主要依赖于关于自我的认识。当不了解自我时，我就不了解我的学生们是谁。

当我还不了解自我时，我也不能够懂得我教的学科——不能够出神入化地在深层的、个人意义上吃透学科。

方法固然重要，然而，无论我们做什么，最能获得实践效果的东西是，在操作中去洞悉我们内心发生的事，越熟悉我们的内心领域，我们的教学就越稳健，我们的生活就越踏实。

当与学生面对面交流时，唯一能供我立即利用的资源是：我的自身认同，我的自我的个性，还有身为人师的"我"的意识——如果没有这种意识，我就意识不到学习者"你"的地位。

好老师有一个共同的特质：一种把他们个人的自身认同融于工作的强烈意识。不好的老师把自己置身于他正在教的科目之外——在此过程中，也远离了学生。

好老师形成的联合不在于他们的方法，而在于他们的心灵——人类自身中整合智能、情感、精神和意志的所在。

记住我们是谁，就是把我们的全部身心放回本位，恢复我们的自身认同和自身完整，重获我们生活的完整。当我们忘记了我们自己是谁的时候，我们失去的不单单是一些资料，我们解体了我们自己，跟着来的就是可怕的政治后果、可悲的工作后果、可怜的心灵后果。

老师常常遭受解体的痛苦……在更深层次，这种痛苦更多的是精神层面的，而不是社会学层面的：这种痛苦来源于切断了与我们自身的联系，切断了与我们投身教学的热情的联系，也切断了与心灵的联系，而心灵才是干好所有工作的源泉。

或许我们有孙悟空的非凡本领，但不是本领而是唐僧坚如磐石的信念才是取得真经的决定性因素。我们或者是有七情六欲的猪八戒，或者是踏实而平庸的沙僧，但有了唐僧（信念）的引领，才有成佛的可能。

取经路上的"妖魔"表面是阻碍了前行的道路，实质是来助我们成"佛"的：历经磨难，去除浮华，认识自我，实现自我。

我和"弟子"最后说：

相信种子，还得相信岁月！问题是有多少人能坚守？寂寞、孤独、付出、误会……

可能到最后还是"草盛豆苗稀"，如果确实如此，难道一切就没有意义吗？

深深地沉潜到淤泥中，不断汲取营养，不断积淀岁月，既要耐得住寂寞，也要经得住诱惑，然后未来某一天，怦然绽放，成为一朵美丽的蓝莲花！

（2013 年 10 月）

未来教师的精神画像

一、阅读难,坚持阅读更难

从 2011 年开始到 2017 年的七年间,我带实习支教的大学生读《给教师的建议》,此后,我的导读几乎就没有停止过,从海南到山西,带老师读、带大学生读、带中学生读,从阿德勒的《儿童的人格教育》到杜威的《我们如何思维》,研究元认知、深度学习、生命成长规律、教育规律等。有朋友问是什么动力激发我推动阅读并一直坚持,我想是两点。

第一点是工作的需要。当时,我带着大学生在海南五指山的黎族、苗族的村庄以及山西原平市的 100 多个农村学校实习支教。我从一名高中的语文教师转变成大学教师,我的工作的对象也从高中生转变为大学生,还有校长、教育局的行政官员。工作的内容不仅仅是教知识,而且是转变为指导大学生教书育人,与局长、校长沟通、协调。这一系列的工作地点、工作内容、工作对象以及自身身份的转变,就迫使自己必须保持一种学习状态,才能很好地应对新的工作。阅读显然是学习当中成本最低的一种途径。

第二点是生命的需要。身体需要吸进氧气,呼出二氧化碳,保持一种健康的活力。人还有精神的生命,精神的生命也需要不断地吸收新的知识,从而更新、改造、升级旧的认知,保持精神的一种活力。否则,精神就容易颓废、麻木甚至平庸。为何这种求知若渴的感觉不具有普遍性呢?为什么其他老师没有这种感觉呢？之前，我很少阅读，也不写作。我的转折点出现在2009年，我加入"新网师"，从此开启了专业阅读之旅。

专业阅读和非专业阅读区别在哪里？我认为有三点。

第一，阅读方式不同。专业阅读是知性阅读，今天我们叫作啃读，就是区别于消遣性的阅读、快读、浏览性的读。所谓啃读，指的是一点点地啃，第一步就是批注。逐字、逐段、逐篇地批注、归纳、分析，与文本对话、与他人对话、与自我对话。第二步就是结构化。所谓结构化，就是理解整篇文章是在说什么，怎么说的，为什么要这样说，以及这个观点与其他人的观点有什么不同，这个观点与我有什么关系。这样的话，就完成了一个结构化的过程。第三步就是实践化。拿到知识要去用，哪怕是对别人讲，去写，这样才可以让知识真正地内化。

过去，我曾经一点一点把苏霍姆林斯基的《给教师的建议》这本书进行了批注阅读。我就是从那个时候真正地开始体会到了啃读的价值。每一个字、每一句、每一段、每一篇、每一章都要去彻底地弄清楚，那么这本书，才能真正地化为自己的内在认识。否则，我们就是学了一些名词概念，而且也不知道这些名词概念是要往哪里去用。

第二，阅读内容改变。从过去读一些畅销书或者一些报刊，转变为读经典书籍。用知性阅读的方法来阅读经典书籍，就相当于砸开了核桃的皮，品尝到了桃仁的芬芳，从而品尝到了知识的魅力。

第三，阅读时间加持。七年的时间带大学生在农村实习支教，使我有大量的可自由支配的时间来阅读和写作。如果依然在中学任教，每天为开会或别的事所打扰，很难长期沉潜到阅读当中去。

我的阅读发生了改变。读的书越多，就像小孩玩拼图，一开始是碎片，不知道放在什么位置，但慢慢地这些知识就连接在一起，似乎就形成了一个体系，有了一个框架，有了模块。读的书越来越多，理解力越来越强，消化力也越来越强。与此同时，也越感觉到自己的无知。于是，我不断地去阅读。

今天教师阅读之所以不能坚持，一个是太忙，另一个是浮躁，沉不下来，静不下来，总想在很短时间内把一本书吃掉。我们注重了结果，而忽视了获得结果的过程。这个结果是知识的结果，比如教材，都是结果，都是浓缩的精华，但是，背下教材上的结果不等于真正地理解了知识。再一个是很难遇到好的导师，导致对一些经典书读不懂，又不知道自己当下适合读什么书。更难的是，把知识和问题结合起来，让知识成为解决问题的工具。

二、理想与现实的平衡

我于2020年辞职，在苏州大学读博士研究生。有朋友问，没有经济收入，怎么平衡家庭、工作、自我成长三者的关系。

我记得几年前看过一张照片上的一句话：鸟不相信任何树枝，而只相信自己的翅膀。当它拥有一双翅膀以后，它可以停留在任何树枝上。过去是长者为师，今天是能者为师。只要长期在某些领域，沉潜研究，也研究出成果，那么生计是不成问题的。

辞职于我而言是一个重大的决定，但也是一个自然的事情。从人与环境的三种关系中知晓：人在环境中始终会处于一种张力，一旦去适应这个环境的时候，就不愿意离开它；如果觉得自己既难以适应这个环境，又无力改变这个环境，那么还可以有第三种选择——重新去选择一个环境。当自己感觉到工作的意义感虚弱时，生命将会失去活力，我们甚至会失去自我。其实40多岁已经不是读博的黄金年龄，尤其是重新开启这样一个学术的生涯，挑战自己的认知极限，非常艰难，但是与失去自我相比，这种艰辛背后的精神生命是统一的，所以我选择一个新的开始。

理想主义者容易充满激情求完美，希望创造一个理想的世界，更偏向于寻求自由。现实主义者，求实际、求安全，比较务实。二者各有所长，各有所短。但我想既不做纯粹的理想主义者，也不做纯粹的现实主义者。我是希望成为一个现实的理想主义者。

工作本身就是一种生活，我们很多时候容易把工作与生活割裂开来。其实，二者的区分不在于时间和难度，而在于这种事物与自身是完整而不是分裂的。我们所追求的理想状况是工作、生活、学习三位一体。工作也是生活，生活本身就包含学习，学习也是一种工作，这也是新教育提倡"过一种幸福完整的教育生活"的含义。

关于平衡，我认同航天员刘洋说过的一段话：平衡，不能只靠一个人，要靠一家人。仅仅靠一个人，既要挑事业，又要挑家庭，是无法平衡的。所谓的平衡，是家人一起平衡，需要爱人、父母提供支持。目前来说，陪家人的时间大幅度减少，社会生活更为丰富、广阔，专业交往居多，交往的对象扩展到了全国以及全国的各个层次，在家庭方面，爱人替我分担了大部分。

三、未来教师，为何写、如何读

我长期致力于研究教师专业发展，但并不停留在理论层面，而是担任新教育网络教师学习中心执行主任，带着许许多多一线教师进行扎扎实实的专业发展。2022年，我出版《未来教师》，这本书为谁而写？为何而写？是怎样的体例？建议读者如何阅读？

写这本书的初衷是为"新网师"学员，有特定的对象、特定的情境以及特定的目的。这本书没有多少深刻的专业知识，其价值和作用更多地在唤醒教师、促进职业认同。

我到一些学校去做讲座，突然发现，当下，教师是缺乏专业知识，但更主要的是缺少一种内在的驱动力。引用一句话解释，就是"天雨虽大，不润无根之草"。意思是：雨再大，但你这棵草是没有根的，它也不会润泽你。而这个"根"是什么？这个"根"其实就是内在的驱动力，是一种生命激情，是一种活泼泼的生机状态，是一种空杯心态，是一种对未来的追求，是一种对自我的肯定，是一种自信以及希望未来能够更好的心愿。

如果一个老师已经丧失了这一切，认知固化，满足于现状，不愿意接受新的认知，不愿意去打开，看不到未来，甚至用偏见去解读一切，我想，知识再多也像大雨对无根之草的作用吧？读完这本书之后，你可能不会感觉到有多少系统性的理解，但是会涌动一种激情，一种生命的活力，这恰好是非常重要的一点，也是这本书的价值所在。

当然，这本书是为"新网师"学员而写，同时也为有梦想的老师而写。在"新网师"，我们遵循着一种"共读共写共同生活"的理念，遵循着一种师生彼此之间编织生命的方式。而文字就是编织的手段，是沟通的桥梁，是彼此交流的一种方式。所以我们期望通过文字彼此沟通、了解，进而达到彼此信任，从而更好地构建一个在线的专业学习共同体。"新网师"的学习，有课程、作业、学习打卡。我就像一个班长、班主任一样，将观察到的现象进行解读，期望达到"劝学"的目的。所以这本书如果用两个字概括本质，就是"劝学"。

这本书编写时分成"读写击溃虚无""创造突破局限""精进守护初心""求知彰显生命"四章，是把各个时段的文章进行的简单归类，其中的逻辑性并不强，既可以从头到尾读，也可以分章节读，还可以挑选读。但我有两点建议：第一，共读比自读收获大。因为共读能彼此交流、突破自我认知的局限。第二，读写结合。一边读一边写，在读书共同体中，一起读写，会比自己一个人读收获更多。

四、为未来教师画像

现实是需要理想的照耀的，如果我们没有办法想象未来的话，那么今天的行动就是盲目的。如果为未来教师画像，会是怎样一个形象呢？朱永新老师的文章《我心中的理想教师》提到过理想教师，我们国家的文件当中也提出了高素质、专业化、创新型的教师，这也是对未来教师的一些表述。

我将这些进行了融合之后，想从具体的教师层面谈四点自己的体会。

第一，我认为，未来教师是胸怀理想的。但是，这里的理想不是虚幻的，不是用理想自我标榜，而是仰望星空的同时也能脚踏实地。有理想的教师不过分功利化、现实化，拥有理想主义的情怀，能扎根现实，把矢志不渝地探索理想教育看作引领自我发展的一盏明灯。

第二，未来教师应该是热爱学习的群体。在快节奏、功利化的今天，"学习"似乎是高投入、低收入的一件事情。但是，教书育人的教师更应该重视学习、热爱学习。那什么叫热爱学习呢？真正的热爱学习是，学习者不仅仅把学习当成一种手段，更当成一种目的。曾经有一位英国的登山家，这位登山家对登山充满了热爱，但是，他努力登上山顶不是为了获得冠军、奖金和赞誉，而是因为，山就在那里，享受登山的过程本身就很有意义。热爱学习也是如此。热爱学习是对知识本身充满兴趣，对未知保持好奇，如此，学习就是一种像呼吸一样自然而然的生活方式，不需要刻意坚持就可以终身学习。至于外在的荣誉、职称、利益这些只是我们热爱学习的额外奖赏。

第三，未来教师还应该是专业化教师。和专业化相对应的是经验主义。魏智渊老师举的一个例子就很精彩。种地是要像袁隆平一样种地而不是像老农民一样种地。老农民也能种出好庄稼，袁隆平也不一定每年都丰收，但是袁隆平就算失败也是一个专业者，老农民即使成功也就是一个经验者。当前教育最大的困境就是缺乏专业性。由于缺乏专业性，教育学在大学中的地位低，老师在社会中普遍不被尊重。而当下的这种困境更需要一线教师朝向专业化发展，用专业发展为自己赢得职业发展的春天，为自己赢得应有的尊重和尊严。

第四，未来教师善于合作。"独学而无友，则孤陋而寡闻"，人的成长也是需要一个内外在的互动的。与他人互动，在群体中去学习。不善于合作的老师，很难走得更远。但是在应试教育制度下，教师的发展出现了很多问题。比如，一所学校教研流于形式，一团和气；老师之间竞争与封闭远远大于合作。这种一个屋檐下的陌生人的怪诞现象给一线教师的发展带来巨大的限制。那么如何突破这些发展障碍呢？教师要能够加入并融进一个学习共同体。在学习共同体中汲取能量，省察自我，保持活力，勇猛精进。当然，善合作的本质不是人事的圆滑，而是专业交往。比如加入当地的"名师工作室"，加入"新网师"学习共同体。这些都是善于合作、专业交往的典范。

五、职业认同的价值和路径

教师专业发展是世界性难题，尤其在公立学校。当前，教师面临着很大压力，职业倦怠现象比较严重。那么，职业认同在教师专业成长中的价值是什么？当今现状怎么破解？有什么具体路径？

新教育实验提出了教师成长的"一体两翼"观点。"教师成长＝职业认同＋专业发展"，长期以来，我们注重的是专业发展。把专业发展等同于教师成长，比如培训如何做课件，如何导课，如何做小组合作。但是只谈专业发展是不行的，这时候就需要去看职业认同。

所谓职业认同，是指教师对所从事的教师职业的积极认知和肯定性评价，具体体现为个体喜欢所从事的职业，有从事该职业的强烈愿望。职业认同是一种态度，也是一个过程。职业认同包含对职业外在价值和内在价值的理解。

职业认同是后期培养的，它不是与生俱来的，不是一毕业就有、一当老师就有的。它是怎么来的呢？这里要先说说两个问题。第一，要承认职业认同是变化的，既是一个态度，也是一个过程。第二，职业认同包含着对职业的外在价值和内在价值的理解。外在价值就是当老师获得的工资、地位等。内在价值就是知识本身的魅力、教育本身的魅力，以及这份职业能够与自我人生价值结合起来。内外价值二者融为一体，教师就会对这个职业有一个认同。

职业认同是做好教师职业的心理基础和心理动力，是工作热情的最持久来源之一。教师职业认同关系教师的工作动机、工作行为和工作成就，关系教师的学习动机、学习行为、学业成就，关系职业发展目标的确定和职业路线的规划。所以说，职业认同是件非常重要的事情，它也是容易被忽视的事情。错误的、片面的专业发展会削弱教师的职业认同。

相对于工资、奖金、福利、保险及工作条件等外在因素而言，职业认同是汇聚人内心的归属感、尊重、责任、成就、挑战等因素的内源动力，是克服职业的外在性、异己感，把自身价值与所从事职业的价值相统一的肯定性因素。

要增强教师职业认同，一种是增强教师职业的外在价值，一种是增强教师职业的内在价值。对于一个教师来说，仅仅靠外在价值是不够的，而且外在价值不是个体能完全决定的。要提高教师的职业认同，就是要去追求探索教育、教师的内在价值。探究知识的魅力、教育的魅力，在教育职业中实现自我价值。教师这个职业仅仅靠良知也是不够的，类似"春蚕到死丝方尽，蜡炬成灰泪始干"这种情况，其实是纯粹性的消耗，是自己的一种消磨。这也不是一个理想型教师的样子，教师不应该自己伤痕累累，自己过得非常辛苦。

那么具体如何做呢？

一是靠近高人。很多时候我们不是自己笨，而是没有遇到好的老师，儿童如此，成人也如此。没有导师或者高人去引导，就像在森林里迷路，大部分就迷失在森林当中，撞到头破血流以后也没撞出来，只有少数聪明者能撞出来。但是若有一个高人，他就能指点你往前走。二是创立自我镜像。你以谁为自己的学习榜样，你就可能成为谁。你靠近高人，就会希望成为高人。三是专业发展。职业认同也不能脱离专业发展。没有真正的专业发展，职业认同也就成了口号。空喊口号，空有一腔热情，没有专业，那也是错误的。

综上，破解的路径总结起来就是靠近高人，创立自我镜像，专业发展。

六、教师专业发展如何破局

教师专业发展又是一件比较困难的事。一方面，教师要迎接新课程的挑战，尤其是2022年版新课标刚刚发布，各种培训接踵而来。另一方面，教师还要应对学生升学的压力。在这种情况下，教师专业发展的困境，有解决之道吗？如何解决？

其实，两者并不矛盾，两者是隶属关系，就像教育学本身就涉及心理学。专业发展本身包含教出好的成绩，让学生获得应该抵达的成绩。只不过，从专业来讲，既要获得高分数，又不把分数唯一化。若没有专业学习做指导，两者很难平衡；没有专业的教育理论做支撑，只会举步维艰、胆战心惊，"压力山大"。

当前教师专业发展的问题是，缺乏专业的、系统的、持续的指导，无法真正理解教育教学原理。一种是盲目跟风。浮于表面、被动地跟着教育政策、制度走，导致出现了这种状况。我们要坚持以国家政策为导向，教育方针为目的，用专业的学术眼光解读国家政策，用专业知识理解教育方针，而不是浅表性地理解。要深挖政策背后的原因，明白国家为什么要制定这样的政策，找到背后的原因才是解决问题的根本。一种是故步自封。穿新鞋走老路，新瓶子装旧酒，拿着一张旧船票登上一艘新的教育改革轮船。改革如果不见成效，就从全面肯定到全面否定。老师不但应有专业的素养，还要大胆质疑，培养批判性思维品质，不能活在过往的童话世界里，穿着"皇帝的新装"，啼笑皆非。要从固定思维模式切换到成长思维模式。

教师在原有教育模式上止步不前，害怕失败，这样肯定不行。要敢于尝试，在实践中体悟一份真正属于自己专业成长的教育智慧。许多专业发展的研究很卖力，但由于方向不对或者综合性的因素，如盲人摸象一样，有的摸到一条腿，有的摸到一条尾巴，缺乏对根本性问题的理解。不能忘记常识，不能用文件机械办教育，不能被动地盲目地跟着政策，要去引领政策。应该主动地从教育的本质、教育的原理以及与这个时代的变化去全面系统地理解。这是我理解的困境。

那么有没有解决之道呢？

未来要朝向教育价值观的改变，把教育当成一个育人的系统。今天的教育，本质上是一个筛选系统，学什么不重要，重要的是把一些孩子选拔出来，然后再全面培养。这是教育的一种功能，但不是教育的全部功能，不是教育的本质属性。教育朝向人的全面发展，马克思也是这么说的。教育让人从自然人转变到社会人，教育是一个人社会化的过程。教育价值观的转变需要几代人的努力和社会的发展。

正确理解教育价值观，是"育人"而不是"育分"。育人就是育中国心、育中华魂。教育工作者要付出艰辛和努力，用我们的专业素养为学生开创一条高速公路，这条路就是育人之路。孩子走在高速公路上或快或慢，由孩子差异决定。方向盘在孩子们手里，一切都在孩子们的掌控之中。

此外就是学校系统的改造。教师专业发展，不是脱离系统、脱离环境、光靠个人努力就能够达到的理想状况。它需要一个学校系统的优化，而不是某一个细节的改造。江子（王志江）校长的贞元学校不谈教师发展，但教师天天都在发展，因为教师处在一个学习型的学校。新教育提出的"三专"模式就是一个重要的路径：专业阅读、专业写作、专业交往。

七、学习和教学方式如何变革

有一个现象，就是学校培养的人才与企业需要的人才之间脱节，许多企业索性自己培养人才，相当于在学校之外另建立一套系统。这似乎说明，学校的学习方式可能还是相对比较传统与落后的。那么，未来教师的学习方式和教学方式有可能发生哪些变化？

师范生的学习方式影响入职后的教学方式，老师如何学就会如何教。例如，老师如果是机械记忆式学，也很可能会这样教，课堂上依然满堂灌。今天很多教师的学习方式存在的问题是碎片化学习、浅层次学习、被动性学习。碎片化学习就是没有形成自己的相对完整稳定的认知结构。浅层次学习就是停留在词语概念的表层，对于一些知识概念背后彼此的联系，进一步精微的划分不够，对一个问题缺乏分类。比如我们谈到"职业认同"，知道职业认同就是喜欢当老师，但是不知道职业认同可以再精微地划分为职业情感、职业价值、职业行为、职业意志等，以及彼此的关系是如何形成的。被动性学习是别人让"我"学。凡是成就高者，都是把被动学习和主动学习结合起来的，只是主动，容易盲目，也得听一听他人的引导。只是被别人带着走，或者迫于某种压力，自己没有内驱力，学习难以长久。

那么，未来教师的学习方式应有哪些变化呢？我认为有三种方式，一是自主发展，二是有意义的学习，三是终身学习。

自主发展是变被动学习为主动学习，变被动发展为主动发展。校长如何激发老师学习的内驱力？给老师以自由，给老师以时间，而不总是"萝卜加大棒"。有意义的学习是变浅层学习和碎片学习为专业性学习。专业性学习即研究性学习，我主要谈以下两种。一种是问题研究。如果没有对问题系统地梳理，就容易低水平重复。如写论文，先要读文献综述，先梳理出前人的研究成果，而不是片面的"我认为"。另一种是概念分析。提出问题的前提是理解概念的内涵，否则直接谈方法，讨论来讨论去，就似是而非、莫衷一是。如伯姆在《论对话》一书中已经把"对话"的本质说得清清楚楚，如果还把商量、辩论、谈判理解为对话，就是缺乏专业性学习。有意义的学习针对的是机械性学习。如果在不理解的基础上机械背诵会使学习变得枯燥，产生懈怠而难以持久。

老师的学习方式应该从被动性、碎片化、浅层次向自主学习、专业学习、有意义的学习转变，如此才能达到终身学习的目的。今天的社会是一个终身学习的社会，如果没有终身学习的意识、能力和行为，很难做到专业化。

教学方面该如何变革呢？

当应试教育没有变化的时候，刷题和题海战术必然是长期存在的行为，这既是应试教育中比较有效的办法，也是在老师专业能力还无法抵达理想状态时比较有效的办法。但是，我们知道应试教育从某种程度上讲存在对生命的一种浪费。因此，未来理想的教学方式应该是以建构主义理念指导教学，而有效组织学生学习一定需要真问题的引领，需要对知识进行精深的研究。不研究就提不出真正的问题，课堂上也不会有精彩观念的诞生、顿悟等。

一线老师缺乏理论支撑而容易盲目，有效的经验也难以大面积地迁移和复制，高校理论工作者却没有中小学一线的经验。"新网师"正式成立了一支学术团队，努力朝向理论的技术化、模式化和操作化。这的确需要一个漫长的过程，道阻且长，行则将至，"新网师"会持续不断地为此而努力。

（2022 年 7 月）

不解决问题的阅读是伪阅读

一

有朋友来信谈了学习中的困惑。

郝老师：

现在我除了白天上班，剩下的时间都是看书、思考、写作和听讲座，一天听得多的时候能听三场，只为不错过每一个学习的机会。听了您的讲座《普通教师如何尽快成长为"专家型"教师》中对于"英雄的旅程"的描述："听到召唤—开始上路—遇到磨难—高人相助—克服困难—回归生活—成为英雄"，我倍感激动和欣慰，我已经在路上了，可之后的路到底怎么走？面对现在我遇到的学习和未来之路的困惑，我也该向高人求助啊。因此，我就冒昧打扰您，占用您宝贵的时间了，希望能得到您的帮助和指点。

困惑一：加入"新网师"最大的目的就是对自己专业的提高，实现自己预定的目标。按照现在我每学期只选择一门课程，坚持啃读和打卡，同时大量阅读教育理论专业书籍和教学方法书籍，经过这样的淬炼，自己能否有质的变化？如何规划自己的专业成长（我现在是一名小学副校长）？

困惑二：我参加了家长课程研究的工作，按照团队的意见，买了很多家庭教育的书，通过阅读，积累家庭教育理论，寻找具有启发性的家庭教育智慧和方法。并且我还参加了一个家庭关系学的线上学习,每天以听讲座、打卡的方式开阔思路,增长见识。我想请教您,这样的学习方式正确不正确?能不能像《刻意练习》中说的,对某一方面经过刻意练习,就会产生专家和新手的区别?在家庭教育这一块,如何做到刻意练习?

困惑三:前两天看到您微信朋友圈晒的书,说是为讲座而准备的。我就想请教您,也想确定一下我的想法是否正确?读书时会把自己认为有用和启发性的内容记在心里,等用的时候再翻书引用,这样做算是正确的方法吗?对于书中的核心观念和理论成果,如何转化为自己的成果?把这些内容按照自己的叙述风格讲出来,然后再引用原文以补充和证实,经过这样的输出方法,形成自己的成果可以吗?

陈武红

二

陈老师提的问题,我概括了一下,归纳为四个问题:

一是在专业发展上如何才算有质的变化?

二是怎样达到质的变化?

三是专业发展为什么需要阅读?

四是阅读在专业发展中是如何起作用的?

第一个问题:在专业发展上如何才算有质的变化?

成为解决问题的高手、专家。

对中小学一线老师和校长来说,有质的变化,不是一定瞄着成为教育理论家、教育思想家而去,而是能解决教育教学中各种"疑难杂症"。就像呼吸病学专家遇到疫情,能识别病毒,提出解决方案,而不只是能发论文。

对教师来说,给你一个好班,你能教出优异的成绩,这还不叫专家;给你一个普通班或辅导一个学困生,你能让学生学业得到提升,这才叫专家。在此基础上,你还能不断总结教学经验,逐步形成自己独特、稳定的教学风格。当然,如果你还能写教学论文,上好公开课,那更是如虎添翼。但哪怕论文写得多，公开课上得好，如果教学成绩都提不起来，也不是专家。

对校长来说，亦如此。维持一所学校的现状，不叫专家，能提升学校办学水平，能转变薄弱学校，这才叫专家。在此基础上，你还能对学校文化、师资队伍、课程建设、教学改革等，有系统深刻的见地，能总结出自己的独到经验，就更好了。如果你研究家庭教育，能给家长提出清晰有效的对策，破解家长在教育子女过程中的困惑，你就是专家。仅仅说得头头是道，但解决不了问题，也不是专家。

当然，成为专家，不是任何问题都能解决。专家的一个特征恰恰是能清晰知道自己的边界在哪里，哪些是可以解决的，哪些是需要其他措施配合才能解决的，哪些是无法解决的。如宣称自己什么都能解决，不是无知，就是忽悠。

第二个问题：怎样达到质的变化，即如何成为一个专家型教师或校长？

实践加阅读。

善于写作更好，但还不是必须，不过，写作会深度影响实践和阅读。首要的是实践，即你要有需要解决的问题，有需要克服的困难。打个比方，要提升一名中层领导的领导力，最好的办法是什么？不是阅读，是让他当上校长。为什么有的老师大量阅读，坚持不下来？为什么读了大量的书，但是感觉没有变化？主要是没有遭遇问题，没有遭遇挑战。没有需要解决的问题，阅读就成了"漫读"，这也看看，那也翻翻，表面上懂了不少，但都没有与真实的世界相遇。不实践运用，知识就得不到验证，既没有成功后的"奖赏"，也没有失败后的"反馈"。久之，或者掌握了一些"呆滞的知识"，说起来可能头头是道，但不解决问题；或者，对学习逐渐失去兴趣，不了了之。所以，专业发展，最忌讳脱离实践的阅读。

第三个问题：专业发展为什么需要阅读？

对这个问题，我引用魏智渊老师说过的一段话：

我所谓的"漫游"，很简单，就是指大量地翻书。它的原理，仍然是从环境（伟大人物、卓越者、所思考领域的优秀者）中汲取养分。无论你经验有多丰富，以往有多成功，如果你长期不从环境（当然，不仅仅指阅读，但阅读是最重要的）中汲取养分，久之，就容易盲目自大，而且不断地重复自身的模式。如果你是一个老师，你今年的教室和去年就不会有太大的变化，细节处会更成熟，但整体的格局就缺乏有效的刺激。如果你是校长，学校又一切太平，你很容易满足于维持，或者在细节上下力气，而逐渐会丧失创造性。更可怕的是，你会觉得自己还不错，还会很轻视或忽略身边新生的力量，他们往往充满了勃勃生机。我们总觉得自己在思考，但从来不问，我们凭什么思考？思想是一个建构过程，因此它需要在不断的对话中完成。而通过读书进行的持久的对话，是一种高品质的形式（当然，它无法完全取代另外的形式）。

第四个问题：阅读在专业发展中是如何起作用的？

首先，人的行为主要受潜意识支配，而不是意识。这也正是"听过许多道理，但过不好这一生"的原因，这些道理你没有化为潜意识。所以，专业阅读贵在长久沉潜。让阅读像呼吸一样自然，坚持阅读、打卡，久而久之，知识才能化为指导行动的潜意识。其次，专业阅读重在构建知识结构合宜的大脑，而不是片面地强调多多益善。就如人的身体一样，不是吃蔬菜（或肉）越多越好，而是有一个比较合理的膳食营养结构。一名教师的知识结构，学科知识应该占到50%，教育学、心理学知识应该占到30%，其他天文地理等知识应该占到20%。结构决定功能，工作当中的许多不足，往往是认知结构不合理造成的。比如，一位"文青"式的语文老师，沉浸在诗歌散文的阅读中，能创作出优秀的作品，但不一定能教出好的语文成绩，就是认知结构中缺教育学和心理学的结果。最后，专业阅读贵在深度啃读经典书籍，不要泛泛而读。

经典书籍包含根本概念，领会根本概念，能增加解决问题的复杂性思维。比如，你研究家庭教育，那么阿德勒的《儿童的人格教育》、弗洛姆的《爱的艺术》、皮亚杰和英海尔德的《儿童心理学》，还有《0—8岁儿童纪律教育》《儿童发展》等就应该成为深度啃读的书。把这些书攻克下来，会为你搭建起一个比较合理的认知框架，你才能更好地吸收其他知识。在啃读经典书的基础上，还可以开展研究性阅读，即围绕主题阅读相关的书。这些书不必啃读，可以是泛读。根据需要，为我所用。在教育学、心理学的研读方面，我的建议是少读流行性的书。没办法，不是不愿意，是有价值的太少。您已经开启了阅读之旅，这已经迈开了一大步。如果之前属于职业生涯中的浪漫阶段，那么，现在进入了精确阶段，开始研究理论，把握教育规律。继续往前，就抵达综合阶段，理论化为认知背景，忘掉具体的知识，根据实践中的问题，灵活运用，有效解决。这也是一个"浪漫—精确—综合"三阶段的循环。

我归纳一下：首先，要面向真实世界，有需要解决的真问题，不要为读而读。退一步，如果没有真问题，那就多写作，或者创作条件多做家庭教育报告，多指导他人，因为：教，是最好的学。

其次，把书籍作为解决问题的工具，边运用边阅读，而不是先储备，想着等需要时调取出来，因为永远没有储备足的那一天。

再次，大量地阅读，同时走出阅读舒适区，读一些难啃的而不是一读就懂的书，读自己需要的而不只是感兴趣的书。

做到以上几点后，剩下的，就交给岁月吧！冰冻三尺非一日之寒，滴水穿石非一日之功。美酒须陈年窖藏，智慧须岁月积淀。

（2020年3月）

做一名啃读者

一

《新课程评论》：郝老师，您好。感谢您接受我的访谈。我从您《恐慌与精进：校园求学与职业嬗变之旅》一文，了解到您的职业经历与成长过程。回望这条成长路，您觉得驱动您做出一次次选择，支撑您一次次面对新环境、新挑战的最大动力是什么？

答：一个人选择挑战，动力往往源于三个因素，一是职业瓶颈，二是成就感，三是意义感。

诚如我在您读到的那篇文章中所写，在我的职业生涯中，主要有三次选择。

第一次是因为职业瓶颈，选择从民办高中辞职来到公办高中。我在民办高中工作六年，从高一到高三教了两轮，带出两届毕业生。20多岁时就担任了学校的中层领导，似乎顺风顺水。但因为民办高中办学开始走下坡路，职业发展前景迷惘，个人发展遇到了"高原期"，所以要跳槽到公办高中做一名普通教师。

第二次为了追求成就感，选择从公办高中调到大学工作。从高中语文骨干教师调动到一所高师院校担任师范生实习支教指导教师。在这次调动之前，我已经在高中任教十年，对高中的教育教学已经基本熟悉，但也因为熟悉，所以感觉工作缺乏了挑战。在工作上我不喜欢循规蹈矩、墨守成规，喜欢到新的领域探索，为了追求成就感，我到师范高校带领大学生到条件艰苦的农村扶贫顶岗实习支教。

第三次为了追求意义感，选择辞去大学的公职，到苏州大学攻读博士学位。之所以在 40 多岁的年龄还辞去公职，是因为对新教育实验的追求和向往。在新教育实验中，我看到了理想教育的模样，感受到了知识的魅力和教育的价值，也体会到了教育工作的意义感。所以，毅然辞去公职，希望通过读博接受专业系统的学术训练，深度研究人工智能时代在线教育新模式，为新教育实验的研究和推广尽一份微薄的力量。

二

《新课程评论》：在此文中，您多次谈到自己有"本领恐慌"。能与我们分享一下"本领恐慌"具体指什么吗？不同阶段有何不同？您又是如何看待、面对及应对的？

答：本领恐慌，主要指自我感觉没有丰富的知识和足够的能力胜任本职工作，职业效能感低，缺乏信心，经常感觉焦虑、紧张、压力大。

第一次本领恐慌，是我从民办高中调到重点高中担任语文教师。这里的学生和同事都很优秀，整体上高于原来所在的民办高中。我原先只要全力以赴就能取得不错的教学成绩，但在这里，仅靠辛苦和勤奋已经难以胜出，而自己又不知道提高教学成绩的方法和秘诀是什么。在专业发展上不知道学什么、向谁学，每次期中、期末考试，我压力很大，特别焦虑，总担心学生考不好，担心班级排名居后。

第二次本领恐慌，是我调任到高师院校，周围的同事大多是博士、教授，日常谈论的都是写论文、做科研、申报课题等，而自己仅仅是有一些高中教学的经验，在科研领域基本是空白。如何才能写出质量高的论文，如何运用理论有效指导实践工作，如何能从经验层面上升到理论层面？面对这些问题，又一次感受到了本领恐慌。

个体面对本领恐慌，通常有三种应对方式：第一种是接受，接受现状，甘于平庸；第二种是逃避，避开自己不擅长的，选择自己擅长的；第三种是直面，迎难而上，挑战困难，通过学习提升自己的能力，变"挑战区"为"舒适区"。

我向来不能忍受碌碌无为，也没有逃避的条件，所以选择了第三种方式。

为了在新的岗位站稳脚跟，成为一名优秀的高中语文教师，我开始沉潜到新教育网络教师学习中心，跟随国内的专家系统学习，从汉语言文学到教育学，从心理学到哲学，研读一本本经典著作，撰写一篇篇文章。从实践到理论，又从理论到实践，循环往复，不断打通。起初，还没感觉有多大成效，但渐渐地，随着时间的积累，在语文教育教学领域逐渐有了一种洞悉本质的自由感。

攻读博士期间，发表论文是必须啃下的"硬骨头"。我从之前擅长的文学作品、教育随笔、行政公文向科研论文转变，并不容易。一开始写了论文让导师指导，导师说，你写的论文总感觉像工作报告。为了写论文，我专门找了一间办公室，每天早晨抵达，晚上十点多才回去。阅读一篇篇论文，啃读一部部学术经典，沉浸在学术世界中。第一篇C刊论文发表，用了大半年，修改了14稿，改得自己都麻木了。但通过这次淬炼，在大脑中终于对论文有了初步感知，知道得写成什么模样才能发表。

三

《新课程评论》：您的个人自媒体曾经叫"啃读者"，当初为何取这个名字？您如何理解"啃读者"？

答：之所以选择"啃读者"，是源于新教育实验提出的教师成长"三专"（专业阅读、专业写作和专业交往）理论。专业阅读，区别于消遣性阅读，它是以提高教育素养、解决教育实际问题为阅读目的，根据自身需求（而不是兴趣）选择书籍，采用批注、画思维导图等方法反复咀嚼，反复品味，与文本反复对话，意图透彻理解文本内容及形式的阅读过程。简单来说，专业阅读就是选择当下最需要的根本性书籍、经典书籍进行知性阅读的过程。

我的专业成长得益于专业阅读。这种阅读本质上是朱熹提出的阅读六法：循序渐进、熟读精思、虚心涵泳、切己体察、着紧用力、居敬持志。通过这样的阅读，一是真正读懂了书，二是培养了阅读的兴趣，三是提升了阅读力，或者说学习力。

因为这种阅读如啃硬馒头一样，一点一点啃，所以就称作"啃读"。同时，谐音中也包含"肯读"的寓意，即愿意读。

关于如何做一个啃读者，我根据专业阅读的理论，结合自己的阅读体会，提出了啃读的五个层次：

第一层次，用不同颜色的笔勾画出重点概念和关键句子、关键段落。

第二层次，在书页的页眉页脚等空白处写下阅读心得、疑惑、随想等，用简短的话概括出段或章的中心思想，这就是批注。

第三层次，读完一章后不断提炼文章核心观点以及内在的思路和逻辑结构，画出思维导图来，将文本内容结构化。

第四层次，针对文本的核心概念和关键内容，或者向他人咨询、讨论、交流，或者查阅其他资料，展开主题性、研究性阅读。

第五层次，阅读文章后能写一篇内容综述或者阅读心得。

四

《新课程评论》：在您的专业成长之路上，反复"啃读"的书有哪些？

答：我啃读的书，与工作和学习紧密相连。

在当高中语文教师时，我经常阅读的是与语文教育教学有关的书，如王荣生的《语文科课程论基础》、叶嘉莹的《唐宋词十七讲》、王富仁的《古老的回声》、李镇西的《听李镇西老师讲课》等。

我指导师范生在农村实习支教时，反复阅读教育学与心理学方面的书，主要有苏霍姆林斯基的《给教师的建议》、阿德勒的《儿童的人格教育》、怀特海的《教育的目的》、朱永新的《新教育年度主报告》。

读博期间，反复阅读与研究课题有关的书。主要有陈向明的《质的研究方法与社会科学研究》，田洪鋆的《批判性思维与写作》，田洪鋆与赵海乐合著的《你学习那么好，为什么写不好论文》，马克斯·韦伯的《新教伦理与资本主义精神》，托马斯·库恩的《科学革命的结构》等。

现在，我还带团队，做项目，近期购买了有关华为的一系列书，期望研究组织管理和市场营销。

五

《新课程评论》：近年来，随着人工智能技术的发展，我们时常听到各种关于借助 ChatGPT 快速、深度地阅读书本、论文的观点。人工智能时代，如何做一名"啃读者"？

答：人工智能时代，为阅读提供了极大的方便。

一是方便查找书籍，我们可以在手机上查阅海量的书籍，能够筛选出哪些是适合自己的，哪些是质量高的。二是降低了购书的成本，我们不必到书店，通过手机就能上网随时随地购买到书籍。三是海量电子书的出现，让纸质阅读转变为数字阅读。我们出行时不用再拿厚厚的书，只要携带笔记本电脑、平板电脑或手机就能实现泛在阅读——随时、随地，以自己习惯的方式阅读。通过"微信读书"这样的 App，还能看到他人的批注、笔记，甚至可以"听书"。阅读中不懂之处，都可以随时询问 ChatGPT 获得答案。

但是人工智能时代的数字阅读，也对阅读提出了挑战。长期数字阅读让阅读耐心缺乏，阅读深度缺失，浅阅读、碎片化阅读倾向明显，经典阅读少于流行阅读，知识习得少于信息获取，文学感受少于新闻关注，理论探讨少于娱乐追求。数字阅读设备携带方便、图文音像并茂，激发了阅读兴趣和观点分享，但数字阅读平台精准推送、写作迎合读者、内容良莠不齐、内容娱乐化倾向等特征也带来阅读时间短、知识碎片化、目的娱乐化，以及同质延伸、浅表浮泛、知识幻觉的问题。

我想，不论是农业时代与工业时代的纸质阅读，还是人工智能时代的数字阅读，最重要的还是朝向阅读的两个目的：要么学以致用，要么学以致知。

六

《新课程评论》：技术的发展影响着阅读的载体与方式，也影响着阅读者的联结与交往方式。您对在线学习共同体何以影响教师专业阅读和写作这个方面，一直有研究、实践，能谈谈您对这个问题的理解吗？

答：是的，我从 2009 年就加入在线学习共同体，现在又组织在线学习共同体，目前有超过一万名教师在其中上课学习。今年，我们又组建了在线教师读书会，组织教师专业阅读。

借助互联网与人工智能技术，在线学习共同体突破了物理时空的限制，汇聚五湖四海的不同学科、不同年龄的热爱学习的老师。这样一批爱学习的老师汇聚在一起，产生了三种效应。

一是产生聚集效应。中小学教师于互联网虚拟空间不断聚集，就产生了一种超过各自独立作用的效应，激发阅读兴趣和动力，促使阅读素养高于聚集前的水平。

二是产生互惠效应。在线学习共同体内的学者和教师共享阅读中的导读知识、生成知识和各种阅读资源。阅读共同体中的专家学者、中小学教师之间产生各种联系，围绕共同感兴趣的书籍和知识展开各种对话、研讨，个人自读、专家导读、团队共读相互结合，观点碰撞，思维交流，让参与者突破了个人的认知偏见和固定思维。

三是产生共生效应。在线学习共同体成员所在区域不同、年龄不同、性别不同、学科也不同，在知识背景、学习方法等方面，各有优势，也各有不足，很容易形成互补。除此之外，还能创造有利于阅读交流的内外环境，包括体验良好的网络学习平台、优质的书籍资源和各种线上线下阅读活动，有利于实现共读共写，编织生命。

（2024 年 1 月）

积极意味着什么

一

两位实习支教女同学伤心地向我倾诉了工作中的"痛苦"遭遇：先进方法理念得不到认可反而受到"冷嘲热讽"，工作不熟悉没得到帮助反而招来"横加指责"，做事积极得不到表扬反而换来"颐指气使"……

在冷静听完两位同学倾诉后，我谈了几点看法：

首先，两位同学工作中的确是付出了辛苦，受委屈了，不管是主观还是客观原因，对方的行为是存在不妥的，否则两位同学不至于这样声泪俱下。

其次，两位同学的性格都属于内心敏感、情绪化型，对他人的不同意见分外敏感，说者可能无心，听者已经有意，而且可能把对工作的指导、批评与对人的指责等同起来。

再次，不善于沟通和恰当表达自己的想法，有委屈和想法只是憋到自己的肚子里，一忍再忍，受伤的总是自己。

随后，我重点强调说，伤害既来自客观，也来自主观。真正伤害你的不是错误行为，而是你对错误行为的理解与认识。一位同学很委屈，不停给我解释，谈对方如何如何。

我知道，这位同学很难一下子跳出自己的思维模式，尤其是在情绪激动时。这也是常人的思维模式，把客观原因、外在环境作为症结的根源，所以，我们耳畔会常常充斥这样的话语：

  如果对方不是这样刻薄……
  如果我的领导能了解一些实际情况……
  如果当初上一个好的大学……
  如果学历更高一些……
  如果当初嫁给一个有钱人……
  如果我没有那么多家务活……
  如果朋友更理解我一点……
  如果再年轻十年……

  其共同点，认为现状是处境逼迫的，是他人造成的，我不得不如此。本质上，这都是环境决定论。类似例子比比皆是。有朋友说，自己也有学习成长的愿望和兴趣，怎奈时间、精力均不够，日常工作、家庭事务、照顾孩子、人情应酬都需要时间，还不说购物、旅游等。有朋友在爱情出现裂痕之后，不断倾诉对方的过错，潜意识在为"错不在我"而辩护。

  除了环境决定论，还有基因决定论（天生就是如此）、心理决定论（是父母的教育方式或童年的经历决定）。比如有朋友在感情一再受挫后，不再相信爱情，不再自信，开始从自己的年龄、相貌、能力、性格，甚至宿命、星座等方面寻找受挫原因。

  的确，环境、基因、心理对个体有巨大的影响力，但不等同于这些可以凌驾一切之上，能完全左右我们的行为乃至命运。卢梭虽然感慨人"无往不在枷锁之中"，但前提是"人生而自由"。人并不仅仅被环境、本能、欲望、情绪控制自己的行动，人有能动性，能通过想象力、良知、独立意志来进行选择，并做出决断。

  不禁想起自己曾经在海南那段清贫、艰苦的岁月，两年时光，基本吃不上几顿可口饭菜，炎热、潮湿的气候，各种蚊虫的叮咬，而最难耐的是寂寞、孤独。逃避还是直面，抱怨还是笑对，取决于自己的选择。换个角度，危机也是契机。老僧枯坐寺庙般的清贫环境恰是阅读、写作、学习的黄金环境。回头想来，正如海明威所说，"生活总是让我们遍体鳞伤，但到后来，那些受伤的地方一定会变成我们最强壮的地方"。

不论是环境、基因还是心理决定论，本质上都是以"刺激—回应"理论为基础的（人的行为受不同条件控制，会以某种特定方式来回应特定的刺激）。这是人不自由的表现，是消极应对的表现，人最可怕的是一直行走在固定的轨道上而不自知。动物与人的不同点就在于，动物一生下来就仿佛被某种先天的固定"程序"所控制，牛看到草就要吃，狗看到人蹲下就会躲闪。而人不是这样，人有选择应对方式的可能。

岁月以痛吻我，而我，能以笑对之。

二

美国著名的管理学家史蒂芬·柯维认为，人的本质特征之一是：积极主动。

他提出的"积极主动"除了包含我们一般理解的遇事要努力进取，主动热心，主要指"人一定要对自己的人生负责。个人行为取决于自身的抉择，而不是外在的环境，人类应该有营造有利的外在环境的积极性和责任感"。

在《高效能人士的七个习惯》一书中，史蒂芬·柯维举了一个非常好的例子。

弗兰克尔曾在"二战"期间被关进纳粹德国的死亡集中营，其父母、妻子与兄弟都死于纳粹魔掌，只剩下一个妹妹。他本人也饱受凌辱，历尽酷刑，过着朝不保夕的生活。

有一天，他赤身独处在狭小的囚室，忽然有一种全新的感觉，后来他称之为"人类终极的自由"。虽然纳粹能控制他的生存环境，摧残他的肉体，但他的自我意识却是独立的，能够超脱肉体的束缚，以旁观者的身份审视自己的遭遇。他可以决定外界刺激对自己的影响程度，或者说，在遭遇（刺激）与对遭遇的回应之间，他有选择回应的自由与能力。

这期间他设想了各式各样的状况，比如想象他从死亡营获释后，站在讲台上给学生讲授自己从这段痛苦遭遇中学得的宝贵教训，他有选择回应方式的自由或能力。

凭着想象与记忆，他不断修炼心灵、头脑和道德的自律能力，将内心的自由种子培育得日益成熟，直到超脱纳粹的禁锢。对于物质环境，纳粹享有决定权和一定的自由，但是弗兰克尔享有更伟大的自由——他强大的内心力量可以帮助他实践自己的选择，超越纳粹的禁锢。

人性的本质是主动。人能依据价值观、理智而不仅是情绪来作为行为的动力。

天气阴云密布，但心情可风和日丽。我控制不了太阳何时升起，但能决定自己几点起床。

听到别人对自己的讥讽与嘲笑总是不舒服的，但理智告诉你这也是滋养生命的必要营养，让你更加懂得谦卑、奋进，直至把生命淬炼成一柄柔韧而锋利的宝剑。

受到打击、诬陷甚至恶意中伤总是气愤的，但理智告诉你疾风方知劲草，烈火才炼真金，人不能因为外界的"风雨"而抛弃良知，失去准则。

听到表扬、夸赞总是悦耳、舒服的，但理智让你明白能受得了冷语，却不一定经得住美言，多少人在赞美声中膨胀、漂浮而迷失方向，找不到自我。

工作发生过失或错误，在他人忙着为推脱责任而找托辞时，你却主动担当，不是你比别人傻，而是你认为这是成熟的表现。

恋人之间感情发生裂痕时，你主动反思并纠正自己的过错，不是说对方就完美无缺，而是你深知培养"爱"的能力比一味指责对方更重要，明白爱的感觉是伴随爱的行动而产生的。

在一个以成功、财富为主流标准的浮躁时代里，你却不肯放弃早已被许多人弃如敝屣的理想，守护原初的纯真愿望，追求真理，求知若渴，是因为你把"成为一名合格的老师"作为此生之天命，深知生命之无限可能性与此生之有限性。

做事不成功总是令人沮丧、灰心丧气，但你不自暴自弃、裹足不前，不是抱定"付出总有回报"的金科玉律，而是认为成长比成功更重要，远方不是用来抵达的，而是需要创造的。

人到中年，琐事缠身，工作繁重，孩子拖累，人情应酬，而你不认为是这些外在原因影响了你朝向优秀，是因你洞察到卓越者之所以卓越，不是因为他们犹如月亮仙子不食人间烟火，而是他们能妥善处理、灵活应对生活中的一切，心不被身所牵累、役使。

三

积极的行动不同于积极的思维。积极的思维容易演变为阿Q精神：自欺欺人、自轻、自贱、自嘲，妄自尊大、自我陶醉；在失败与屈辱面前，不敢正视现实，而使用虚假的胜利在精神上实行自我安慰，自我麻醉，或者即刻忘却。

积极行动是指关注自己可以控制的，做力所能及的事，通过做好自己的事来不断扩大影响圈。对能掌握之事全力以赴，对力所不能及之事处之泰然。史蒂芬·柯维说："消极的人是紧盯着他人的缺点、环境问题以及超出个人能力范围的事情不放，结果越来越怨天尤人，自艾自怜，并不断为自己的消极寻找借口。"

就实习支教大学生的安全而言，支教学校是生炉子还是烧暖气，当地校长、老师是不是切实重视，学校处于什么环境，这些都是我们无法控制和左右的。但严格落实预防煤气中毒四条"铁律"（预留通风口、定期清理烟囱、每日发短信、安装报警器），加强岗前安全知识的培训，不断提醒校长对煤气中毒保持警惕，这些都是可以控制的。

就实习支教大学生课堂教学而言，大学生课堂质量、教学效果、考试成绩、当地学校如何指导大学生，这些是指导教师无法控制的。但与当地学校反复沟通，深入课堂听课指导，检查作业、教案，邀请名师召开讲座，组织以联校为中心的教研活动，这些是可以控制的。

就一个团队而言，成员的工作能力、工作态度是领导者不可能完全掌握的。但凝聚共同的愿景、使命、价值观，建立一套科学且人性化的制度，营造一种和谐、民主、积极的文化氛围，理解、信任每一个成员，关心、尊重每一个成员，努力为团队成员提供学习、成长的机会，这些是可以控制的。

有没有人读此刻我写的这些文字，是不是喜欢这些文章，都是不可控制的，但我尽力把一个道理说清楚，努力传达出自己的诚意，这是可以控制的。

最终相约怎样的恋人，何时能走进婚姻的殿堂，这是不可控制的，但不放弃寻找，努力学习提高爱人的能力，增加被爱的"砝码"，这是可控制的。

工作做好，能不能被领导发现、赏识，这是不能控制的，但主动与领导沟通，通过工作完善自己、提升自己，这是可以控制的。

孩子将来的发展如何，是不能完全控制的。但不断学习育儿的知识，把时间给孩子多分配点，努力成为一个称职且专业的家长，这是可以控制的。

工作重担、家庭琐事、人情事务等是无法完全控制的，但严格自我管理，提高业务能力，成为优秀的丈夫、妻子、父亲、母亲，这是可以控制的。

蜡烛只有足够明亮，光照范围才能更广。当我们把关注圈子缩小时，影响圈才能不断扩大。正因为把该做的做好了，那些不可能发生的事，才有可能发生。当你将关注点放在努力提高"爱"的能力时，你必定会发现，恋人的态度也会发生变化。妄图在自我完善之前，改善与恋人的关系，必将徒劳无功。当一个老师将关注点放在自身专业成长而不是一味埋怨环境时，师生关系、教学质量也会逐渐改善、变化。

曾经，许多支教同学对一所学校提供的饮食、住宿条件不满意，能不能改善学生的生活条件，这不是我们能决定的，但与学校不断进行反馈、沟通是我们能控制的。经过两个学期的不断沟通，最终，这学期学校提供的生活条件彻底改善。

四

积极主动的本质是勇于承担责任，从自身内部寻找问题的突破口，而不是坐等上苍的恩赐。而消极被动的人往往是推卸责任的，史蒂芬·柯维形象地举了一些例子来说明我们经常如何在言语中体现推卸责任。

我就是这样做事的。（我天生就这样，这辈子改不掉了。）
他把我气疯了！（责任不在我，是外界因素控制了我的情绪。）
我根本没时间做。（又是外界因素——时间控制了我。）
要是我妻子能更耐心一点就好了。（别人的行为会影响我的效能。）
我只能这样做。（意味着迫于环境或他人。）

而主动承担责任者则不这样认为。

我就是这样做事的。（我可以选择不同的作风。）
他把我气疯了！（我可以控制自己的情绪。）
我根本没时间做。（我可以调整事务，提高效率，挤出时间。）
要是我妻子能更耐心一点就好了。（我可以灵活应对，并以合宜的方式对其劝导。）

积极主动意味着要勇于做出承诺，并兑现承诺。做出承诺，就是确立目标；兑现承诺，就是付诸实施。常人重视对他人的承诺并努力兑现，但对自己的承诺却经常失言，并总能找到理由与托辞，多少"我决定……"以"可惜……"收尾。只有兑现对自己的承诺，才能兑现对他人的承诺，一个对自己的承诺都无法兑现的人，对他人也会常开"空头支票"。

五

人非其所是，是其所非。

史蒂芬·柯维所提出的"积极行动"源于存在主义哲学。存在主义哲学家萨特认为"存在先于本质"，人的首要条件是存在的事实，然后不断地发展自身，更新自身，人没有被任何不变的本质或性格所预定。

人类不是一种一劳永逸事先被给定了的东西，一种被预先规划的东西，也不是那种我们每个人都可以确定我们真实身份的东西，不论是外部的环境、机遇、高人、困难等，还是内部的容貌、学识、身高等，都不能决定我们成为这个或那个样子。

选择，是人的宿命也是人的自由。人无时无刻不在选择，即使你不选择，也是选择了"不选择"。如果我们没有改变，不是因为我们只能选择我们"所选择的东西"，也不是因为我们只能成为我们"所是的东西"，而是因为我们"选择"成为这个样子，而不是别的样子。

从这个角度来说，两位实习支教女同学在面对遭遇时，是选择了激动、悲伤、气愤，而不是只能如此；是选择了消极被动，而不是积极行动。所谓的积极行动，本质上指我们永无止境地更新自我，超越我们本来边界的能力，就是否定我们之前"所是的东西"的能力。

也许，你暂时还不能明白这些道理，这是正常的。

学会积极行动需要经过艰苦的练习，直到生命摆脱种种束缚，自由地舞蹈。

只是，我们准备好了吗？

（2020 年 1 月）

第四辑

精进:向未知的自己逼近

提高执行力

一

当决策者下达任务后,执行者就要想方设法去完成,至于如何完成那是执行者的问题,决策者要的是结果,不是完不成的理由。只要是朝向理想的愿景之事,必须具备这种坚决的执行力。否则,你就要旗帜鲜明地说:我认为这是不对的,所以我不能接受这个任务。一个团队的战斗力和创造力,就取决于这种人在人群中占多大的比例。

二

执行力很重要,这个道理也不难懂,为什么许多人就做不到呢?

有的人是因为责任心不强,没有认真领会、理解领导的意图和安排的任务,如,领导是在一个非正式的场合因突然想起而布置了某个重要任务,但下属没有及时引起重视并领会,导致工作延误。要知道,场合可能随便,但说的话不一定随便。

有的人是因为思维僵化,做事缺乏灵活性,不知灵活变通,一旦现实发生变化,就束手无策。如,布置在教室出黑板报宣传"每月一事"的任务,但有的教室后墙没有黑板,个别老师就落实不了,而完全不知道用白板也可以代替。这属于"刻舟求剑"型，外面条件已经发生变化，还死守教条主义。

有的人是工作表面化、形式化，压根就没有准备落实，只想着如何应付差事。这种类型的人往往是所谓的"聪明者"，精于计算，善于用小聪明，总想用最小的成本、最快的时间获取最大的利益。不愿下功夫，不愿动脑筋，往往在领导面前夸夸其谈，而背后无动于衷。利己之事，竭心尽力，对和自己利益无关的事，马马虎虎，应付了事。

有的人总是想着省劲，不愿意多投入，工作出现困难，在自己还没有尽力琢磨时，动辄就请教别人，或者请别人代劳。很多时候，自己琢磨很快就做完的事，却消耗大量时间去询问人。对熟悉之事，可能做得好，但一旦接受新任务，面对新情况，就不愿意下功夫、费力气。比如我们曾提出一个口号"有问题，找百度"，教育教学中的很多问题，有许多都能在百度上解决。但一些人不愿意自己探索，要么以不会推脱，要么花费时间询问别人。什么时候可以咨询呢？应该是在自己想方设法还解决不了的情况下，才可以向别人请教，而不是动辄就问，白白浪费许多时间。别人只能帮你几次，但不能次次都帮你，何况很多时候，是没有别人可以帮忙的，需要自己独自探索。

有的人做事品质低，满足于"做完"，而不是"做好"。工作粗枝大叶，不精细，三分钟热度，虎头蛇尾。表面看有点模样，但仔细推敲，漏洞百出。

三

执行力和人的共性特点有关系，人的本性中皆有惰性，好逸恶劳，自我辩护。所以，在困难的问题上，不愿意下功夫，总希望省事、省时、省劲，而要想把一件事真正做好，是和个人投入多少成正比的。

执行力说到底与一个人的认识高度和为人品质有很大关系。

一般情况下，大部分执行者往往囿于小环境的局限而看不到大局，所以容易计算成本，考虑过程，以自己为出发点来判断某件事的意义。而决策者胸怀全局，主要考虑事情的意义和对大局的影响，往往是从全局考虑问题，所以，更注重结果。这就是认识高度问题。

更多的情况是为人品质的问题，许诺的就要兑现，答应的就要办到。而现在社会的不良风气是，习惯做表面文章，说大话、空话、漂亮话，言而无信。缺乏自省意识，有了问题往往是把自己排除在外，习惯于从客观找理由，把过错归结于外界或他人，而回避自身主观的问题，不说自己的主要问题。

在任何一个团队中，都有决策者和执行者之分。一个执行者首先应该认识到在具体的某项工作中，决策者要的是结果而不是落实不了的理由。决策者宏观统筹，执行者实际落实，决策者"动嘴"，执行者"动腿"。所以，客观上后者本身就比前者难。

四

一项工作得不到落实，有很多原因，如有的任务超出了自己的能力范围，或者说要落实的任务是不符合实际的。对这样的工作，即使执行者如何努力，也是达不到的，这种工作不能落实，责任不在执行者，而在领导决策失误或者实际情况发生变化。还有的是一个团队中分工不明、职责不清造成的。

但我们说执行力不强，不是谈这个方面，而是分析，本来自己努力是可以做好的，但主观的不负责任，懒于动脑、动手而没有落实到位，造成了工作的损失。不动脑，不想费力气，那就完成不了任务，但如果多去想想办法，不怕吃苦，不怕麻烦，工作是能完成的。

很多工作，执行者积极与否，对工作能否落实有很大影响。有两句话说，"只要思想不滑坡，办法总比困难多""有条件要上，没有条件，创造条件也要上"。这些都是强调人的主观能动性在做事中的重要性。

五

当然，强调执行力不等于无条件、无原则的盲从。

如希特勒下达屠杀犹太人的命令时，每一个士兵就不能以坚决的执行力来为自己的行为和过错辩护。

在决策可能有误时，下属也应该把实际情况反馈给决策者。

但当执行者连起码的事情都不能坚决做好时，其参考意见和对任务的质疑也是没有分量的。

人总得先适应一个环境，才可能改造环境。如何融入新的环境呢？

先提高自己的执行力，做一个"罗文"式的人吧！

（2012 年 5 月）

道是无晴却有晴

细雨绵绵的夏日午后，适合酣眠，适合静读，适合发呆。

雨后的空气清凉、明净，周末的校园静谧、清雅。

独坐桌前，泡一杯清茶，打开电脑，任思绪纷涌……

安静的办公室，唯闻键盘敲打的声音。

一朵花的绽放之日，就是凋谢之始。一个团队，在创生之初，虽然不完善，但焕发勃勃生机、活力，然而一旦体系完备，系统圆融，大家只需要依循惯例和制度来做事，不需要创造时，也就蕴含着衰落的危机。我们的团队正面临此种状况，框架已经建立，内容已经熟悉，问题似乎没有。但如何让团队充满生机，让每个生命豁亮绽放，是需要深思的。

其实，我们需要不断回到源头梳理出发时的愿景、走过的路，方不至于因为走得太远，而忘记了当初为什么要出发；需要不断与自己对话，与他人对话，方坚定信念，凝聚共识，明白我们困在何处，将去往何方。

团队如此，个人成长、民族发展也不例外。

共读，共写，正是梳理叙事、对话交流的有效方式。

为此，我拟定选择若干主题，围绕团队、成长、阅读、生活等主题写一系列文章，每周一篇，记录点滴思考，交流内心体会，创建属于我们的团队文化，也为生命留下点点痕迹。

这里想漫谈团队管理中的制度。

一

编辑《工作简报》不是一项轻松的差事。

从主编来说，每期文字编辑、修改、校对，每一项都来不得半点马虎。做好了，不一定有表扬，但做不好，一定会有批评。然而，这还不是困惑的，困扰自己的是每次的催稿：不催，稿件总不能全部按时抵达，"巧妇难为无米之炊"；催得多了，又碍于情面，不好意思（毕竟，面对的都是同事）。作为曾经的校报、《工作简报》主编，我深知其中甘苦。

对战友们来说，也不容易。本来日常工作就繁忙，每日早报，周末抽查，每月通报，特别是周末过节，电话不断，短信纷飞，听课、通报、录像等事务烦琐，还要加上一个《工作简报》。好像这是主编的事，现在还要平摊到自己头上，不认真写，每期都催，认真写了，还不一定采用。

换位思考，如有微辞，也可理解。然而，让我感动的是，我至今没有听到有人埋怨，大家都在通力合作，努力把我们的《工作简报》办好。

然而，不抱怨不等于不存在问题。《工作简报》编辑当前存在的主要问题是——制度缺失。

每期《工作简报》何时提交（不应每次临时通知）？何时出刊（不应任意推延）？每个栏目的具体标准是什么？如果稿件不采用，如何反馈？字体是什么？行距、页边距是多少？名称、格式有什么规范？……

这些都需要一个清晰完备的编辑制度。

有一种观点认为：彼此私人关系很好，事情也不复杂，碍于情面，不想动用规则。我认为，以规则办事，道是无情却有情，正因为彼此关系好，才需要制度、规则，亲兄弟还须明算账。一个成熟的团队，成员间既要有深厚、坦诚的情谊，也要有明晰、严格的制度，二者不仅不矛盾，而且相辅相成。因为制度明晰，所以关系才融洽；因为关系融洽，制度才畅通。

每次编稿遇到的大大小小的困惑，并引发一些小误会，核心就是因为缺乏相关清晰的制度。

二

当工作出现问题时，管理者往往有两种反应：一种是抱怨、指责相关人，埋怨人的素质、觉悟；另一种是从制度层面思考，这是个例还是共性的问题？如果是共性问题，那么，有没有相关制度？制度是不是完善？类似问题如何避免？人的素质总有差异，有抱怨也是人之常情，但作为管理者，没有谁是带着圣人在工作，所以需要从职业化角度思考：问题的根源是什么？如何改进、处理？

由编辑《工作简报》进而联想到我们的相关管理，如请假、听课、通报等日常工作，也都需要清晰的制度。很多时候，许多误会、争执、失误，都是因为制度缺失，或者不完善。比如，编辑《工作简报》，就是缺乏相关清晰的制度；有个别学生在请假中撒谎，与制度不完善有关系，如果我们在制度中规定"指导老师要和校长电话核实后，方准许学生请假"，就会减少漏洞了。

三

有章可依，不等于万事大吉。

许多工作做不好，不是没有制度，而是因为制度有名无实，只是挂在墙上，写在纸上，说在嘴上，就是没有落到行动上。人们办事依照的不是写在明处的制度，而是口头不言但心知肚明的潜规则。

为什么有的制度成了中看不中用的"稻草人"？

有几种可能性：制定制度的人不执行；制度没有经过全体成员的讨论、表决，没有获得大家的认可，只是少数人意志的体现；违反制度者不承担相应责任；制度不切合实际；制度宣传不到位，有的人不知道，还有的人理解有误……

比如，要出台《工作简报》编辑制度，就需要经过讨论、修改、表决三阶段，然后才可以执行，而不是草率地发布一份未经大家讨论的制度。

第一阶段：主编起草一份初稿，发给每个人，规定时间，征求意见，即使没建议，也要注明"没有"。

第二阶段：主编根据收集回的意见，开会逐条讨论，完善内容，形成定稿。

第三阶段：全体成员表决，通过定稿。

这时，制度方可执行，这就是民主管理。制度不是管理者或少数人的意志，而是全体成员的共识。只有赋予个体以表达、选择的自由，才有责任的担当。只有经过全体成员表决通过的制度，才有适用于每个成员的强制性——制度不完善，可以修改，但违反制度了，就要依章办事。

四

然而，再完美的制度，也需要人来执行。制度是必需的，但不是万能的。团队管理更不可能是出台制度就一劳永逸。

人，才是一切的核心与关键。

观念，是决定人行为的核心因素。

好逸恶劳、避重就轻是人的本能。在报酬不变的情况下，为什么不选择轻松而选择压力？为什么不让他人做而让你做？为什么辛辛苦苦做了可能还要被批评？为什么保证日常工作不出事还不够？

因为，我们还有另外的标准。

我们，因何而汇聚，因何而彼此认同，因何而做这些大大小小的事？

你可以说，因支教工作而相聚，为完成任务、向领导交代、领取工资而汇聚、工作。这样的认识是对的，但这不是放之天下而皆准的标准答案。起码，在这个世界上，那些在不同领域取得成功的优秀者不是这样思考的。

你可能会说，你只愿做一个普通人，不愿意做优秀者。是的，这是你的自由，但你一定不愿意被他人当作工具，不愿意把自由放逐，不愿意把幸福放弃，更不愿意丢弃尊严。因为获得尊严、自由，得到别人的认可，追求自我实现，是人更本质的属性。

因缘世界是偶然的，客观世界总不是完美的。但人的自由与尊严恰在，于偶然中刻塑出必然，于不完美中追求完美。

仅仅依照制度而行事，人是被动的、消极的，是不自由的。一个团队，如果仅仅依照冷冰冰的制度来规定一切，也是没有生机和创造力的。制度只是底线，而要朝向无限的空间，要保持团队和个体的充沛活力，要使个体在工作中享有自由和幸福，还需要有共同的愿景、使命与价值观。

我希望我们的团队能逐渐形成这样的价值观：

工作不是外在于自我，纯粹消耗生命的苦差，而是修炼生命、成长自我的契机。

每个人不是他人的工具，每个生命都有独特的价值，都有巨大的潜力。

学习是内在于我们自然而然的生活方式，读书是最佳的休闲手段。

讨论问题，对事不对人。不怀疑彼此的动机与人格。守信，不食言。承诺的事情坚决做到。守土有责，主动认真履行职责，不推卸责任。

团队不是冷冰冰的旅舍，而是我们彼此栖居的家园。我们通过共读、共写、共同生活编织生活。

团队是一锅"石头汤"，需要每个人贡献自己的聪明才智，才能熬出鲜美的"汤汁"。

工作是短暂的，但友谊是永恒的。让暂时的战友成为一生的挚友。

团队管理者只是行政上的领导，但不必然是真理的代言人，成员可以随时对其观点质疑、提问。团队内人人平等，我们遵从真理，而不迷信权威（领导）。

……

五

团队也是一个社会，是社会就会有人际的摩擦，这是正常的，但成熟的团队会对每次的摩擦进行反思，化危机为契机，让问题显现，观点清晰，共识凝聚。其实，彼此正是在不断的碰撞中相互了解、走近的。

从更深层次来说，打造一个成熟的团队，完成好当下的工作，也不是我旨向所在。生命只是一段旅程，工作只是一个驿站，我们都是在海滩玩一个用沙子堆筑城堡的游戏，无论捏塑得如何逼真、精美，都会被时间的海水冲刷干净。

我更在意的是在堆筑的过程中，你我的生命得到怎样的启发、豁亮、成长，毕竟，我们都还年轻！

至于，您未来走向哪里，那就不属于我思考的了！

此刻，窗外的雨已经停了。

东边日出西边雨，道是无晴却有晴！

（2015 年 5 月）

如何提高学习力

说来感慨,《教育的目的》第一章,阅读、批注不下十次了,但为了准备周末的共读而再次阅读时,还是有许多新的收获。

难道是因经典而常读常新吗？我觉得还是自己的学习力的问题。

"读过"不等于"读懂"。

近期,一直在思考一个问题：为什么同样阅读一本陌生、难啃的书,有的人能透彻分析、直抵要旨,进而转化为自己的智力"武器",而大多数人却不甚了了,只记了几个概念名词就束之高阁？

你可以从兴趣、智力、阅读基础等方面寻找差异,但这些都不是根本所在。归根到底,你不得不承认,人与人的学习力是有差异的。

有的专家按照学习力的不同,把求知者划分为四种类型。

第一种是早凋型：这类人多数在青少年时期接受学校教育,一般取得了初中或高中学历,掌握基础知识,具有通过学习获得知识的初步能力。他们往往在16~20岁,学习力登上高点,此后学业松懈,学习力趋降,如盛开的鲜花,过早凋谢。这类人多处在社会中下层。

第二种是中庸型：这类人多数在获得高中学历之后,学习力继续向上攀登。继而在高等学府深造,并取得相关专业知识、专业技能。至此,学习力已经登上一个新高度,但随后终止了上升趋势,缓慢掉头下行。这类人多是社会中间势力。

第三种是卓越型：这类人离开学府，进入社会后，并没有间断学习，而是开启"第二次学习"，学用结合，在做中学，学习力继续向高位强势攀升。在职业生涯结束之际，学习力登上最高点，随后缓慢下降。这部分人多处在社会上层。

第四种是睿智型：这类人一生当中，学习力始终保持上升趋势，直至生命终结。这是全智人生，也是智慧人生。这类人是出类拔萃的顶尖人才。

这样的划分虽然能从一个角度让我们明白卓越和平庸的原因何在，以及自己所处的类型，但如此静态的分类并不能解决我们遭遇的真正问题："如何提高我的学习力？"

带着这个问题，我进行了长时间的思索并仔细阅读了若干卓越人物的传记和自述，发现那些具有超强学习力者总有一些共性之处。

一

学习力首先表现为专注力。

能长时间专注于一项有难度的工作，是学习力的显著特征之一。对大多数人而言，做到这一点是不容易的，在媒介多样、信息发达的今天，我们随时随地都面对来自电视、报纸、手机以及网络中繁芜信息的侵扰，这种不断的刺激有可能会让人逐渐上瘾，不停地想追求新事物、新刺激，不停地愉悦自己。当没有新鲜有趣的事物时，可能就会感到无聊，无法集中注意力。有了这种习惯，当遭遇有难度的文章时，很难长时间聚精会神琢磨推敲，总想在很短时间内把握要旨。这也是今天电子游戏、短视频盛行而诗歌等文学作品衰落的原因之一。

我最初写文章的时候，写一会儿，就不自觉想浏览一下微信，看看有什么新内容，注意力经常被分散，写作效果非常差。后来，在写文章或有其他重要事情时，就关闭这些即时通讯工具，保证专心于事。

学习力超强的人，能连续几小时、几天、几周乃至几年长久地沉潜于一项外人看来艰苦、枯燥的工作，为之朝思暮想，寝食难忘，久而久之，转化为潜意识。当有了这种潜意识时，他可能在做另外的事，但潜意识中还保留对所关注内容的思索，这时，往往会在风马牛不相及的情境下产生触类旁通的顿悟。

美国象棋大师、太极拳王乔希·维茨金在他的《学习之道》中记述了这样的时刻：

记得一个暴风雨的下午，我坐在百慕大悬崖上，看着海浪拍打着岩石。我的目光停留在了涌回大海的潮水中，突然间，数周来一直让我苦思不得其解的象棋难题有了答案。还有一次连续 8 小时完全沉浸于一个棋局的分析中，这时，我对太极有了突破性的理解，并在当天晚上的课上成功验证了这一点，伟大的文学作品可以激励我在象棋学习中取得进步，在纽约马路上的跳身投篮让我对流动性有了更好的理解，并可将此用于太极中。作为自由潜水者，在水下 70 英尺屏住呼吸可以让我在世界象棋或武术大赛期间缓解压力。

要保持长久的专注力，必须有意识训练抗干扰力。人们习惯于在做一项重要且有难度的工作时，有意识选择安静、干扰少的大段时间。许多优秀者在早晨、晚上来写作、阅读，主要原因就是这段时间干扰少，有利于专注做事。但常人都生活在现实中，尤其是人到中年，事务繁多，一般人很少有大段清静的时间，这就需要有意识训练抗干扰能力。不论是在嘈杂的大街上、公园里、公共汽车上、地铁上，还是在人来人往的办公室，或是气味混杂、人声鼎沸的饭馆里，尽力让自己内心平静，凝神静气，不受外界干扰，思考自己关注的内容。久之，就会养成一种终身受益的，在任何时刻、任何地点都能专注于做事的习惯和能力。

二

学习力强的人常有意识突破心理舒适区，到陌生领域探险。

人在自己擅长、熟悉的领域得心应手，没有压力，总有一种安全舒适感和自尊感，所以，容易满足停顿于自己的舒适区。但如果一味地留恋这种"安全区域",害怕丢掉自尊和面子,不去尝试挑战新鲜的事物,害怕不确定性的未来和事情,就会故步自封。

走出舒适区,意味着遭遇失败的可能性,但如果不能突破这种恐惧失败的心理障碍,就很难突破自己、有大的改变和成长。乔丹是 NBA 历史上在临近比赛结束时投球命中从而为球队取得胜利最多的人之一。殊不知,乔丹也是 NBA 历史上在临近比赛结束时投球没有命中从而使球队输掉比赛次数最多的人之一。乔丹之所以伟大并不在于他的完美,而在于他乐意把冒险作为他的一种生活方式。

走出舒适区,意味着要付出更多艰辛、时间、汗水甚至泪水。犹如初学轮滑时的蹒跚笨拙,你除了要遭受一次次摔倒的疼痛,还要忍受旁观者的嘲笑;犹如初学游泳时付出极大的体力,却仍然避免不了一次次的呛水。想想一个成年人开始走上自学英语的历程,不就是求学路上的愚公和精卫吗?

然而,真正的价值恰恰在于跋涉过程中。当登山者栉风沐雨一步步把座座高峰踩在脚下时,他不仅饱览了险峰的无限风光,而且获得对自我的极大信心。这种历经艰难克服困难后的信心将给自己一种真正的安全感,让自己在任何困境中都能把控命运。这种信心也将给自己极大的勇气,在迈出舒适区的路上走得更远、更开心。

回想自己,文科出身,理科是短板,文史哲是我的舒适区,而对皮亚杰、维果茨基的认知心理学就生疏许多,故决心表白许多次,但还是畏难不前,应该深思。

三

最精深的技巧往往建立在最简单原始的原理之上。

许多"新网师"学员惊叹专家对文本深刻、敏锐的洞察力,我一开始也认为此乃天才,非我等愚钝凡夫可比。如果不承认人天资有差异,这也是不现实的,但当见到专家批注过的书上那密密麻麻的勾画、批注痕迹后,汗颜不已。

"天才是百分之一的灵感,加百分之九十九的汗水。"反思自己的阅读过程，还是取巧、偷懒了。粗枝大叶，蜻蜓点水，焉能读懂？

让我们攀上高峰的不是奇招，而是熟能生巧的基本功。看看新教育中一位专家是如何啃读哲学的。

其实我跟许多人一样，并没有哲学方面的素养，而且本质上更亲近文学。以前读文德尔班的《哲学史教程》，也读不太明白，半途而废。但这次因为做讲师的缘故，打起精神，结果读得津津有味。

我的办法是下定决心：啃！

一字一字地阅读，遇到要点或精辟之处，就大量地勾画出来，偶尔也做批注。

读完一个时期后，会发现一合上书，几乎忘得一干二净（这其实是错觉），于是翻开书再读，再批注。

每一次读，都非常自觉地边读边思考与前面哲学家之间的联系、区别。

再尝试提炼要点、结构化，有时候用PPT（画图，或思维导图），有时候在Word中用表格。

最后，我想到这些哲学史的演变，是与时代背景息息相关的，又通过百度研究了一下希腊历史的演进概貌，并且与哲学史相对照做成表格（就是大家课堂上看到的样子）……

经过这样的学习，希腊哲学，就在我的大脑中被结构化了，我熟悉许多细节，以及希腊哲学的来龙去脉。

细看这样的阅读方法，基本没有什么秘籍可言，无非是老老实实下苦功啃读而已。但为什么我们就做不到呢？

其实，这已经不是"我理解不了"和"我学不会"的问题，而是一个"我为什么要这样做"的问题。这也不是一个阅读方法的问题，而是一个"我以什么存在于世"的问题，是一个涉及信念、价值观的问题。

在一心求取成功捷径、成名妙方的功利心灵里，在成名要趁早、利益最大化的浮躁心态下，这样"原始"的啃读方法显然是不经济划算的。

如果读书仅仅为了消遣、炫耀，为了寻求心灵的安慰、现世的解脱，如果教育仅仅是我们谋生的工具，如果学习永远为了外在的考试、职称、荣誉等，那么，学习永远是外在于自身的一种苦差事。只有当我们的工作超越功利境界而成为自身的一种表达的时候，学习才能成为一门真正的艺术。

四

关于学习力，还有许多共性，比如强大的信息搜索力、化劣势为优势的能力、自我控制力等。

但从根源上，你会发现，那些学习力超强的卓越者，有很强的存在感，他们不是在追求某项技艺、学问的精湛、精通，而是通过对某项技艺和学问的研究学习来探索自我。

探索自我，才是真正的奥妙与神奇所在。

（2013 年 10 月）

是什么阻碍了成长

究竟是什么阻碍了我们的成长？

许多人会列举出一大串客观或主观原因。其实，如果要追求成功，的确需要天时、地利、人和，但追求成长，则不同。真正阻碍自己的并不是客观现实，而是主观思维——看不透，想不开，放不下。常人和优秀者的区别，不在于前者总是困难重重，后者风调雨顺，而在于对同样的问题产生的认识不同，认识不同也就带来了抉择的不同。老板派两个销售员到同一地方开拓市场，回来后的反馈却大相径庭，一个人说这地方卖不了一双鞋，因为此地人都不穿鞋；而另一个人的反馈是此地大有可为，因为此地人都不穿鞋，市场还是一片空白。同样的事情，不同的思维方式会产生迥然不同的效果。

思路决定出路。面临困境，常人大都消极悲观，墨守成规，固守陈见，从客观方面寻找逃避的理由；而优秀者往往乐观、豁达，善于积极思维、开拓创新，主动调整自身以寻找突破点。

教育是一门艺术，凡是精通一门艺术，都有一些基本的准则。

教师和其他行业的情况一样，优秀不易，卓越更难。要成为一名卓越者，首先要持守管理自己的纪律。在八小时之内，大部分教师的工作内容是相同的，无非备课、讲课、辅导而已，决定人与人不同的是工作之外的时间。然而，很少有人在工作之外能有效管理自己。工作时间被管理、控制得太严了，所以一旦没有了工作压力，大多数人都迫不及待地投身到朋友聚会、休闲娱乐中；若非如此，会懒散无趣、百无聊赖、无所适从。所谓管理自己，是指能在八小时之外严格要求自己，按时作息，减少无谓的应酬、闲聊、上网、休闲，在完成必要的家庭责任后，应将主要时间投入到阅读、思考或有意义的演讲、讨论中。这种管理，应该是贯穿一生的纪律，否则依然成为不了大师。大多数人都有共同的人性弱点：怯弱、犹豫、敏感、懈怠、冲动……常人往往被其控制，甚至陷入困境而无法自拔，而卓越者往往可以跳出自身反观自己，不断反省。真正的敌人往往是自己，征服了自己也就征服了世界。

"新网师"中，孙影老师就是我们学习的榜样，她每天四点多起床读书，周末、假期都尽量推掉不必要的应酬，迎难而上，啃读不辍。富兰克林将自己应该遵守的18项美德罗列出来，每天晚上都要对应反省，在不合格的项目前做标记，进行严格的自我管理。对于严格的纪律，一开始会非常不适应，但坚持不久后，纪律就会成为自然而然的习惯，这时，你已经不把纪律作为外在的约束，而转化为自我意志的体现。当纪律成为一种生活态度时，遵守纪律就是一种愉悦，一旦放弃，反而会如有所失。

除了自我管理，还要拥有足够的专注力，让生命保持一种清澈的状态。

在今天，培养专注力是非常困难的，嘈杂的噪音、可口的食品、海量的信息、快捷的沟通手段、方便的交通工具等，各种各样的干扰会无孔不入地侵袭着我们，身体很难进入安静状态，不是手动，就是嘴动，或者神游四海，遐想联翩。而许多人也习惯了这种生活方式和节奏，一旦身体真的静下来，可能还会无所适从。

如何培养专注力？首先要心静。静能生乐，帕斯卡尔说："人不快乐的唯一原因，是他不知道如何安静地待在自己的房间里。"当一个人不再把目光聚焦于外面的世界，而拥有一个宁静的心灵时，真正的快乐才能够出现。静能生慧，心如一杯清水，只有当水清澈时，方能客观映射世界，心不静，犹如水浑浊，导致看不清、听不明世界。大音希声，大象无形，真正的东西不是用眼睛看到、耳朵听到的，而是需要用心去看、去听。唯有心静，方能听到日常听不到的声音，看到日常看不到的景象。周国平说："人生最好的境界是丰富的安静。"培养专注力要学会独处，每天给自己一段时间，在这段时间甚至不看书，不听广播，不上网，潜心静悟，倾听内心的声音，和自己对话。再次，留出时间专心欣赏一段音乐、一幅图画，阅读一本好书，或者认真和他人谈话。优秀者，每临大事有静气；平庸者，稍遇小事即浮躁。许多优秀人物都非常注重专注力的培养，专门选择闹市喧嚣之中来培养、砥砺自己的专注品质。正是这种有意识的训练，让这些优秀人物脱颖而出，拥有强大的生命力量，能够长时间专注于某一事物之上，能够在任何环境中保持自己的习惯，能够迅速沉浸到当下事务中来，思维能够在不同的话题之间敏捷切换。经典书尤其是翻译来的西方书籍，理论多，逻辑性强，抽象概括，语言表达方式和我们所习惯的也不尽相同，如果没有一定的专注力，不沉潜两三年，很难读懂、读透。大多数中小学一线教师，都少不了一定的交往应酬、家务琐事，如果没有强大的内心定力，自己很容易被生活裹挟，失去自我。"新网师"提倡暑期每天至少阅读两小时，但真正能坚持下来的，能有多少？

要让生命保持清澈状态，还要尽量减少无意义的对话。与生命力刚劲昂扬、有思想之人谈话，启迪心智，醍醐灌顶，让人豁然开朗，听君一席话，胜读十年书；与生命力平庸、缺乏进取心之人谈话，往往自说自话，东拉西扯，不痛不痒，言之无物，闲扯一番；与消极悲观之人谈话，貌似其洞察世事、了悟人生，实则悲观失落、牢骚抱怨，散发出一股陈腐世俗之气。

如同母亲对婴儿的一举一动保持清醒一般，我们同样要清醒地面对自己。当困乏消沉、灰心丧气、浮躁冲动、怒气冲天之时，不应该听任负面情绪控制自己，甚至为其找借口，而要保持警觉，倾听内心声音，问问自己，到底发生了什么，为什么会这样。与人对话，要清醒地听明白对方的心声，而不要漫不经心，心不在焉，自说自话。要生活在当下，专注于当下之事，而不要做着这事，想着另外的事。

要掌握一门艺术，还要有足够的耐心。如果用感性阅读的方式，以消遣的心态来阅读经典书，只会囫囵吞枣，学得一堆僵死的知识。曾国藩说："读经有一耐字诀。一句不通，不看下句，今日不通，明日再读；今年不精，明年再读。此所谓耐也。"读书是一个长期的连续性的过程，每天都必须坚持阅读，不能心血来潮，一天读好几个小时，热情过了，又好多天不摸书了。曾国藩说,"史书必须天天看,不能间断""每天要读一首诗"。今天的工业化、信息化社会追求的恰恰不是耐心,而是快,凡事总希望用最快的时间达到最好的效果,然而,欲速则不达,想尽快取得结果的人永远也学不会一门艺术。

看到一则微博写道:做真教育就是一场修行。一旦决定要做,您就必须有坚定的信念,必须怀揣激情梦想并愿意脚踏实地地去奋斗,必须时刻听从内心的声音,排除所有的干扰。这段修行,没有时间阶段,没有绝对科学的进展规划,我们只能尽全力而为。

是啊,我们在黑暗中并肩而行,走在各自的朝圣路上。

(2013年8月)

优秀是卓越的敌人

阅读了一篇文章《我的助理辞职了》。

名牌大学毕业,聪明活泼,长发飘飘,一手字写得铿锵倜傥。很多工作一教就上手,一上手就熟练,跟各位同事也相处得颇融洽。

如此天资本应在职场一路凯歌,而为什么屡屡辞职,遭遇滑铁卢呢?

之所以辞职,是因为不受领导重视,感觉没有自己施展才华的平台。为什么不受领导重视呢?是因为她不能取得领导的信任。为什么不受领导信任呢?因为领导感觉她不踏实。何以知之?因为琐事做不好。是她没有能力吗?显然不是,而是因为她不屑于做琐事,心态不沉——"我的能力不仅仅能做这些,我还能做一些更加重要的事情"。为什么心态不沉呢?因为她很优秀。

一句话:优秀是卓越的敌人。

一

朱永新老师说,优秀本身没有问题,更不是说优秀是错,而是"优秀"的心态会让人们满足,让人们没有危机意识。柯林斯说,对于卓越的追求是一个动态的过程,永远没有终点,一旦你以为自己已经非常卓越,那滑向平庸的过程就开始了。

因为优秀,学起新的知识,做起新的工作就比别人快,所以容易心生骄傲，心态浮躁，自我定位高，就不满足于做当下琐碎的事情。

而反过来看，琐碎的工作做得好，是自己认为好，还是领导认为好？很多时候，领导认为不行，而自认为已经不错。这就会出现一个判读的错位。

事情琐碎，但做琐事的意义重大。能做大事的人是因为小事做得好，反过来说，小事做不好的人肯定也做不了大事，一屋不扫何以扫天下？古人说，修身、齐家、治国、平天下。一个连家庭都协调不好的人，怎么能治理好一个国家？

何况很多时候，琐碎不琐碎，不取决于事情，而取决于如何对待、如何去做。小事情有大道理，平凡的事也有不平凡的意义。订好一个发票，谁都能做，但从订发票中发现公司对外接待的规律，这就不是琐事了。做琐事中，锻炼、体现的是一个人的思维品质、做事态度和能力。公司不是学校，领导不是老师，没有一个领导会以工作的失败来培养下属。

二

年轻下属可不可以对领导心生抱怨？

可以。前提有二：一是琐事的确做得很棒，二是长期做琐事。

一个人在同一岗位上，如果长期做同一工作，难免心生倦怠，何况每一个年轻人都愿意有更大的发展空间，更愿意做有价值、有意义的事情，从而拥有成就感。

这就提醒公司的领导，要注意观察那些优秀的年轻人，在合适的时机，给予更有挑战性的任务和岗位，以发挥其更大的作用。

然而，现实情况下，很多时候会出现如下错位：领导认为做得不好，自己认为已经不错；领导认为还有待锻炼，自己已经心生浮躁。

更多时候，除了自己优秀，还有一个机遇的问题。

在以上两个条件具备的情况下，如果还不能被领导发现，怎么办？（这也许是现实中的常态）

作为个体的年轻人是不是只能抱怨或者跳槽呢？抱怨总是生命的沉沦，而且对自己的发展没有实在意义，而跳槽也不是说起来这么容易的。

我想，注重自身的成长而不只是成功，是一个现实的出路。

什么是成长？

成长就是提升处理日常事务的能力、管理自己的能力、学习的能力、梦想的能力和思考力。

有人认为，思考力衰老的讯号可以从三个方面看出来：

日常生活中，占核心的是个人权益，而不是思考与创造。

社会生活中，占核心的是对他者（社会或他人）的怨愤，而不是责任，不是自身对社会的贡献，不是对工作本身的切磋琢磨并保持专业敏感。

私人生活中，占核心的是人际关系，而不是对真理的追求或对原则的坚守。

成长是内在的，是自己能把握的；成功是外在的，是需要机遇和外部条件的。有的人没有成长也可以有成功。有的人成长了，但也可能不会成功，所以，古人有"千里马常有，而伯乐不常有"的慨叹。

当你比他人高一米的时候，很容易被他人忽视；但当你比他人高 1000 米的时候，谁也无法忽视你的存在，谁也无法遮掩你的高度。

所以，与其坐而抱怨，不如坚韧修炼！

三

文中的助手"她"其实陷入了这样一个循环：很优秀—做事很快就会—心态不沉—琐事做不好、不踏实—不被信任—不被赋予重任—跳槽。

反观我们，大多数涉世之初的年轻人其实是这样的：不优秀（自认为优秀）—琐事做不好（自认为不错）—不踏实—不受信任，受到批评（很委屈）。

自身不优秀，事情做不好，导致被领导批评，如果不能正确看待，那么就会产生更多不满和负面情绪。这时，需要把人和事分开，不要把事和人混杂在一起。高明的领导批评时其实也往往对事不对人。

能真正做出一番业绩和成就的人，往往有两点共性：一是自身天赋极高，二是后天惊人的努力。

对照下来，作为常人的我们自会明白自己无所事事的原因：天赋不高，还不够刻苦。

日常生活中，许多人连琐事也做不好，主要是内心就没有梦想，或者只停留于幻想，逐渐麻木不仁，对眼前的问题视而不见，敷衍了事，得过且过，然后，"生活在别处"了。

四

职场不是课堂，老板不是老师。但在校园里却能经常见到由于优秀而不能抵达卓越的学生。这样的学生，上课能轻易比别的同学领悟知识，回答问题比其他同学积极，但缺乏省察之心，易滋长骄傲情绪。

对这样的学生如何办呢？两点办法：一是给其一个比较难的问题。二是给的问题一定是其解决不了的，其一定会失败的，以此来逼迫其沉下心来，不再浮躁，重新审视自己，不再心高气傲。

五

文章中一些核心观点值得思考：

（1）优秀是卓越的敌人。

（2）踏实比聪明更重要。

（3）琐事磨炼能力。

（4）机遇属于值得信赖的人。

（5）涉世之初，最重要的品质有三：

一是态度，即认真、踏实的工作作风。

二是学习能力，即能用最快的时间接受新事物。

三是处理事物能力，能在最短时间内发现事物的内在规律，并用比别人短的时间处理好。

（2012 年 5 月）

沉沦与救赎

一

教育首先是一种唤醒。人皆有仁心，只不过，有的在现实选择中迷失，有的在自以为是中尘封，有的在尘世奔波中遗忘，有的在名利取舍中丢弃，有的在平淡烦琐中麻木。

如何上好一堂课、带好一个班，是方法的问题；为什么要上好一堂课、带好一个班，是动机问题。很多时候，我们不是"才"不够，而是"识"不达。

于人世走一趟，究竟何为本？

追求高薪的工作、宽敞的房子、漂亮的车子等外在的东西，都是理所应当的，但这些东西犹如加于身体的外衣，如果脱离生命这个"本"，其一切意义都不存在。这绝不是吃不着葡萄说葡萄酸的自我安慰，试看每日网页，有几个跳楼自杀者是挣扎在吃不饱、穿不暖的生存线上的？试看周围社会中，有多少人不快乐是因衣食而忧，为温饱所困？

这其实就是把握一个"度"。要积极工作，但不要被工作控制，要努力买房子，但不要被房子控制，说白了，就是你是钱的主人还是钱的奴隶的问题。如果是后者，是为沉沦。如此例子还少吗？姑且不说杀人越货、因财入牢者。看看大街上熙熙攘攘的人群里，看看夜幕下万家灯火中，有多少人为利而耿耿于怀、或喜或悲、牵肠挂肚。当然，生活很多时候不是如此分明、几句话就能说明白的，我们生活在一张网里，有很多的迫不得已，有很多的无可奈何，但经常性地跳出来反观现实和现状，可能会更豁达、明了、从容一些，更能体察到生命、生活的本真是什么，明白自己真正需要的是什么，短缺的是什么。

二

大学是什么？"大学之道，在明明德，在亲民，在止于至善。"

如果在大学的所有学习仅仅是为了谋得一份工作，那样，大学就不称之为大学，只能称为"职业技术学院"，大学也就丧失了"社会净化器"的功能。孔子说："君子不器。"人不应该只成为某个机器上的零部件，而应该发挥自己的生命潜能，实现自我的发展。人不应该仅仅为稻粱谋，也应该有所担当。

上大学的意义，不仅在于发展某一项技能，还在于锻炼人格，培养思维能力；不仅在于锻炼人格，培养思维能力，还在于找到或者确定裨益终身的兴趣。如果找到了真正属于你并且愿意一生为之努力的兴趣，那么大学是否上完都不是一定的。怕的是大学几年，每日忙忙碌碌，却不知道自己喜欢什么，适合做什么，只是大潮中随波逐流，看书为了考试，考试为了毕业，毕业为了找工作，忙忙碌碌，茫然失措，短短四年转瞬即逝。

我知道，在就业紧张，许多人削尖脑袋为一职位而争夺的今天，谈这些，好像是理想主义，是空谈。但我也看到许多这样的现实：因为太想得到了，所以得不到。所以有人说，"有的时候，上来就功利性地去追求，往往求之不得"。说到底还是一个分寸感的把握。

师范生实习支教的目的是什么？当然是为了在实际中学习，为了支持当地基础教育，但归根到底，对于个体的自己来说，它是生命中一段历程，生命叙事的精彩来源于每个篇章的精彩。自己不应该成为其他人或物的工具，应该努力活出自身的价值和尊严。如果仅仅停留在学习的角度，那学习是为了什么？如果仅仅是为了帮助别人，那么，没有自己的提升，又以什么资本来帮助他人？诲人不倦，变为"毁人不倦"的例子也不是少有。在"吸收热量"的同时放出光来，努力照亮别人，照亮更多的人，这就是己立立人，己达达人。

知行合一。说佛普度众生，不如说是众生普度了佛。不要认为这只是行，其实"行"的过程就是"知"的过程。

"诚者，天之道也；诚之者，人之道也……诚之者，择善而固执之者也。"

求知，不是怕天资不惠，不是怕基础薄弱，而是怕"杯子"已满，怕心不诚。

其实，社会需要的并不是拿来就能用的成品，而是需要可发展的人。与每一批老师相处，我都非常注意观察每一个人可学习、可成长、可进步的禀赋。

有的人，谈起来头头是道，高谈阔论，好像也能谈出个所以然来，但一说到读书学习，就心不在焉。我会为之遗憾，因为他正在丧失学习的能力。

有的人，行动积极，埋头苦干，但不善于回头反思，听不进有益的建议。我会为之遗憾，因为他正在丧失一颗谦卑的心，失去了成长的可能。

有的人，社会哲学一套一套，少年老成，仿佛看淡一切，看透一切，而且有自己的一套固定的人生哲学并自以为是。我会为之遗憾，因为他正在失去年轻人宝贵的纯真、朝气和活力。失去了对世界的好奇与兴趣，也失去了可进步的机会。

当一个人丧失了聆听的能力，拒绝生命的更新，而只在乎为自己辩护时，就是沉沦的开始；当一个群体中大多数人以利己为做事的准绳，而没有一定的信仰时，就是这个群体沉沦的标志。在今天，许多教师在市场主义和应试主义挤压下，将教师职业沦为了养家糊口的工具，丧失了自我和职业的尊严和价值，这就是教师职业的沉沦。

只不过，很多时候，沉沦被披以温情的外套，我们看不出其真面目，如"享受生活""善待自己""现实一点"等。

三

想到了日本电影《七武士》。

日本战国时代，社会沉沦，贵族分崩离析，武士阶层失去了寄生的土壤，沦落江湖，有的成为浪迹市井的浪人，有的沦为打家劫舍的山贼，有的成为平庸的村夫，有的风里来雨里去为糊口而奔波。

一个小村庄的山民们由于不堪忍受山贼的骚扰，决定雇佣武士来抵御山贼，却又拿不出钱，只能保证武士吃饱。武士堪兵卫接受了这份差事，并寻找到了久藏、平八等六名武士。七武士和数倍于自己的山贼斗智斗勇，在消灭了山贼时，也献出了四个人的宝贵生命。剩下的三个武士平静地离开村庄，继续流浪生活。

电影结束了，我久久不能平静：究竟是什么打动了我？

妖魔四起的年代，压在五行山下空有一身高超武艺的美猴王；被贬尘世，依然保留贪吃好色特性的猪八戒；昔日卷帘大将沦落为盘踞在流沙河，以吃人为业的沙僧，他们又如何寻找到自我。他们是通过组建一个团队，参与一项伟大的活动——西天取经——来拯救自我，寻找到自己的。

那么作为贵族工具的武士，在混乱、没有归依的社会中，如何寻找到自己。由此联想到，作为传承文明、塑造灵魂的教师，在被市场主义和应试主义冲击而失去统一标准的时候，如何寻找到自我。给你一个挑战，冒着生命的危险而且没有任何奖励，这或许就是拯救的可能。

什么是拯救？拯救是基于原则而不是基于利害的勇敢行动。我想，这也正是电影打动我的原因，多数人的生活是投机，而堪兵卫等七武士是基于内心的一颗仁心而行动，他们正是在消灭山贼的过程中拯救了自己，拯救了武士精神。

四

在共读中，一位在幼儿园实习的老师深有感触，说到自己从工作中学到了什么。我很感慨：其实，儿童要向大人学习，大人也应该向儿童学习，儿童身上许多宝贵的品质，在大人身上都消失了；我们虽然是在教育孩子，其实也是在成长自己。

帮助别人就是拯救自己，不是吗？当孩子们用稚嫩的声音天真地称呼我们"老师"时，唤起了我们内心的责任心和庄严感；当孩子们悄悄送给我们小礼物或者说声"谢谢"时，唤醒了我们的尊严和悲悯之心。是一堂堂课的无力感打破了我们原初的盲目和自大，是儿童的童真、童心荡涤了我们内心洒落的尘埃……

从我来说，也从来不敢把自己当作救世主的形象，当然，也没有那个能力。我只是努力保持一种对生存的省察，保持一种对生活的谦卑，保持一种对生命的敬畏，在努力做事、积极做事的过程中救赎自己。

我们都是被上天抛弃到世间的孩子，每个人都有一只折翼的翅膀。谁敢说自己就真理在握呢？

不要问我能做多少。

知全守分，敬事而敏。

努力把声音喊出去，至于回音有没有，就不是我所关心的了。

（2012年6月）

要追问自我是否成长，而不必看重分数高低

不觉间，已到年终岁末，晋北也进入一年中最寒冷的时节。

万木凋敝，北风长鸣，寒风透骨刺。时间纷纷凋落，长空飘下片片飞花。晚上走在空荡荡的大街上，脸上冷飕飕的，不由缩起脖子，戴上帽子。突然想起白居易的古诗："绿蚁新醅酒，红泥小火炉。晚来天欲雪，能饮一杯无？"

一

我发布了教育学经典课程过关成绩，收到一些反馈：有的学员因为成绩不及格而沮丧，有的因分数没有达到预期而失落，甚至有放弃学习的想法。

很理解老师们这种心情。从心理学角度看，人的行为如果受到肯定，得到奖赏，就会产生正强化，激励人进一步重复行为；如果行为换来的是惩罚、否定，就会产生负强化，降低行为的动机。

但过度关注成绩，源于自卑。因为成绩低而放弃，是一种逃避。

逃避，也是摆脱自卑的一种方式。

学习的确需要奖赏，需要反馈，需要肯定，否则大部分人很难持续学习。只不过，什么是真正的奖赏？什么是真正的肯定？是鲜红的分数吗？

"新网师"认为：自我成长才是专业学习最重要的奖赏。

努力学习而得到讲师的表扬，作业获得高分数，打卡被他人点赞，这些都

会激发进一步奋进的动力。但这样的动力源依赖于不可控的外因，有随时削弱的可能。因为，我们的努力不是总能被他人发现，我们的成绩不是总能被及时肯定，我们的辛苦也不是总有人点赞。

教师专业学习最重要的动力应该源于学生的成长。通过学习，自我得到成长，进而将所学运用到教室里，作用于学生，学生生命的拔节成长就是最好的反馈。如果无此，其他的赞誉又有何意义？

用成就学生来激励自己，这是自己能控制而不必依赖他人的。

二

难道就不能将作业的难度和考核的标准降低一点吗？

其实，难度只是手段，学有所获、学有所得、实现个人成长才是关键目的。问题是，轻轻松松待在舒适区哪能获得真知的成长？

新教育举办"新网师"，一不为赚钱，二不为名声，三不是为了完成上级任务，如果连学员学习效果也无法保证，我们聚在一起的意义何在？

在"新网师"学习，一不会直接增加工资，二不会直接有助于评职称，如果徒费时间而学无所获，那么，你来"新网师"又是为了什么？难道是为了那一些分数吗？

啃读经典的收获在于两个方面：一是从经典中汲取营养，二是在啃读经典中提升阅读能力，培养自我学习的能力和习惯。经典意味着难度，而没有难度，后一个目标很难实现。

三

有的老师说：我已经很努力了，而成绩却屡屡不高，所以很受打击。

其实，是真努力，还是自认为努力？

真正的努力表现为全力以赴。什么是全力以赴？

如程景轩、王宗祥、殷德静、王辉霞等老师，一学期稳定输出，仅打卡就十多万字才叫全力以赴；如周娟、方娇艳、张永平等老师，每次作业都是六七千字，才叫全力以赴；如杨百凌、于红澎、田洪强等校长，虽然工作千头万绪，却依然坚持啃读、上课打卡，才叫全力以赴。很多时候，只是自认为努力而不是真努力。

曾经有几位老师私下询问：自己的作业写得不错，为什么成绩不高，是不是判错了？我没有多解释，只是把几份周娟和张永平老师写的榜样作业发过去，让阅读、比较一下。阅读后，几位老师立刻就明白了什么是差距，明白了为什么自己的作业不及格。

也有老师读了榜样作业后，认为自己天赋不行，底子太薄，无论如何也学不懂。

是这样吗？

有一句话说得好："天赋决定了你达到的上限，努力决定了你达到的下限，从大多数人努力的程度而言，还远远未达到拼天赋的地步！"自己认为很努力，很重要的一个原因是周围不学习的人太多，周围的"懒汉"太多。

人与人的天资的确有差别，与朱永新、李镇西老师的天资相比，我自愧不如，但先不论天资，仅勤奋的程度就远远达不到。朱永新老师无论公务如何繁忙，不论在哪儿出差，每天早晨五点起来阅读、学习；李镇西老师几乎保持每日更新一篇微信公众号文章的节奏。先不说其他，仅这两点，我就做不到。

四

发现榜样、言说榜样是"新网师"的文化。比如，近期"新网师"公众号发布周娟、张永平等老师的作业，就是一种彰显、鼓励和肯定。在"新网师"获得高分数，得到肯定，前提是有勤奋的学习态度，写出高质量的作业。"新网师"评判作业只依据作业的质量来评定，而不会因为学员多次未及格或者已经付出努力，我们出于同情而放宽标准。

给一个高分数很简单，但为什么不随意给呢？因为我们认为，如果没有真正学透彻，未能真正领悟，未能知行合一，未能带来教室里的真正变革，那么，即使获得 80 分、90 分，又有什么价值和意义？

现实中，这样的场景并不陌生。

听了几场报告，就得到一个课程结业证；靠着死记硬背获得一个不错的分数，就能学业过关；在继续教育网上挂够几小时，就能学习达标……但实际效果呢？对于组织者来说，也许就是完成了一年里繁杂工作中的一项任务，但学习者自己应扪心自问：究竟收获几何？

在"新网师"要获得一门课程的过关，必须撰写出有一定学术水平，甚至稍加修改就能发表的论文，而不是随意摘抄、拼凑的文章。哪怕你付出很大的努力，但如果作业质量不高，也不会轻易得到一个高分数。

五

人的内心只有保持平衡才能平静、舒适。

作业不及格或者成绩低，会造成内心失衡，触痛自尊心、自信心，乃至觉得丢面子，产生难以言说的难堪和纠结。人不能长久停留于这种不平衡状态，一定要努力重新获得平衡。获得心理平衡有两种方法：一种是自欺，一种是超越。

自欺，是心理的一种自我保护功能，会带来逃避。对于常人来说，学习上受到挫折后，自欺模式就自动启动了：我基础差，底子薄，很难学懂这本书；这本书都是空洞的理论，对于实践没有多大作用；我为什么一定要学这本书？其他人没学习不也能成为好老师吗？这种学习太慢了，不适合我。通过放弃学习，是重新获得内心平衡的方法之一。

超越，带来挑战。优秀者面对不合格的成绩，内心震动、纠结，但他会想：没想到我成绩不及格，我的作业哪儿出了问题？都是一线普通老师，既然她能够学懂，我也一定能；我得看看其他榜样学员是如何学习的，咨询一下讲师我的作业问题是什么，应该从哪儿开始努力……

影响人成长的不是客观事实，而是对客观事实的认识和理解。

两种不同的认识，哪一个更有利于个人成长？

六

因为成绩低或者不合格就气馁、放弃，实质上是没有把专业发展作为急迫而真实的需求。如果学习是基于自身专业发展的需要，学完一门课程，首先追问的是学懂了没有，学到了什么。哪怕分数很高，如果没有带来自身的成长，也要去反思。反之，如果成绩不理想，但自己实实在在有收获，何必要过分纠结分数高低呢？

同样的情况，其实有不同的反应。

本学期授课时，有一次我批阅作业，发现有一份作业答得详细，但跑题了。我在课程群公布了作业，并严肃批评。后来，我才知道这份作业是河南省一位名师所写，而且这位老师私下与我还有联系。这位老师与我及时沟通：

您发的这个作业是我利用两个晚上写的，里面的内容，全是自己所写，没有拼凑和网上下载，是自己理解的错误和认知水平有限造成的！陈博士的课堂叙事我下载后非常认真地学习，而且在每日打卡作业中有学习的痕迹……暑假加入"新网师"后，每天坚持学习置顶文章，坚持打卡，态度很认真……内心非常忐忑不安，痛苦无比，这次作业，没有应付，态度很认真。我今天晚上再改改吧！

当天晚上，我就收到了这位老师重新写的作业。后来，我才知道，这是她在工作很紧张的情况下完成的。

这才叫热爱学习，才是真正愿意学习。

我心生敬意。

七

"新网师"现在虽然人数不少，但有多少是叶公好龙，又有多少是滥竽充数？

如果把"新网师"比作一块金子，我们不追求虚幻的体积和重量，而追求纯度。现在"新网师"的纯度还不够高，有许多学员在学习上投入不够，所以，每学期要坚持淘汰不达学习底线（没有提交一次作业）的学员。

本学期，"新网师"招生进行一个大的改革，收取学员几百元的学习保证金，一是甄别是否真正热爱学习，二是促进日常学习。如果达到学习底线，就退还；如果达不到学习底线，或者一学期没有提交过一次作业，就不再退还，而捐赠给"新网师"。

有四种人是"新网师"不欢迎的：一是失去学习热情的人；二是自身缺乏专业发展的自觉，只是被领导"强迫"或者"半强迫"要求加入的人；三是为了免费索取学术资料的人；四是只为了评职称、发论文的人。

八

岁末将至，万物更新，愿今年所有的遗憾，是为了明年更好的铺垫。

长路浩浩荡荡，万物尽可期待！

（2019 年 12 月）

接受命运，进化自己

一位当教师的朋友与我交流她的烦恼：母亲性情暴躁，以自我为中心，从她小时候到现在总是埋怨、指责；儿子在初中阶段非常叛逆，极度厌学，沉溺手机，甚至与他父亲对打。

我与朋友说：我越来越相信人各有命。

先天之成谓之命，后天所遇谓之运。生在怎样的家庭、时代，谁成为你的父母，这是你的命，不是你能选择的。人要顺命，而不要抗命。抗命是人生悲剧的根源之一。人生路上，遭遇怎样的环境（人和事）是运。比如，有的人在外出中感染上了肺炎，这就是运，不好的运。

一辈子，遭遇到怎样的人、怎样的事，这不是自己能完全决定的。但如何理解这些人和事，自己是能选择的。

有些人和事，你不想遭遇但就是遇到了，就要直面。

什么是直面？

就是不回避，不是一味哀怨，而是理性分析哪些是自己能主宰的，哪些是自己不能主宰的。对于不能主宰的，无论好坏，就不考虑了。自己能主宰的，就要全力以赴。

母亲强势的性格和打骂的教养方式，那是她（或者一代人中的多数）没有接受良好的教育而造成的局限。你遇到了，没办法，这不是你能选择的，你能选择的是如何应对，比如尽量少在一起，少辩论。你也不要指望改变母亲，你也改变不了。现在也不必怨恨了，唯有悲悯。母亲不是不爱，是不会爱。其实，真正的"受害者"是她本人，一辈子都被一种思维模式所束缚。

但你在与母亲长期的互动关系中，潜移默化所形成的思维和行为模式，需要反思乃至警惕。这是自己能决定的，即自我进化、自我觉醒。这种影响未必全部不好，比如，长期生长在受指责、缺乏关爱的环境中，一方面会自卑敏感（总感觉自己做得不好），另一方面也会努力进取，过早独立自强。只不过，很多人是：在摆脱、抗争母亲的过程中，不自觉成为"母亲"，或者将母亲"复制"到自我身上，这需要警惕。

我们生下的孩子是什么样的潜质，遗传已经决定了一部分。也许，儿子的叛逆，能在自我身上找到一点影子。给孩子遗传的基因是不能改变的，但人是社会化的动物，给孩子创造什么样的成长环境（学校、家庭、教养方式等），这方面是可以选择的。

至于说，什么样的环境一定对孩子有效，这没有定论。我们想尽一切办法选择好的学校、好的班级，也是努力为孩子创造好的成长环境。只不过，这并不代表孩子就一定进入健康发展的快车道。环境决定论是不全面的，因为人与环境是互动关系。同样的学校、班级，有的孩子发展得好，有的就不理想。

所以，教育是一种冒险。

我是相信，不论是先天遗传还是后天环境，对于寻求人生的幸福来说，没有什么是决定性的影响因素。根源处，要创造幸福的人生，需要持续地进化，也就是终身学习。

我们可以提醒孩子，但替代不了孩子。替代了，也不一定好，因为，我们自身也是不完整、有局限的。最终，孩子发展如何，也是他的命。

只不过，我们在该作为的时候，尽量做出当下最优的选择，避免将来后悔。

所以，自我的学习更重要。

没有自我的持续进化，也难以正确指导孩子的进化。

（2019 年 7 月）

第五辑

交往：寻找生命中的"重要他人"

谁是你的"重要他人"

巨匠离世，扼腕叹息。一生充满传奇色彩的诺奖得主、美国数学家约翰·纳什在一场意外车祸中离开人世。惊愕、惋惜之余，世人又重新关注起了这位天才数学家，重新回忆起以其为原型而拍摄的奥斯卡最佳影片《美丽心灵》。

通过电影，人们认为纳什是一个拥有爱情支撑、友情相助的幸运儿。但人生比电影艰难，现实并不如电影里那样浪漫、温馨。纳什曾与一名护士谈恋爱，且有了孩子，但他拒绝承认。后来他与艾丽西亚结婚，因科研一再"失利"而患上精神分裂症，随后被麻省理工学院解除职位，妻子无奈之下把他送到精神病院，不久之后离婚。离婚七年后，艾丽西亚又让无家可归、需要帮助的纳什搬回来住，提供给他住宿、食物和保护。电影播映后，离婚多年的他们才又复婚。

艾丽西亚是纳什人生中当之无愧的"重要他人"。妻子为他的康复做出了不可磨灭的贡献，如果不是艾丽西亚的悉心照顾，他的故事可能就是一个街头流浪汉的版本。

一

每个人在成长历程中都会受他人的影响。时光流逝，大多数人逐渐淡出你的视野，你的身上也逐渐淡褪了他们的痕迹，但有一种人却对你的思想、灵魂有深远影响，对人生方向产生决定性改变，对行为处事有深刻烙印。我们称之为人生中的"重要他人"。他（她）或者是父母、师长、兄弟姐妹、同事、领导，或者是自己崇拜的古今中外偶像、名人、伟人，甚至是书中、影片中的一个人物。他（她）以不同的方式与你偶遇，或者提升你的专业能力，或者影响你的兴趣、爱好，或者改变你的人生态度、价值观等。

在郭靖（《射雕英雄传》中人物）的成长史上，马钰道长就是一个"重要他人"。郭靖一开始拜"江南七怪"为师而学艺，岂料"江南七怪"既不能洞见郭靖坚韧、静定、始终如一的过人潜质，又缺乏因材施教的意识（教什么分筋错骨手和越女剑），更不懂激励表扬的心理学，一再责骂郭靖愚笨，导致郭靖虽勤奋苦学，但武学不精，而且形成严重的心理阴影：我很笨，我不行。当他遭遇马钰道长后，经其指引点拨，修习内功，短短两年，武学突飞猛进，更主要的是，马钰道长给早已经形成蠢笨的自我镜像的郭靖以信心，从而开启了走向侠之大者的快车道。

在孙悟空的成长历程中，起着母亲角色的观音菩萨是他的"重要他人"。孙猴子调皮顽劣，神通广大，本领高超，又恰处于青春叛逆期，我行我素，成了一个让"大人们"头疼的"问题少年"。当他被象征父亲的如来佛压在五行山下时，观音菩萨一方面要解救他，另一方面为其精心选择了老师——唐僧，选择了一个特殊的仪式——西天取经，充分发挥他的特长；一方面以紧箍咒时时加以约束，另一方面每当他有无法克服的困难时，总是随时出现，为其排忧解难，给予无条件的母爱，让一个顽劣的猴子成为自我实现者——斗战胜佛。

二

还有一种"重要他人"，他不会直接给予你物质或经济帮助，也不会在短时期内改变你的命运。但他引领你进入一个全新的世界，从而让你猛然觉醒：原来还有这样一种生活、工作方式，原来生命还可以如此美好，原来知识也是如此独具魅力，原来自身还有如此潜力。通过遭遇他，从而更懂得了自己。通过他，激活了存在感：生命觉醒、灵魂张扬。

新教育中的专家就是我生命中这样的"重要他人"。

在加入"新网师"之前我也爱买书，但没见过有谁能一年购书上万元；我也喜欢阅读，但没见过有几人把阅读作为生活方式；我也钻研教学，但没见过有多少中年人还如此下苦功；我也喜欢写文章，但没见过几人用生命来书写；我也拥有梦想，但很少见过有几人让梦想开出花来；我也听说过许多教育理论，但很少见过谁能如此合宜地运用在教室里。

参加工作八年后，我遇到了个人成长和专业发展的"高原期""瓶颈期"。学校管理上，我从班主任、团委书记，做到了相当于副校长的位置。在教学上，经历了两轮高一、高二、高三的完整循环，高中教学虽基本熟悉，但课堂教学没有变化，连自己都觉得索然寡味。班级管理粗放简单，乏善可陈，整个人的状态都是遮蔽、消隐的。在这时，偶遇新教育，加入"新网师"，至此从构筑理想课堂，到缔造完美教室，从诗词理论，到教育学、心理学、哲学，一发而不可收。在几年来的交往交流中，"新网师"的专家们的求学态度、学习方式、为人品质、胸襟情怀、理想抱负乃至写作风格、生活方式，整体全息地呈现在我面前，楔入我的生命中。长期沉潜学习，极大地提升了我的教育教学专业能力；几年时间的耳濡目染深深地改变了我的学习方式、生活习惯，乃至人生走向。

假如没有遭遇他们，我的专业能力裹足不前，生命状态沉沦消极，心灵蒙尘，灵魂遮蔽，要么成为愤世嫉俗的愤青，要么成为抱怨诉苦的牢骚满腹者，要么成为浪迹棋牌茶酒中的逍遥者，而更多情况是成为得过且过、无能掌控自我方向的随波逐流者。而"重要他人"之所以重要，就在于能激活你的生命，召回你的信心，为你的生命灌注继续上升的燃料。

三

谁的人生不遇困境，描述出来的美好，有些是精心过滤的；谁的情绪没有起伏，呈现出来的阳光，有些是眼泪浸润过的；谁的内心没有软弱，展现出来的强大，只不过是给内心穿上铠甲；谁在路上没有迷茫，言说时的轻松，都是曾经的苦闷与挣扎。

有耐心听你倾诉的闺蜜，有真诚劝导你的好友，有同情安慰你的同学。但真正能指点迷津，给予力量，让我们强大的"重要他人"有几人？不多，甚至没有。虽然不愿承认，但这就是事实。否则，心灵鸡汤喝了那么多，相聚聊了那么久，自我反思想了那么深，为什么生活、工作"涛声依旧"？当人生方向模糊不清，专业能力停顿不前，自身缺乏创造力时，工作沦为劳役，生活缺乏光泽，在各种社交圈子中寻找安全与归宿，在微信、微博、朋友圈点赞中消遣时光，自认为很惬意。但，心真的"安"吗？

人最大的悲哀，不是朝向远方而无法到达终点，而是误认为眼前就是远方。人需要不断在"重要他人"的号召、警诫、鼓励下，砸破心灵上结痂的精神泥垢，召唤回自己的神性，重新找回自我。

非常喜欢《魔戒》中阿拉贡的台词：

人类也许会有失去勇气的那一天，我们也许会抛弃朋友，背叛同伴，但绝不是今天！豺狼横行，人类的时代也许会逝去，但绝不是今天！今天我们会浴血奋战！为了这美丽的大地上，你我珍视的一切！我命令你们，西方的人们！坚强战斗！

今天的我们，会吗？

如果你偶遇这样的人：他不仅听你倾诉，而且给你安慰；不仅给你安慰，而且给你鼓励；不仅给你鼓励，而且善意批评；不仅善意批评，而且告诉你行走的方向；不仅告诉你行走的方向，而且指出具体路径；不仅指出具体路径，而且以身示范。如果是这样，那就珍惜吧！这就是你要找寻的"重要他人"。

如果你偶遇这样的人，虽然他与你不在共同的生活空间，甚至是历史、影视、文学中的人物，但其某一方面，如为人品质、道德良知、求学精神、人格力量等，深刻楔入你的灵魂，滋养了你的生命，那么，你珍惜他吧。这就是你要找寻的"重要他人"。

如果你偶遇这样的人，在某一技艺方面有很高的造诣，在专业领域有精深的研究和独到的见解，给予你极大的启发和帮助，那么，请你珍惜他吧。这就是你要找寻的"重要他人"。

四

还有一种"重要他人"，他们不一定给予你深刻影响、重要指引，但你时刻心为之所系，情为之所牵。他们不一定在你的空间中，却一直在你的"世界"里。

想起童话故事《小王子》中的两段话：

小王子说："当然啰，我的那朵玫瑰花，一个普通的过路人以为她和你们一样。可是，她单独一朵就比你们全体更重要，因为她是我浇灌的。因为她是我放在花罩中的。因为她是我用屏风保护起来的。因为她身上的毛虫（除了留下两三只为了变蝴蝶而外）是我除灭的。因为我倾听过她的怨艾和自诩，甚至有时候我聆听着她的沉默。因为她是我的玫瑰。"

狐狸说："对我来说，你只是一个小男孩，就像其他成千上万个小男孩一样没有什么两样。我不需要你，你也不需要我。对你来说，我也只是一只狐狸，和其他成千上万的狐狸没有什么不同。但是，如果你驯养了我，我们就会彼此需要。对我来说，你就是我世界上独一无二的了；我对你来说，也是你世界里的唯一了。"

对我来说，这样的"重要他人"，除了父母、爱人、孩子，还有你们——"尺码"相同的"新网师"家人们！

小王子因为把时间投注在这朵玫瑰花身上，所以这朵花才会如此重要；狐狸因为与小男孩彼此"驯养"，所以成了彼此的唯一。而你们，我的朋友们，因为我们彼此的"驯养"，才成为"重要他人"。

在高中任教时，班上的学生是我的"重要他人"；在海南带队时，所带的大学生是我的"重要他人";今天,"新网师"家人,就是我的"重要他人"。

我们在一个团队中,通过共读,通过对话和文字交流(共写),彼此理解,加深认同,彼此的生命编织在一起,从而具有共同的愿景、价值观和思想基础,拥有共同的语言与密码,实现了共同"生活"。通过共读、共写、共同生活,团队不是团伙,不是乌合之众,不是冷冰冰的旅舍,更不是角斗场,而是我们共同存在的家园。

五

人,很容易被条条框框所限制。

从存在主义哲学来看,理性的泛滥导致存在的遮蔽,导致真理(海德格尔所指)的丧失,人失去了活生生的明亮状态,失去了充满生机的可能性状态,失去了蓬勃的创造状态。

我们靠近、寻找"重要他人",就是找回自我的存在感,让自身处于明亮状态中,处于马斯洛所描述的"高峰体验"中,处于生机勃勃的涌现状态中,创造属于自己的语言,活出自我的风格,成为一个自我实现者。

艾丽西亚是纳什的"重要他人"。那么,谁是你的重要他人?你,又是谁的重要他人?

(2015 年 5 月)

比读书更重要的是什么

比读书更重要的是什么？有人可能会说，是行动啊，或者说知行合一。你说得对，但基本属于"正确的废话"。如今有几个人是如孔乙己一样只知道死读书的书呆子？有几个不知道做事？正是因为在行动中栽了跟头、撞了南墙才想起书籍，想从中寻求指点迷津的良策啊！

有人会说，是写作啊！写作是输出，阅读是输入，输出影响输入。这道理也对，但除非你准备做职业作家，否则，对于一名教师，教室才是主阵地，家长和校长可不是喜欢每天阅读你的文章，而是眼巴巴地瞅着孩子跟着你提高了多少成绩，成长了多少。

好了，言归正传。

如果你在工作中不见起色，或者进入倦怠期，如果你不愿意白白消磨生命，如果你不甘心如此平淡或平庸，如果你还能有阅读的兴趣和能力，那么，我就给你再补充一点（注意，我不是否定阅读与写作）：找到高人，长期求学。

近十年，对于我而言的确是阅读的十年、写作的十年，如果说有一点变化，最关键的还不是阅读与写作，而是偶遇高人，并持续十年向其学习。能持续地阅读与写作，本身就是遇到高人而产生的变化。假如，没有这个前提，只是自己摸索读书，不要说能有多大变化，估计坚持不了几天，可能就心浮气躁、半途而废了。

就像郭靖练武也非常勤奋刻苦，但如果一直是跟着江南七怪学，估计也只是一个中等之才，只有遇到马钰道长和洪七公才真正奠定了江湖大侠的根基和气派。

孙悟空如果不是东渡出海去三星洞拜菩提祖师为师，能有后面波澜壮阔的历程，并迈向修成正果的巅峰？

从做学问来说，找对真正的学术高人，长期向他学习，尽可能把他的书籍、文章全部读完，把他的报告全部听完。学习他的学习方法乃至生活方式，直至把他的全部思想、学问基本领会，才算扎下根基，才能一通百通。

这儿听一点，那儿看一些，以为见多识广，自以为学了很多，其实很难在大脑中搭建起吸收、转化的知识框架，很难有根本的提升！

找到真正的学术高人很关键。很多人也好学，但投错了师门，消耗了一大堆时间与精力，甚至钱财，只学了一招半式，而难有根本性提升。什么是真正的学术高人？或者是学界泰斗、大咖，有的头衔也不多、职称也不高甚至没有（民间有高人呐！），但一定是在某一领域长期深耕浸润，视野广阔，真正通透；或者有自己的独到见解、思想或理论；或者在学术领域有奠基式、开创性、实用性的著作、文章。

为什么要通读其文章呢？因为这样的老师是一座巍巍学术高峰，"横看成岭侧成峰，远近高低各不同"，只有通读其书籍、文章，相互打通，你才能整体性领会。

为什么要长期学？一方面，精读其书籍、文章需要时间，更重要的是，老师也在不断进化，你不长期学习，很难跟上他的脚步。

为什么要学习其生活方式、学习方式乃至价值观呢？世界本来就是相互联系的。枝头绽放的鲜花，源于扎根的土地、阳光与水分。能取得不俗成就，除了个人禀赋与机遇，与其独特的生活方式、学习方式、价值观密不可分。

如果在过去，就是明白此道理，也望洋兴叹，因为高人难觅啊！一般情况下，你是读书买不到，找人见不着，但今天，互联网给了我们福利，带来了便捷，让过去的不可能在动动手指间就能轻松完成。

你可能会说，需要学的知识那么多，高人也那么多，我怎能只向一人学呢？第一，不要绝对化，向一人学习，不是只学一人；第二，一通百通，真正攀登上一座"山",其他"山"也就容易了。

最后,以今天读到的一句话结尾:

关系是不均衡的,带给你最多启发、最多收益的人,总是极少数。但问题是:你在这些人身上花费的时间远远不够。高质量的链接,需要遵循的不是二八原则,而是 1∶99 的原则,我们应该把自己 99% 的社交时间,花在 1% 的人身上。去找到这 1% 的人。

(2020 年 3 月)

在阅读中重建心灵世界

我在朋友圈中转了两张图片，很多朋友都留言哈哈大笑。图片是这样的：一个人拿着他的雕塑作品（一个英俊的西方男子的头像）去参赛，作品雕得非常好，结果在路上就给摔了，脸部鼻子嘴巴都塌陷回去，临近评选，没时间重新做，他就给自己的作品起了一个名字：《挤地铁》，没想到居然获奖了。

当我看到图片时，想起我近来一直思考的一句话：重要的不是事实，而是对事实的解释。这句话也有另外的表述：影响一个人成长的不是处境，而是对处境的理解。

事实是什么？是我们观念的建构、理解。人的改变，就是对原有观念的重新建构。这句话使我对生命和自我的理解有了新的改变。这也是我这十多年来的深切体会。

既然重要的是对事实的理解，那么，是什么影响一个人的理解呢？是什么在限制着我们的观念呢？我认为有三个方面：

第一，井蛙不可语海，空间的局限性；

第二，夏虫不可语冰，时间的局限性；

第三，曲士不可语道，认知的局限性。

因蛙困井底，故其不知道有大海，此为空间局限性；夏虫从来活不到冬天，故其不知道这个世界还有冬天，此为时间局限性；普通人只能看到眼前的现象，无法理解形而上的道，此为曲士认知的局限性。空间、时间和认知的局限性影响了每个人的理解。如何去突破呢？

我有三点深刻体会：丰富阅历，增加阅读，扩大交往。

使人成长的是阅历。

我先讲两个小故事：1901 年，一个婴儿出生在山西五台的永安村，他 16 岁时辍学当了一个学徒，18 岁考上山西国民师范的速成班，20 岁在五台县河边村当老师。这些经历，与山西大地上千千万万个小伙子没有什么差别。然而，在他 23 岁这一年，一段特殊的经历开启了，他考入了黄埔军校第一期。从此，他走上了时代浪潮的巅峰，他就是徐向前。1918 年，湖南的一个农村青年毛泽东到了北京。一个湖南的小伙子到了北京不算什么大事情，但是他去了北大图书馆，接触到了当时的陈独秀、李大钊等人。北大的这一段经历，是他传奇的一生重要的转折点。

有怎样的阅历，对于一个人观念和人生的影响是巨大的。

说完阅历，看阅读。

有三本书深深影响了我：杜威的《民主主义与教育》、佐藤学的《静悄悄的革命》和王阳明的《传习录》。

2019 年暑期，我在河南汝阳与一群老师共读杜威的《民主主义与教育》，连续读了六天。读完杜威的著作之后，我对教育的理解有了根本性变化。后来我在忻州北关小学做一个论坛的点评分析课程，就是运用杜威的理论。没有理论做支撑，关于课程的解释是很难深入到本质的。我去原平实验小学听课，听了一节作文教学课，我很多年都没有听过作文课了，之所以能对写作问题进行剖析，也与杜威的书有很大关系。

我曾经在忻州市成立了人文经典读书社，开始读《传习录》。我在常春藤读书会也读过《传习录》，忻州这次共读对于什么是良知、致良知等，有了真切的体会。王阳明说：知善知恶是良知，为善去恶是格物。良知是天理，我们知道许多道理，比如应该阅读、健身，但很难做到知行合一。王阳明的致良知对我理解教育、理解自我、理解当下都有深刻的启发。

读书是好事，但重要的是读什么书。

我知道许多朋友共读《批判性思维工具》。这是非常好的一本书，只不过大部分人往往急功近利，尤其是受实用主义文化影响，用什么学什么，而忽视其价值。其实，事物之间往往有复杂的关联，看不见的东西影响着看得见的东西。

谈了读书，就要回到交往。

有三位老师深刻地影响了我。第一位是朱永新老师，第二位是李镇西老师，第三位是郭小琴老师。

我从朱永新老师那里收获了两点：第一，做大事要有大的格局。新教育实验在全国做了20多年，有100多个实验区县参与，与朱永新老师的格局和胸怀有很大关系。第二，勤奋。朱永新老师事务那么繁忙，但他每天早晨五点起来学习、写作，数十年如一日，这就是卓越人物的品质。

李镇西老师说过的一句话让我印象深刻：幸福比优秀重要。起初，我有质疑：优秀了不是更幸福吗！后来跟他接触多了，听他讲自己的经历，我才真正理解这句话的含义。幸福是自我感受，而优秀要建立在外在评价上。李镇西老师一辈子做教育，一辈子学习苏霍姆林斯基，他对于外在的职称、职位却不是很看重，只是按照自己的良知来当老师，带着学生郊游，与学生打成一片，假期旅游每到一处都要给学生写信……李镇西老师是破格评了特级的，当时领导说不给李老师评特级都说不过去，因为他已经写了13本书。之后，他攻读博士，博士毕业后，他进了教科所，没几年，他又回到了学校当起了语文老师，他说："我一辈子就喜欢当语文老师！"这就是他所说的：幸福比优秀更重要。

郭小琴老师对我的影响有如下三点。第一，行动力非常强，说干就干。第二，郭老师经常说：人呀，你只管付出就好了。我跟她在一起，每次吃饭都是她买单，朋友请她吃饭，她也是抢着买单。第三，我经常听郭老师回顾她当校长的经历，她说，校长也得终身学习，失去原有的平台后才发现自己并不一定真懂教育；曾经孜孜以求的一些东西，不过是过眼烟云。

与高人交往，对自己观念的重构非常重要。

一个人理解自己很难。

当顺利了、进步了、成功了或失败了、倒霉了、艰难了的时候，理解自己就更不容易了。

但是，失败和艰难在生活中时时会与我们相伴，而且不知道什么时候会降临。这些年，我不断地读书，在国内行走，不断地跟教育界的很多人士交流，不断理解自己、理解生命、理解世界，就是希望更广阔地连接世界，理解自我。

（2020 年 1 月）

相信共同体的力量

为什么要写这个主题？因为这是我近几年最深刻的体会。2010年，我开始在海南的五指山带着一帮大学生实习支教。一晃十几年过去了，如果说十几年当中，我发生了一些变化的话，这种变化都与共同体的力量有关。从五指山支教的共同体，到原平市带领大学生实习支教的共同体，再到2016年回了忻州师院，感觉到周围缺少一个学习共同体时创立的常春藤读书会，直到现在主持的"新网师"，这些年来，我一直是用共同体的力量促进自己，持续不断地在共同体中学习。所以说，没有共同体的力量，没有共同体的支撑和滋养，自己的成长一定不会这样。

关于共同体，我想讲三方面的内容：第一，什么是共同体？第二，为什么需要共同体？第三，如何选择共同体？

一、什么是共同体

不是说聚在一起就是共同体，也许聚在一起的，是一群熟悉的陌生人。所谓共同体，有这样三个标准：

第一个标准：有共同的愿景。愿景，就是我们要走向哪里？我们要成为一个怎样的人？对于常春藤读书会来说，我们的愿景就是成为专业型的教师。可能有的朋友加入进来，是为了得到文学的滋养，有的是为了辅导好孩子等，朋友们有各种不同的目的。但还是要明白：我们的最终目的是成为专业型的教师。当然，这个愿景与其他愿景也不是完全冲突的。

第二个标准：有共同的使命。使命，就是我们聚在一起为了什么，我们为什么走在一起？作为常春藤读书会的成员，我们是为了借助共同体的力量成长自己，是为了相互学习、相互帮助、相互启发，而自愿走在一起。有的读书会是领导提倡，会员不得不参与。但对于常春藤读书会来说，我们主动、自愿、有内驱力地走在一起。走在一起是为了共同学习，也是为了给予他人帮助和启发。

第三个标准：有共同的价值观。价值观，是做事的标准，是判断好坏、判断是非的标准。常春藤读书会的价值观就是成长、卓越、生生不息，是己立立人、己达达人等。

价值观、愿景和使命需要在岁月中不断擦亮、复活，从而深深扎根，化为我们潜意识的一部分。

二、为什么需要共同体

有三方面的原因。

第一，共同体能够给予力量。一切生物的成长都是需要能量的，这种能量在与外界交互的过程中产生。就像一粒种子，在与环境的交互中获得水，获得氧气，从而通过光合作用，产生生长的能量。很多人在生活当中之所以变得消极、倦怠，不是"种子"的原因，而是因为缺乏能量，缺乏能量就失去了成长的内驱力。

第二，共同体会指引方向。成长，要明白向哪里成长，如何成长，向谁去学习。我们聚在一起，在一个共同体当中，依靠共同体的指引，就可以获得成长的方向。特别是在优秀的共同体当中，能有高人的指点，这一点在成长中至关重要。

第三，共同体能提供资源。所谓资源，也许是一本书、一份资料、一段演讲、一个引荐，也许是其他的物质和精神资源。每个人所拥有的资源是不一样的，很多时候，一个人习以为常的资源对他人来说是稀缺、独一无二的。个体在交换资源的过程中，就充实了自己的资源库。常春藤读书会之所以能持续地发展，也是因为有更多的朋友能持续给我们提供场地等资源。所以，汇聚在一起，在相互帮助的过程中就能获得成长、发展。

三、如何选择共同体

在今天这样一个知识爆炸、链接方便、信息丰富的互联网时代，似乎可以加入的共同体非常多，需要学习的知识也非常多，我们都不知道要去学什么，总觉得需要学的东西太多了。

这样，对于选择能力就提出更高的要求。

从选择共同体来说，有三点提醒：

一是要择优加入。要选择卓越的共同体，选择那些与我们的愿景相匹配的共同体，选择那些"尺码"相同的共同体。

二是深耕细作。选择之后，就要长期坚持。任何事情的成功，都离不开坚持的力量。没有时间在岁月中的酝酿，就酿不出"好酒"。在常春藤读书会中，虽然都有收获，但最终收获多的一定是长期扎根、坚持的人。

三是连接世界。随着自己的成长，所需要的共同体不是一成不变的，而是变动的。比如从身边的共同体逐步走向了区域共同体，从而走向了全省共同体、全国共同体，不断去扩展自己的视野。就像前几年，我从师院支教队的共同体，连接到了忻府区、忻州市更多朋友，又进入"新网师"连接到国内的很多朋友。也要避免一直沉溺在一个固定的共同体中，而是要不断拓展，连接到更丰富、更广阔的世界。

每过300多天，每个人就要去经历一个新的四季轮回，但是我们知道，宇宙无限，人生有限，人在整个世界当中是一个匆匆的过客，这是生命的真相。有人说，人生本无意义，个体要为自己的人生确立意义，从而让短暂的人生获得一种幸福，寻求一种圆满，不枉过此生。希望我们能够继续孜孜不倦地学习，以一种更开放的心态、积极的姿态，读更多的书，连接更广阔的世界。我们一起携手啃读书籍，砥砺奋进，让生命成长。

（2022年1月）

教师专业发展的"吉祥三宝"

王宗祥曾经是四川省旺苍县陈家岭小学一名热爱阅读的乡村教师。过去，他业余时间阅读的大多是武侠小说、玄幻小说、修仙小说。这几年，他迷上了教育教学类书籍，阅读了苏霍姆林斯基的《给教师的建议》、李镇西的《爱心与教育》等教育专著，读书笔记和教育随笔写了近百万字。他说："职业倦怠仿佛一扫而空，整个人仿佛活过来了一样。"由于他热爱学习，专研教育，当地教育局把他调到了教研室专职从事教学研究工作。郭亚会是河北省石家庄二中润德学校一名语文教师，工作刚五年，过去业余时间大多是刷剧、网购、聊天。从今年秋天开始，坚持每日阅读打卡，日更微信公众号文章。郭亚会老师说："100多天的专业学习，胜过我从教五年。"

他们为什么会发生改变呢？

原来，他们都是因为加入了由朱永新老师发起的新教育实验。新教育实验从2000年正式发起，迄今已经22年，类似王宗祥和郭亚会这样数以万计的老师因新教育而被激活、被唤醒、被点燃。

新时代呼唤高质量教育体系，高质量的教育需要高质量的教师。2022年4月，由教育部等八部门联合印发的《新时代基础教育强师计划》中强调高质量教师是高质量教育发展的中坚力量……着力推动教师教育振兴发展，努力造就新时代高素质专业化创新型中小学教师队伍。一方面是时代对高素质教师的强烈需求，另一方面是中小学教师专业发展难题的存在。长期以来，受教育应试化、功利化等综合因素的影响，教师厌教和学生厌学的现象不同程度存在。不少教师感到工作缺乏意义感，由此而滋生出了职业倦怠感。对于各种培训，有的教师被动化参加，浅层性学习。

如何摆脱教师成长的这些困境，提高教书育人的能力？新教育实验从理论和实践层面进行了长期的研究和富有成效的探索，提出"一体两翼"（教师成长＝职业认同＋专业发展）教师成长理论，以"三专"理论（专业阅读、专业写作和专业交往）促进教师专业发展。借助互联网的优势，组建教师在线学习共同体，激发教师成长的自主性。

阅读对于教师成长的作用毋庸置疑，但为何中小学一线教师阅读现象不乐观？有的人甚至夸张地说"一群不读书的老师在拼命教学生读书"。新教育长期深入研究发现，许多教师在阅读上存在消遣性阅读多，专业性阅读少；读文学作品多，读教育专业书籍少；有价值的书读不懂，能读懂的书价值不大；按照兴趣阅读多，依照需求阅读少等现象。为此，新教育提出教师要专业阅读。专业阅读区别于大众生活中的消遣性阅读，是指以知性阅读的方法研读教师专业所需要的根本书籍，目的是构建一个知识结构合宜的大脑和提升阅读能力。知性阅读是指通过对书籍的批注、梳理、批判，领会并内化知识的过程。根本书籍有三类，包括奠定教师学术根基的经典书籍，深刻影响一生的书籍和成为思考教育教学原点的专业书籍。

山东省临邑县崇文小学是新教育实验学校，长期组织专业阅读，极大地促进了教师专业发展。学校里许多老师加入了学校成立的微光读写社，每两周一次开展共读共写和课程学习交流活动。新入职的公费师范生老师加入学校成立的"致远读书沙龙"，每周五定期共读。一年级家长加入"新父母读书会"，开展家校共读、亲子共读。学校将阅读延伸至家庭，共创师、生、亲共同幸福完整的教育生活。

在新教育中，类似崇文小学这样的案例还有很多。秦皇岛开发区第二小学成立了"海拔三千"读书会，组织教师共读《给教师的建议》和《儿童立场》等书籍。内蒙古巴彦淖尔市临河区第五小学成立了"新星之火"青年教师成长营，组织共读《静悄悄的革命》《教师成长力》等专业书籍。新教育指导学校创建阅读共同体，通过线上与线下、校内与校外、自读与共读相结合的方式，创设阅读氛围，解决"如何读"的问题。组织专家研制教师必读书目，根据不同类型和需求，推荐了100本经岁月积淀和学术界普遍认可的经典书，解决"读什么"的问题。聘请专家导读，开展对话交流，解决"读不懂怎么办"的问题。阅读与写作结合，以"输出"带动"输入"，解决"读后记不住"的问题。

智静老师是山西省定襄县实验小学的一名普通教师。她的朋友们发现，她的微信朋友圈变了，过去经常是转发一些文章，而现在每天会发出300多字的教育随笔。她也从一名语文老师成长为学校的副校长。之所以有这种变化，是因为智静老师加入了新教育实验。写作是锤炼专业思维和促进教育反思的重要途径。然而，许多一线教师感觉没时间写，不会写，不知写什么。"新网师"组织发起撰写"一日生命叙事"，倡导教师每天对当日教育生活记录、反思；发起"朋友圈写作"，鼓励教师每天在朋友圈以文字、文字+图片、文字+视频三种方式，记录教育生活中的点点滴滴；倡导"微信公众号写作"，鼓励教师开通微信公众号，记录班级故事，撰写班级叙事，书写家庭日记等。新教育提倡教师在教育生活中写，为了教育生活而写，写教育生活。这种写作强调理解与反思，强调与实践相关联，强调客观而真实地呈现。除此之外，提倡教师将写作作为一种学习方式，在学习中写，为学习而写，以写的方式呈现学习成果。参加新教育的教师，每天写阅读批注，书面完成课程学习中的预习作业或课后作业，有的还开始挑战撰写教育教学论文。不少教师还把写作作为一种工作方式，在班级的孩子生日时给他们写信，师生共写随笔等。

新教育以构建在线学习共同体的方式，促进教师的专业交往。不少教师在学习共同体中跨越学科的界限、时空的界限，改变过去封闭、孤立的学习状态，在与全国的名师、专家交流和对话中，唤醒了生命，激活了学习成长的内驱力。江苏省淮安市淮海中学的语文教师朱小会说："参加了新教育，我像一块轻漂、干燥的海绵一下子被投掷进汪洋大海，拼命地吮吸着知识的琼浆玉液。"加入新教育后，她选修了"发展心理学"和"教育学经典解读"两门课程，参加了"清凉一夏"暑期线下共读，承担领读和撰写综述等任务，通过写作"年度生命叙事"来省察整个一年的得失成败。她深深地感觉自己的学习热情被充分点燃，在不断地啃读、打卡、撰写作业中，心理学、教育学理论知识得到了丰富，专业素养得以提升，教育教学实践也变得厚重。

信息时代，只要你想学习，就能在互联网上搜到期刊论文、名家讲座等海量信息。然而，在线学习所面临的掉线率、辍学率高，也是世界各国面临的共性难题。新教育倡导的专业交往有何魔力能如此吸引并点燃教师？新教育深度研究后，发现不少在线教学课程种类单一，难以满足教师的多元化需求，以讲座为主的教学形式难以满足个性化需求。新教育开发了丰富的教师课程，变知识中心为教师中心，强化对话、反馈，指导、激发教师自主学习的方法和习惯。每位教师在新教育在线学习共同体中，不仅是知识的学习者，也是共同体的建设者，课程的开发者和信息的共享者。不少教师卷入学习共同体，从起初的学员，慢慢成长为讲师，极大地调动了学习积极性。

100多年前，美国教育家杜威就倡导将学校建设成"学习共同体"，日本教育学专家佐藤学将"学习共同体"作为21世纪学校发展愿景。美国学者帕克·帕尔默在《教学勇气》一书中提出了"求真共同体"的概念，期望通过持久的对话发掘知识的魅力，探求真理。新时代，新教育实验通过构建在线学习共同体促进教师的专业阅读、专业写作和专业交往，为提升教师教育素养探索了一条新的模式。2022年，新教育实验发起人朱永新老师荣获全球最大教育单项奖"一丹奖"。他表示，将拿出一部分奖金用以支持建设教师在线学习共同体，以期惠及更多中小学教师。

（2022年12月）

第六辑

热爱：抵御心灵的麻木

做一个真正热爱孩子的老师

热爱孩子是心有大我、至诚报国的落脚点。真正热爱每一个孩子，是普通老师体现教育家精神最显性和直接的方式。言为士则、行为世范是热爱孩子的基础，启智润心、因材施教是热爱孩子的方式，勤学笃行、求是创新是热爱孩子的前提，乐教爱生、甘于奉献是热爱孩子的关键，胸怀天下、以文化人是热爱孩子的最高境界。

热爱孩子，似乎不是什么新鲜独特的观点，但无论如何强调都不为过，也不过时，在当下更有现实意义和价值。当下，教育改革持续发力，教育理念不断更新，随之而来的讲座、报告、考察、论文、论坛如雨后春笋，所有这一切的出发点和归宿都是为了孩子。从空间角度看，今天的中国，农业社会、工业社会、信息社会共时性存在。从时间角度看，中国正从农业时代、工业时代向信息时代、智能时代加速转型。在大时代的浪潮中，教师与社会上各行各业的工作者一样，工作负担普遍加重，工作节奏普遍加快。除了完成备课、上课、批阅作业、课后辅导，还有各种学习、打卡、填表、申报，以及各种非教学性任务，经常是疲于应付，疲惫不堪，因此很容易忽略教室里的学生。当你日复一日、年复一年面对重复单一的工作，当你被烦琐的事务和刚性的考核裹挟，当你感觉付出与收获不成正比，当你真心付出却遭到他人误解时，还能守护初心，内心柔软，热爱孩子吗？其实不容易。

我们都知：爱，是教育的前提；没有爱，就没有教育。但什么叫热爱？

从现实来说，如果连应试成绩也提高不了，肯定不是爱。但是，如果"目中无人"，仅仅是关注知识和分数，也不是真正热爱孩子。热爱孩子的老师不仅能传授知识、传播思想、传播真理，还能塑造灵魂、塑造新人。热爱孩子的老师，能用慈爱之心对待儿童——这个活生生的人（而不是爱孩子的分数和成绩），能用悲悯之心对待每一个孩子——特别是"问题学生"和"后进生"。热爱孩子，就不仅关注孩子的学业成绩、学习习惯，还要重视孩子的道德人格、身心健康等。不仅仅是关注孩子的当下，还要为孩子的终身发展奠基。

热爱孩子的老师，不仅仅是精通专业知识，帮助考试升学的"经师"，还要努力成为润己泽人，启智润心，引导学生心灵成长的"人师"。说到热爱孩子的老师，脑海里就想起丰子恺笔下的李叔同。丰子恺得知老师李叔同去世后，写了一篇回忆性文章，描述李叔同最大的特点——认真。在李叔同上音乐课时，有同学不唱歌而看别的书，李叔同不立刻责备，"等到下课后，他用很轻而严肃的声音郑重地说：'某某等一等出去。'等到别的同学都出去了，他又用轻而严肃的声音向这某某同学和气地说：'下次上课时不要看别的书。'说过之后他微微一鞠躬，表示'你出去罢'。出来的人大都脸上发红"。丰子恺在文章结尾写道："我和李先生在世间的师弟尘缘已经结束，然而他的遗训——认真——永远铭刻在我心头。"如李叔同这样严谨认真、一丝不苟、行为世范的老师，就不仅是授业解惑的经师，还是启迪生命的人师，是热爱学生的老师。

热爱孩子的老师，能平等对待孩子，而不总是居高临下；能真正尊重孩子，而不把孩子当作炫耀的工具或者连累自己的麻烦。热爱孩子，就不是让孩子成为你心目中的样子，而是真正理解孩子、尊重孩子，让孩子成为他自己。很多时候，教师不是缺乏热爱孩子的情感，而是缺乏热爱孩子的能力。现实中的例子提醒我们，如果父母和老师缺乏爱孩子的能力，即使是神童，也能"培养"成普通人，甚至某些方面还不如普通人。因此，要拥有热爱孩子的能力，就需要热爱学习，专业学习，终身学习。

热爱孩子的老师，不是政策文件的机械执行者，而是热爱学习、主动创新的探索者；不仅是将政策文件转化为实践行动的操作者，还是带着实践智慧引领政策的研究者；不仅是传授学科知识的传递者，还是激活学科知识魅力的发掘者。当下的校园，承载着许多功能：政府的要求、社会的需求、家长的诉求与育人的使命相互交织，升学应试的刚需与对核心素养的迫切追求将长期共存，传统观念与最新理念持续碰撞，守正与创新相互交融，理想与现实交相激荡。在时代波涛汹涌的大背景下，教师一方面要不断学习新的理念、知识和技能，以应对社会和学校越来越高的工作要求；另一方面要在追求、兴趣、责任、能力等多种因素中找到平衡，以安放自己的身体与灵魂。越是如此，越是需要重新思考并守护教育中这个最基础的、最根本的要素——热爱孩子。

　　一段时间，热爱孩子的榜样老师往往以"悲情者"的形象被宣传。他们的工作环境是简陋的，生活辛苦而清贫，精神无私而奉献，舍"小家"为"大家"，为了学生顾不上自己的孩子，为了工作不顾自己的身体，"春蚕到死丝方尽，蜡炬成灰泪始干"是最常用而典型的描述。但在今天，热爱孩子的老师不应是一味消耗自我生命的"人梯"，而应是立己达人、成就自我、享受教育生活的"幸福者"；不应是听任外部环境摆布的被动生存者，而是主动进取、内驱发展，铸就生命传奇的谱写者。他们是追求理想教育的教师，致力于研究创造的教师，身心统一完整的教师。热爱孩子的老师，用仁爱、勇气和信念，把自己的生命与孩子的生命编织在一起，让学生因遇到我们而增加幸福，我们的生命价值与意义也因此而彰显。

（2023 年 10 月）

爱是一种能力

在五指山市实习支教培训的师范生观看了法国电影《放牛班的春天》,看到QQ群中几个老师在讨论,我插了几句话。一位老师发言:"仁者见仁,智者见智,一百个读者就有一百个哈姆雷特,就是有许多不同的看法,才会有精彩的思想交汇,老师又何必逼我们去说出你心目中的标准答案呢?"

貌似有理,实则不然。当然,我的想法也不一定是标准答案。

正如对一个历史事件的看法,如果是在茶馆当中闲聊,的确"一千个读者就有一千个哈姆雷特",海阔天空,各抒己见,然后拍拍肚子悠然而去即可。但如果是放在大学历史系的课堂上展开讨论呢?当然可以"仁者见仁,智者见智",但答案(真理)肯定还是相对集中的。读者再多,读出的也应是"哈姆雷特",而不能是其他。此外,是否抵达了认识的核心,是否能解决当下的问题,否则,陈年旧事,研究何用?

在培训中引入电影,也是如此。否则,你说东我说西,只是停留在词语的表面,徒费时间而不能解决当下的困惑,这样的讨论有什么意义和必要呢?

一

《放牛班的春天》的确是一部每个老师都应该看的教育经典电影,但如果没有充分的教育学、心理学知识作为背景,很多老师就还仅仅停留在"爱""信任"等这些已经在内心激荡不起任何涟漪的词语中。结果仅是欣赏，无法参悟。

有的人从马修为了使学生免受惩罚而撒谎中看到关爱，有的人从马修对不同的问题学生采取不同的办法中看到因材施教，有的人从马修组织合唱团走进学生的心灵而看到音乐的作用……

是的，这些在电影中都有，而且说得没有错，但问题是得出的这些结论能真正对当下困惑产生多大的作用呢？你不爱学生吗？你没有信任过学生吗？你不知道因材施教的作用吗？

其实，我们对学生的爱，很多时候仅仅是喜欢，是让学生感动，而且倾向于喜欢听话的、学习好的孩子。这种爱还往往在潜意识上希望"等价交换"：我爱你，你就应该听话，应该好好学习。尤其对缺乏精准的教育教学方法的老师，这种爱，往往就成了遮掩专业虚弱的"外套"，成了逃避问题的"港湾"。所以，当自己的爱换不来学生的"等价回报"时，就会抱怨孩子不领情，不识好歹，然后以不见学生，不给学生上课来表达自己的伤心。

而马修老师不是这样，马修老师是对每一个生命无偏见、无条件地尊重、爱护和信任，是对每一个生命真正地热爱。所以，他能在学生抢走包后还要对校长撒谎来保护他们；在学生偷走了他的乐谱后，也还要出面在管教面前替他们撒谎；在贝比诺受到欺负后，毫不客气地"威胁"孟丹；在被莫翰奇浇了一头墨汁后，还要安慰莫翰奇的妈妈，在莫翰奇被关禁闭时，他对莫翰奇的母亲撒谎；即使是对大家认为无可救药的孟丹，也一再宽容，当看到孟丹因偷手表而被关禁闭后，说"他是我唯一的男中音"。

正如谈恋爱，你说："我不爱他（她），但你可以教我几招谈恋爱的技巧吗？"可以吗？爱是需要灵魂的，没有发自内心的爱，任何技巧、办法最终都是无效的。

有了灵魂的东西，就可以照亮一切；没有灵魂的东西，一切优秀的技巧也会失效！有了这种发自内心的对生命的爱，那么即使你责骂他，惩罚他，甚至适当地体罚他（前提是不能打伤），也不是不可以。对打伤麦先生的盖贺克，马修并没有放过他，而是惩罚他去服侍麦先生。其实，惩罚也是包含在关爱当中的。有的老师问我，对实在让人头疼、屡次犯错的孩子能不能体罚呢？我说能，但有两个前提：一是不能打坏孩子，二是你要让孩子从你的体罚当中真正感觉到你是爱他的。为什么许多学生对老师的批评耿耿于怀，过后和老师反目成仇呢？问题不在于批评本身，而在于老师没有让学生在批评中感受到关爱，而仅仅感受到了打击、侮辱、讨厌、惩罚。

运用之妙，存乎一心。我们所缺的不是教育的技巧，而是真正的热爱！从这个角度来说，我们首要的问题不是教育学生，而是教育我们自己——

你，真正热爱每一个生命了吗？

二

须知，爱是一种能力，而我们很多时候仅仅是做出一种姿态。

在这一点上，很多家长更为明显。为什么许多家长对孩子付出很多后，对孩子的回报感到寒心？实质就是缺乏爱孩子的能力。家长给孩子除了提供必要的衣食住行的物质条件，更主要的是要和老师一样，让孩子身心健康成长。而很多家长主要停留在前者。

老师们都知道因材施教的作用，但真正在实际中运用的没有几人，为什么？因为我们缺乏的是因材施教的能力，而不是这种态度。

电影中的马修对音乐非常精通，所以，当一个个学生试唱出五音不全甚至低俗的歌词时，他能准确地给每个学生定出低音、中音、高音，能发现有"天使的面庞，魔鬼的心肠"之称的莫翰奇在音乐上那非凡的天赋。即使对两个无法唱歌的孩子，为了不让他们产生脱离集体的孤独，伤及自尊，就任命其中一个孩子贝比诺为助理，而把另一个孩子安排为"乐谱架"。马修经过艰辛付出，训练出了极高水平的合唱团。

马修本质上是音乐家，而不是平庸的、只能唱流行歌曲的音乐老师。对音乐，马修是发自内心的热爱，音乐不是他谋生的工具，不是赚钱的职业，而是他生命的一部分，所以，在校长命令要求解散合唱团后，他依然在晚上悄悄地训练。

理解了这点，也就能明白为什么许多学生不喜欢学习。一个不爱自己学科的老师如何能让学生喜欢他教的知识？如果学科已经成为生命的一部分，如果灵魂为知识的伟大而战栗，如果自身成为伟大事物的核心，并能唤醒之，启发之，那么不用担心学生不喜欢他的学科，也不用担心教室的纪律问题，这时课堂会如涓涓溪水，滋润心灵而沁人心脾；会如渺渺梵音，启迪智慧而醍醐灌顶。

这时的老师不是一个闲坐喝茶、喋喋不休的评论者，不是一个站在河岸上指手画脚的教练，不是一个站在"安全岛"上的局外人，而是和学生一起爬山的登山者，是和学生一起打坐的修炼者，是和学生一起跋涉的朝圣者，要让学生看到老师在修炼、在热爱、在朝向，并且不掩饰自己的不足。

所以，永远向我们自身的平庸开战，这是一切教育的首要条件。

三

在电影中，孩子们在马修老师的带领下，渐渐喜欢上了唱歌，莫翰奇天使般的面孔上出现了天使般的笑容，孩子们的眼神也由过去的冷酷、怀疑、仇恨而变为坚定、清纯、专注，一向古板的数学老师也哼起了歌曲，连冷酷的校长也在办公室里扔起了纸飞机，监狱般的学校开始充满了欢乐的笑声，学生的问题也比过去少了……

合唱团何以有如此大的神奇功能？

是的，音乐能抵达人的心灵，但如果仅仅停留在音乐的教化作用上，还是片面的。因为我们很多老师教的都不是音乐课啊，如果没有发现核心的因素，就胶柱鼓瑟了。

核心的问题是：孩子们通过合唱团围聚在音乐这一伟大事物周围，进而找到了做人的尊严和自信。音乐起到了一个很好的凝聚和吸引作用，当音乐响起来，孩子们的世界就安静了，孩子们心灵中沐浴的是光明、圣洁、美好。为什么我们也有班歌，也唱歌，而达不到这种境界呢？一是因为我们的音乐无法抵达学生的心灵深处，二是我们其实是把音乐作为驯化的手段，丢弃了音乐本身的魅力。

作为不是音乐老师的我们，就应该让学生围聚到语文、数学等学科这样伟大事物周围，共同经历在探索中迷惘、求索、顿悟的过程，共同感受知识的伟大魅力，让学生在探索的过程中找到尊严，找回自信。如果如此，我们到达的高度要比马修高得多，因为学生真正的尊严毕竟来自学科教学。

是的，以伟大事物为中心，汇聚一群人，去共同发掘其魅力，在这个神奇的场域，教师、孩子、伟大事物、神性之光，交织出一种生命的庄严与灿烂，书写我们自己的传奇，呈现生命的尊严。

这个过程，是老师和学生共同经历、共同探索的过程。所以，没有老师的成长就没有学生的成长，没有老师的热爱就没有学生的热爱。通过自我领悟而让学生领悟，通过自我达成而让学生达成，通过震撼自己而震撼学生，这就是古人所说的——

己立立人，己达达人。

四

李开复在博鳌和香港科技大学、杜克大学校长讨论大学四年什么最重要，他提到：一是学会灵活使用知识，把知识应用在新问题上；二是经过实践分析、理解、解决问题；三是理解每个问题有不同观点，可以有多个解决方法；四是成为一个"future-ready"的人，学会学习的方法；五是博雅教育，对人类重要的问题、知识都要懂一些。

这五个方面的核心突出了运用知识的实践能力。一个人的能力如何，主要体现在实践中，实习既是应用知识也是学习知识，不论哪一点，都需要有积极的态度、正确的认识。

偏见比无知更可怕，客观地说，我们现在最大的问题不是来源于学生，而是来源于自身，没有自身的发展和提高，怎么能有学生的发展和提高。

（2012年3月）

为什么热爱阅读的老师稀缺

中小学教师读书少是一个不争的事实。

为什么？

如果是少数人的特征，需要从个体找问题。如果是大多数人的特征，就要从客观现实找原因。

阅读需要有一定的闲暇时间。但据我所知，大多数县城以上学校的老师，工作量非常大，仅应付日常的"备讲批辅考"，就得耗费大量时间和精力。大部分女教师下班后还要做家务和辅导孩子，一天下来，疲惫不堪，加之考试排名、应付检查等，事务多，压力大，她们基本很少有时间和精力用来阅读。即使读，也是读一些手机微信上的浅显易懂的短文。

不过，许多农村中小学校的老师不是这样。农村中小学校学生少，考试竞争压力小，老师有相对充足的时间和精力，但为什么阅读也少呢？

与环境有关。

农村学校缺乏阅读的氛围和环境，大多数老师是集体办公，条件简陋，环境嘈杂，不利于读书。闲暇时间打球喝酒、追剧聊天，缺乏榜样带动。大部分校长重视学生考试成绩，对教师专业发展并不真正重视，更不重视教师阅读。

但是，人不是被动地被环境所限制。自己愿意做的事，总会创造条件去做。没有阅读时间和空间，实际上成了大多数教师不读书的借口。

只不过，我们需要追问：为什么大多数教师缺乏阅读的动力和意愿？

从教师自身来说，多数教师从小接受应试教育。按照怀特海"浪漫—精确—综合"三阶段认知规律，小学阶段浪漫不够，童年缺乏海量童书的滋养，缺乏沉浸阅读的体验；中学阶段过度精确，主要是刷题应试，基本没有激发出对知识本身的热爱以及对未知的好奇与兴趣。一个人在成长的关键阶段，在可塑性强的青少年时期，既没有培养阅读的能力，也没有培养起阅读的兴趣和习惯，成年后，就很难喜欢阅读。

很多教师在成长中接受的是应试教育，到了工作岗位做的是应试教育。应试教育考什么，教什么。教师不必研究"教什么"，不必开发课程，不必研究课题（除了评职称，应付几篇），只需收集考题，琢磨"如何教"即可。一个读书少甚至不读书的老师只要严格管理学生，加之几年经验，基本就能胜任工作，满足家长和领导的要求。研究教育原理，研究认知发生，研究儿童心理，这些太复杂，而凭借强势作风，延长学生时间，运用"胡萝卜加大棒"的奖惩，简单快捷又有效，所以很多教师很容易产生"路径依赖"，不必阅读书籍就能成为所谓的名师。

只不过，在应试教育的厮杀中，许多教师，尤其是教了若干年的教师，即使取得了优异的应试成绩，但总伴随着宿命般的"原罪"：一是能让优秀的学生考出好成绩，但很难大面积让学困生转变提高；二是因为工作中的成就感和幸福感主要间接来源于学生的考分，而很少从教学过程中直接获得，所以职业倦怠感与日俱增，挥之不去。

这种情况下，有的老师也开始抬起头来，重新拿起书本，希望从书籍中汲取智慧，获得点化。但为什么许多老师还是培养不起阅读的兴趣呢？

主要是缺乏高人引领。

在专业阅读中常有一个悖论：读懂的书基本没用，有用的书基本读不懂。

高人作用主要体现在两个方面：

一是因为他博览群书，知识渊博，视野广阔，在另一个维度上居高临下审视教育和教师，所以，他能根据你当下的困惑，精准地找出你需要研读之书，提高了阅读的针对性和有效性。

二是他能在你不懂或者读后难以转化时，拨云见日，指点迷津，避免教师的浅读和误读。

在职业发展生涯中，遇到真正的高人、高师指引，是一个人的造化和命运。当然，你是谁，你的努力程度如何，会增加遇到高人的机会，否则，即使高人就在身边，你也识别不出，不以为然。

在校园里待久了，大部分老师很容易有知识分子普遍的缺点：清高，自以为是，甚至傲慢而偏见。很少有老师能真正谦虚地承认自己的不足。如果不是在工作中遇到危机，栽了跟头，很少能真正反省自己。从这个角度讲，缺少挑战和危机也是老师不读书的原因。

在有的学校里，喜欢读书的老师有时会被大家不屑和嘲笑。情况有多种：有的是消遣性阅读而非专业阅读，有的偏好个人兴趣来阅读，有的死读书成了书呆子。他们都有一个共同的特点——教学成绩一塌糊涂。这就导致周围的人对阅读产生偏见和误解。

当然，还有两种情况，我们也需要考虑：一是阅读与天赋有关，人的天赋是多元的，比如有的人天生好动不好静，就很难发展阅读兴趣。二是现在真正热爱学习、热爱阅读的人很少进入教师队伍当中，你从高考就能看出，高中真正优秀的学生，很少有报考师范院校的。过去还有一批优秀的中师生，从初中就提前选拔到师范，现在这种情况已经不存在了。所以，教育部才实行公费师范生制度，提出"让优秀的人培养更优秀的人"。

（2019年10月）

想说"爱"你不容易

有一位老师感慨:"如何才能让学生感受到老师的爱?"

我回复:"讨论这个问题之前,先要弄明白老师应该给予孩子什么样的爱,如何给予爱。"

谈谈教育中的爱心问题。

一

教育需要爱心,这是一个老生常谈、人所皆知的话题。马卡连柯说:"没有爱便没有教育。"冰心说:"有了爱,便有了一切,有了爱,才有教育的先机。"夏丏尊说:"教育没有了情和爱,就成了无水的池。任你四方形也罢,圆形也罢,总逃不了一个空虚。"当代语文教育名家李镇西的成名作就是《爱心与教育》。

应该说"教育需要爱心"这个真理是朴素的,但要让这个真理发挥现实作用却不是容易的,因为许多老师把"爱心"理解为态度、情绪,而不是真正的、有强大力量的情感。

真正的爱心表现为对学生积极的关心。这种关心不仅仅是一种态度,而是一种创造和培养。就像母亲照顾襁褓中的婴儿,随时关注,并为之喂奶、洗澡、换尿布,一个真正关心学生的老师会为每一个学生的点滴成长而操心、操劳，付出汗水和辛苦。如果没有这种关心，那么爱心往往就是一种情绪，而不是情感。一个真正关心学生的老师，不会对学生的学习状况、情感状况麻木不仁，听之任之，否则，无论他如何强调对学生的爱，也不会有人相信。爱心和劳动是不可分割的，人们爱自己的劳动成果，人们为自己的所爱之人劳动。正如《小王子》中，小王子"驯养"了这朵玫瑰，所以对之充满了感情，没有任何一朵玫瑰可以替代。

爱心还表现为责任心，这种责任心不是来自外部强求，而是源自教师内心觉醒后的自觉行动。有责任心的教师把教育作为此生天命之所在，工作不仅是为了薪资，而且是为了赋予生命以意义与尊严，是生命的自我救赎。他悲天悯人，知全守分，努力在教室"开出一朵花"来。他认为学生的成长不仅与学生有关，而且与自己在世之价值和成就有关，对学生负责，就是对自己负责。责任心是"我"对另一个生命表达出愿望的答复，"有责任心"意味着有能力并准备对这些愿望给予回答。有良好愿望而没有教书育人的能力和有能力而不愿付诸行动，造成的后果都是误人子弟。所以，有责任心的教师必定是拥有高度专业能力的教师，是优秀而不是平庸的教师。

爱心的第三个要素是尊重。尊重学生就要接受学生独有的个性，而不是强求其成为老师希望的样子；要努力使学生以自己的方式成长和发展，而不是完全受控于他人。尊重意味着学生是为其自身，而不是为了老师、家长或其他外在目的而成长。如果没有尊重，责任心就很容易异化为控制和奴役。很多非常尽心的家长之所以与孩子的关系僵化，就是没有真正尊重孩子，或者是没有考虑孩子的个性特征而盲目跟风，或者用孩子的成功来补偿自己成长中的遗憾。一个老师只有在自身成熟、独立，而不被考评等外在因素控制时，尊重学生才能成为可能。很难想象一个为校内考试排名而惶恐不安、焦头烂额的老师能够真正尊重学生。一些老师非常敬业但和学生关系僵化，原因就在于此。当班级的后进生内疚的不是自身没有成长，而是给班级拖了"后腿"，给班主任脸上抹了黑时，就是老师缺乏尊重的表现，因为他已经顾及不到学生的内心感受，他在意的是班级的成绩和学校的考评。

爱心还意味着要认识学生。只有了解学生，才能谈得上尊重。没有认识作为基础，关心和责任心都是盲目的。而如果不是从关心的角度去认识，这种认识也是无益的。很多家长、老师不是不想尊重孩子，而是缺乏认识孩子的专业能力和眼光。例如，会把孩子的许多心理问题误认为道德问题。认识学生，就是要透过现象深入内部了解本质：一个表现出勇敢无畏行为的孩子，也许是为了遮掩内心的怯懦和虚弱；一个强烈追求成功的人可能是源于内心的自卑感；一个孩子顽固、无礼可能是为了引起老师的关注或其他同伴的崇拜；许多孩子懒惰是为了缓解他当下的处境，遮掩自己的无能和无所成就；残酷的行为隐藏的是内心的虚弱，过分的雄心反而会妨碍孩子的健康成长，因为他的生命目标紧紧聚焦于超越别人……

关心、责任心、尊重和认识是相互依赖的，只有在成熟的、能够创造性地发挥自己力量的教师身上方可看到这些态度的集中表现。

二

有的老师把爱心片面理解为沟通、赞赏、激励，结果导致学生无原则、无底线放纵。还有的老师认为爱心就是严格，爱之深，方责之切，但学生往往不买账。其实，这些都是对爱心的片面认识。一个有爱心的老师应该同时具备母性之爱和父性之爱。

母性之爱是一种无条件的爱。母亲爱孩子没有任何条件，只因为这是我的孩子，而与其性别、外貌、才华、品德等无关。母爱是一种和平、祝福，不需要去赢得它，也不需要为此付出任何努力。但这种无条件的爱有其缺陷的一面，有没有母爱和主观努力没关系，这种爱不仅不需要用努力去换取，而且也根本无法赢得。

正因有母性之爱，孩子才对这个世界充满信心、信赖，并敢于去尝试和探索。缺少母爱的孩子会缺乏安全感和信任感，失去面对世界的勇气，也缺乏真正爱别人的能力。缺乏母性之爱，会让人一生或者怯懦或者逞强（掩饰恐惧）。母性之爱的过度就是溺爱，无原则的溺爱将导致孩子精神成长的停滞，而发展成一个过于任性、依赖、软弱无力的人。

老师要给予每一个学生以母性之爱，不以成绩的高低、外貌的美丑、家庭的出身等其他因素而进行区别对待。对犯错误的学生，严厉批评其行为，而对灵魂则无限宽容、悲悯。一个老师能不能给予学生以无差别的母性之爱，主要看其如何对待后进生和犯错误的学生。赏识教育所秉持的"承认差异、允许失败、无限热爱"理念，其本义就是母性之爱。

父性之爱是有条件的爱。父亲的原则是："我爱你，因为你符合我的要求，履行我的职责。"孩子要想获得父爱必须通过自己的努力去唤起，如果不符合这个条件，不仅得不到父爱，甚至还将接受某种惩罚。父性之爱的本质是提出要求，确定原则和法律，虽然父性之爱是有条件的爱，但其积极的一面是，这种爱受孩子自己的控制，因为可以用自己的努力来赢得。

正因有父性之爱，孩子才对自己的生命有更高的期许，并能够因此而承受寂寞、痛苦和挫折。如果说母性之爱的作用是给予孩子一种安全感，那么父性之爱则是让孩子建立规则意识，正视生活中的种种困难。缺乏父性之爱，可能会让人一生琐屑平庸。而只在父性之爱笼罩下成长起来的人，可能会刚硬而冷漠，忠于严格的秩序而无法面对丰富性。2000年，浙江省金华市高二学生徐力在重压之下（母亲要求儿子每次考试成绩都要排在班级前十名）无法实现母亲提出的目标，深感委屈和压抑，将母亲杀害。这是母性之爱缺失，父性之爱过度的极端现象。

老师要给予学生以父性之爱。严格要求每一个学生，确立生活规则，对学生的行为给予及时且恰当的反馈，学生进步时老师就要毫不吝啬地赞扬、鼓励，退步时就要明确地指出、提醒。要指明孩子的发展方向，纠正孩子的不良行为，而不是听之任之，麻木不仁。

干国祥老师曾形象地用《西游记》的故事诠释了母性之爱和父性之爱在个体成长中的作用："孙悟空的成长史也是母性之爱和父性之爱交融起作用的过程，如来和观音则分别象征了父性之爱与母性之爱。孙悟空在挑战'父亲'的权威的过程中，被'父亲'镇压在五行山（象征规则和权威）下。而正是'母亲'的出面调解，才缓和了父子之间的矛盾，但是犯错的'儿子'需要通过一个特殊的仪式——西天取经，才能获得父亲的最终认可，成为父亲一样的人（佛）。"

一个人的成长，首先应该拥有充盈的母性之爱，获得对世界基本的安全感和信任。随后，在父性之爱的引导下，建立起规则意识，对自身的力量和能力充满信心。教师的专业性在于，我们要从具体的每个儿童身上发现他的成长，究竟是不是缺乏了某种元素，以及用什么样的方式给予补充。

三

一个没有生命力的人是没有创造爱的能力的。

一个拥有爱心的老师能够清晰地认识自己，拥有较高的自我认同感和积极旺盛的生命力。他对工作的理解与他人不同，他认为工作是自身力量的最高表现，恰恰是通过工作，才体验到自身的力量、"富裕"与活力。工作不是一种牺牲，而是展现、丰富了自己的生命力。工作中不仅有付出，也有收获，师生在相互唤醒的过程中充满快乐！

没有生命力的老师，会切断工作与自身真实的联系，切断与投身教学热情的联系，切断与心灵的联系，逐渐失去工作的动力和激情，把工作当作无尽的劳役。

归根到底，爱心并不是一种与人成熟度无关、只需投入身心的感情，如果不努力发展自己的全部人格，不努力提高专业能力，那么，教师是没有爱学生的能力的。

（2013 年 9 月）

向李镇西老师学什么

在新教育读书会班主任读书社群的开营仪式上，我谈了四个方面的话题：第一，读书会读书的目的是什么？第二，《爱心与教育》的价值是什么？第三，李镇西老师如何具备了班主任的核心素养？第四，应该如何向李镇西老师学习？

第一，读书会读书的目的是什么？

通常，我们在读书的时候，或者产生共鸣，或者学一些知识和方法。但是班主任读书社群不应仅限于此。

读书的目的是什么？不仅仅是掌握一些直接的方法和技术，这些直接向周围的老教师学习即可。在班主任读书社群，应该通过深度阅读，去领会、掌握班主任所应具备的核心素养。在这里，书籍是抵达核心素养的一个通道，或者说通过书，领会班主任核心素养的某个方面。

从这个角度讲，寄希望于用一本书解决班主任的所有问题是不可能的。选择一本书共读，是希望使班主任核心素养的某一方面豁亮、显现。就如教师的精神借孔子而显现，借陶行知而显现，借朱永新老师而显现。李镇西老师的《爱心与教育》这本书诠释出理想班主任应该具备的一种素养，读者通过阅读这本书能感受到理想班主任的画像。读者读一本书，就像摸象的盲人一样，通过摸腿、尾巴、鼻子、耳朵，慢慢拼凑出一个理想的班主任完整的精神画像。

第二，《爱心与教育》的价值是什么？

为什么要选择《爱心与教育》作为这次共读的第一本书呢？如果仅仅从书籍的难度来说，似乎不需要共读。通常我们认为，应该是去共读那些自读读不懂，需要借助团队共读、专家导读才能够理解的书籍。这本书并不难懂，很多教师都能读懂，而且每一次读都会热泪盈眶。

共读这本书有两个原因：一是这本书把班主任应该具备的核心素养的某一方面活生生地显现出来；二是能引起一线教师的共鸣。李老师没有用多少时髦的概念，也没有用体系化的理论去阐述班主任工作。他用一线教师非常熟悉的讲故事的方式，描绘出一个理想班主任的精神画像，让班主任精神的本质显现。

但也正是因为这本书通俗易懂且能打动人，老师们很容易感动在故事当中，而把这本书背后所体现的真正有价值的东西忽略掉，所以，这次共读选择了这本书。

这本书的最大价值是什么？

《爱心与教育》畅销25年，已经被广大读者所认可。这本书中值得班主任学习的内容很多，比如李老师的反思意识、阅读能力、写作能力等。

但是，这本书最大的价值还是书名所显现的——爱心。

为什么？因为教师的职业与其他职业有很大不同。大部分从业者面对的是物——桌子、汽车等，而非心灵，甚至医生面对的也主要是身体。而教师面对的是活生生的人，而且是未成年人。教师的工作对象以及职业特点决定了"爱心"在职业中占有极其重要的价值。我们不要求厨师爱顾客，只要把菜做好即可；我们不要求外卖小哥爱客户，只要把物品送到即可。但教师不一样，身教胜于言教，教师是以爱来启发爱，以人格来滋养人格的。

什么是爱心？

读完书，如果在书中仅仅看到李老师把家长送的鸡蛋，巧妙地让学生吃掉等，我们的阅读就只能停留在表层。我们应该思考：这些故事的背后是什么？我借用心理学家弗洛姆的观点，来阐释教师之爱的四点内涵。

一是积极的关心。如果一个老师对学生没有积极的关心，就谈不上爱心。什么叫积极的关心？就像一个母亲对待婴儿一样，即便是晚上非常困乏，婴儿微弱的动静都能让她惊醒。没有积极的关心，爱心就成了一种情绪，而不是情感。如果没有积极的关心，教师就会对学生麻木不仁、听之任之。爱心和行动分不开，积极的关心意味着付出。在这本书中，李老师了解到班级里孩子遭遇不幸时的那种触动；李老师了解到学生家庭有困难，就号召班级里所有学生去给他捐款，这都是积极的关心。

二是自觉的责任心。自觉的责任心是教师内心觉醒后自觉的行动，是一种悲悯之心，而不仅仅是完成上级安排的任务。李老师给学生写生日祝福语、送生日礼物、带学生去春游等，这些都不是学校安排的，是自发的，甚至类似郊游这样的活动还可能是与校规违抗的。新教育提倡"缔造完美教室"，有的实验学校的老师难以做到给学生写信等，就是因为只停留在策略和行动层面，而忽略了策略背后的责任心。如果没有根植于自觉的责任，提倡的行为就会成为一种外在的负担。

三是尊重。李镇西老师也提到，爱一个孩子就要尊重他。什么是尊重？就是要接受学生独有的个性，想让学生成为他自己，而不仅仅是符合教师的期望。如果没有尊重，责任心有可能异化为控制和奴役。

四是了解。没有了解就谈不上尊重。如果不了解学生，关心和责任心就是盲目的。很多时候，家长和老师没有做到尊重孩子、爱孩子、关心孩子，不是不想，而是因为不了解孩子。因此，爱是一种能力，而不仅仅是一种情感。

综上所述，对学生有爱心，首先要了解学生，不了解学生就谈不上尊重，在尊重的基础上对其有责任心，责任心之上还要有积极的关心。心理学家弗洛姆还谈到爱有母性之爱和父性之爱。母性之爱是一种无差别的爱，因为你是我的孩子，所以我爱你；父性之爱是一种有差别的爱，因为你符合我的要求，所以我爱你。这两点都很重要。书籍当中呈现的更多的是母性之爱，因为你是我的学生，所以我无差别地爱你，不论长相、性格、家庭方面的差异。这本书永恒的价值就在于把一个老师应该具备的爱心用活生生的故事显现出来，从而能够打动人。

爱之所以重要，是因为"爱"能增进老师和学生的关系，"爱"能让老师走进学生的心灵。润泽的关系与走进心灵是教育发生的前提。我曾经带着大学生在农村实习支教，在校大学生并没有丰富的教学经验和高超的教学方法，但是在农村学校非常受欢迎，就是因为这些大学生初为人师，年龄与学生差距不大，有满腔的热情，能够与学生相处密切。

第三，李镇西老师如何具备了班主任的核心素养？

一是深厚的职业认同。从李老师的书中，我们感受到了他对教师职业浓厚的职业认同。什么是职业认同？就是以做这件事为荣，以做这件事为乐，在做事中能体会到内在的价值。做事的过程中有内在的意义，而不仅仅是为了工资、职称这些外在需求。因为喜欢，觉得有意义、有价值，所以周末也要做，自己掏腰包也要做，这就是职业认同。没有职业认同，爱心就难持久。在今天，有的教师缺乏职业认同，选择教师职业只是因为没有更好的工作岗位。"身在曹营心在汉"，怎么能够有爱心？怎么能够去无差别地关爱学生，付出那么多呢？

二是专业阅读。李老师在成长过程中读了很多根本性的教育书籍。刚入职不久，他就开始阅读苏霍姆斯基和陶行知的书，这种专业阅读伴随了他的一生。这些书使李老师对教育不仅有了源自内心的朴素的感受，也有了深厚的理论支撑。在李老师成长的过程当中，专业阅读、大量阅读使他的教育由感性转化成理性，从自发变成了自觉。

三是专业写作。李老师经常给学生写信，到今天出版了一本本书，著作等身。放在今天来说，《爱心与教育》就是一炮打响、一鸣惊人。这样"额外的奖赏"、巨大的成就对李老师后期的发展一定产生了深刻的影响。李老师给学生写信，不仅是在学生上学的时候写，毕业后也写，写作成了李老师教书育人重要而有效的办法。新教育提出教师专业成长的"三专"模式，在李老师身上就是一个鲜活的体现。

四是自身的生命气质。李老师的爱心和童心与他的生命气质也有一定关系。在主持"新网师"的工作后，我有幸与李老师近距离交流，能够感受到李老师那种赤子之心、童真之心以及智慧之心。

因此，正是职业认同、专业阅读、专业写作和生命气质这四个关键因素构成了李老师爱心素养的前提。

第四，应该如何向李镇西老师学习？

如果仅仅就书谈书，书中的好多做法和策略值得我们学习，拿来就可以用。比如给学生写生日信、送祝福、送日记本，与学生一起郊游等。但仅仅这些是不够的，因为有的做法在今天已经不太适合了，比如带着学生去郊游就比较麻烦。另外，每个人的禀赋不同，比如写作，不擅长写作该怎么办呢？

所以，如何向李老师学习？还是要回归到爱心。在今天，爱心在我们自身如何显现？有三方面的要素。

首先，要与自我的生命气质相结合。

每个人的生命气质是不一样的。有的外向，有的内向，有的让儿童有亲近感，有的让儿童有威严感。哪一种更适合做老师？没有定论。不是某一种性格或者能力才能胜任老师，而是每一种性格或能力都有其优势，也有其局限性。不擅长写作的老师是不是擅长唱歌？不善于口头表达的老师是不是善于书面表达？抖音里有一个高三老师跳舞给学生解压就很好，所以教育要结合自己所擅长的和生命气质，不必机械模仿。其实，爱，不仅仅是对学生有老母鸡式的呵护，严厉也是一种爱。关键是我们能不能做到了解学生、尊重学生，以及是不是有责任心和积极的关心。

其次，与工作处境相结合。

所处的岗位是小学、初中还是高中？是农村还是城市？是南方还是北方？学校的要求是什么？爱学生，在不同的环境、对不同的儿童有不同的体现。今天的爱学生，首先要极大地关注儿童的心灵，因为和李老师在 20 世纪 80 年代教的学生相比，今天学生的心理问题更严重，教师要从过度地应试化、过度追求成绩转而关注到儿童的心灵、内心世界以及人格发展。

最后，努力提高专业素养。

李老师也说，仅仅有爱是不够的，还得有智慧。智慧从哪里来？智慧从提升自己的专业知识、专业能力、专业素养中来。如果一个老师不去学习、不去注重自身修养的提升，仅仅口头上说爱学生是没有多少价值的。老师不可能把自己没有的东西教给学生。老师不爱学习却要求学生爱学习，老师不爱阅读却要求学生爱阅读，老师不追求上进却要求学生上进。何以可能？

老师不应该仅仅成为"经师"，还应该成为"人师"。我发表在《中国教师报》的一篇文章《做一个真正热爱孩子的教师》中提及：教师不仅仅是精通专业知识，帮助学生考试升学的"经师"，还应该成为润己泽人、启智润心、引导学生心灵成长的"人师"。李老师在"人师"这一方面体现得淋漓尽致。他影响的不仅是学生的中考和高考，而且是学生的一生。

以上是我所谈到的四方面。回归这本书，与其他专业书不同之处在于李老师是用自己一生的经历、一生的行动和自己的言行与表达，活出了一个幸福完整的班主任的样子，成为我们学习的榜样或者朝向的自我镜像。

这，或许就是班主任读书社群共读这本书的目的。

（2024 年 1 月）

抵御心灵的麻木

飞机在三亚的碧海上空掉头，如一只大鸟缓缓滑落，"天涯海角"的巨石、海边的椰子树、沙滩上的黄色快艇渐渐清晰。机舱中的我，内心如脚下的海面一样，"清风徐来，水波不兴"。在微博上我写道：第一次抵琼，处处新鲜、惊诧；第二次抵琼，熟悉中有陌生感；此次抵达，心态已波澜不惊，平和宁静。

我知道，未来的一年，与其说挑战各种困难，不如说是与容易倦怠、容易因干瘪而麻木的灵魂抗争。

这，不仅来自他人，也来自自己。

一

当曾经新鲜、好奇的一切慢慢变得习以为常，当自己被生活的琐事之网重重缠绕，当困惑、挫折、失望、无力阵阵袭来，心灵的防守阵地往往会步步退却，心灵之水的源头会渐渐干涸。

心理学家马丁·塞利格曼曾经用狗做了一项经典实验，起初把狗关在笼子里，只要蜂音器一响，就给以难受的电击，狗关在笼子里逃避不了电击。多次实验后，在给电击前，先把笼门打开，蜂音器一响，此时狗不但不逃而且不等电击出现就先倒地开始呻吟和颤抖，本来可以主动地逃避却绝望地等待痛苦的来临。

在心理学上，这叫"习得性无助"。内心的疲倦代替了进取，心灵的绝望覆盖了希望，眼睛被昨天的灰尘遮掩而看不到明早升起的太阳，这时灵魂之花开始逐渐干燥并慢慢枯萎，进而生出老茧。退却的理由接踵而至，这时就会为满足虚构光环，为畅途设置障碍。把逃避当作成熟，把无力看成超脱，而得过且过也就成为生活的最佳态度。诸多者，即开始在八小时之外寻找生活的意义、活着的理由。

二

在老师们的微博中，能看到思索的痕迹、思维的路径，原来认为把握知识很难，现在发现连课堂上的纪律都是一个很头疼的问题：基本的加减乘除学生算不准；做应用题，连题也读不懂；简单的字词不会写，还不时地打架、逃课、迟到……

这些或新或旧，或在意料之中，或在意料之外的情况，一次次刺激着我们的思维，让我们逐渐对学生有了清晰的了解，对现实有了进一步考量。

是的，这种发现、思考是必要的。

然而，如果仅仅拿着放大镜瞄准学生，而不去观照自己的思维，调整自己的方法，那么可能"有色眼镜"会阻碍我们认清事实的真相，我们看到的有可能是海市蜃楼般的幻觉。

为什么强调要不断观照自己的内心，调整自己的思维？魏智渊老师说："对存在来说，客观事实之真，不是根本性的，而恰恰是第二性的。根本性的真，乃是存在之真。存在之真关心的是，它是促进了生命发展，还是遏制了生命发展。"面对一个绝症患者，告诉他真实的病情是"客观事实之真"，但不是"存在之真"，因为这一般会"遏制生命的发展"；对一个违纪的学生，狠狠的一巴掌能使其瞬间收敛，这是"客观事实之真"，但不是"存在之真"，因为这同样不能促进生命的发展。如果以"求客观"的思维去解读《西游记》，只会发现种种违反常识的谬误，而如果以"存在"的角度去探究，方能洞悉生命的真谛。运用之妙，存乎一心，思维之重，岂能忽视？

有怎样的心灵就有怎样的目光，有怎样的思维就有怎样的角度。改变自己才能改变学生，提升自己方可成就别人。只有不断根据"靶心"的移动调整"靶位"，才有可能击中目标。所以，我更关注老师们体现的对自己行为的反思，而不仅仅是对学生的评价；关注的是教育教学方法的及时调整，而不是一声声无力的感慨；关注的是学生和我们的共同提高，而不是简单粗暴的体罚换来的片刻宁静。

课堂是教学的主阵地，如果仅仅把教育工作理解为管住学生、制服学生，不是让学生收获，而是让学生听话，不是让学生敬佩自己，而是让其害怕自己，那么，即使有收获，这种收获也仅仅是虚假的、肤浅的、暂时的满足感而已。学校工作的真正魅力还在于用自己的辛勤和智慧去浇灌、启迪、引领一个个活泼的生命，在于再现一个个伟大知识的魅力，在于带领学生在知识的海洋中克服一个个艰难险阻，绕过一个个暗礁暴风，体验到知识的伟大，发现生命的真谛，拥有生命成长的"高峰体验"。

所以，我们的注意力不仅要聚焦于学生，还要聚焦于课本，聚焦于知识，聚焦于自己带领学生穿越知识的过程。这样才能免于灵魂的麻痹，免于心灵的倦怠。

三

生命若缺水会枯竭，心灵因无爱而麻木。

再一次读《小王子》后，发了一则微博："如果一个人爱上了亿万颗星星中的一朵花，他望望星空就觉得幸福。但是，如果羊把它吃了，对他来说，所有的星星都像忽地熄灭了……读此，眼眶噙满泪水。人的感情建立在'驯养'的基础上。你深爱一个人，不是因为她（他）独一无二，而是因为你的爱才让她（他）变得独一无二。"

一学期的实习支教结束时，有的老师和学生依依不舍、洒泪相别，甚至一年过后，孩子们和符启娴老师在电话两端热泪盈眶；而有的则平平淡淡，有如路人。原因何在？在《小王子》中，狐狸说，人的感情建立在"驯养"的基础上，"驯养"就是一条纽带、一份付出、一份责任、一份默契。在"驯养"之前，你我皆为芸芸众生里的路人，没有互相需要。但"驯养"之后，就会彼此需要、彼此牵挂，对各自来说成为世界上独一无二的"唯一"。如果没有"驯养"，故乡就是几间房子，故人就是路人，就不会有敝帚自珍的爱惜，不会有"近乡情更怯"的情怀，更不会有"直教人生死相许"的亲情、爱情。

你寻得所爱，并为之守望了吗？很多时候，面对这样的质问，我们的回答支支吾吾，说不明白。许多人貌似有所爱，但这份"所爱"其实不是"我"的，而是周围人的，所以他天天做自己不愿意做的事情，然后用钱买回一堆其实并不十分需要的东西来安慰自己。当认为该得到的已经得到了时，却发现幸福不知何时丢失了。而更多的人还奔波在路上，不知为何辛苦为何忙。有的人寻得"所爱"，可惜受制于客观的现实、旁人的评价，没有勇气去守护。说得清楚一些，是没有能力。是的，爱不仅仅是态度、情绪，更主要的是一种能力。因为缺乏"纵身一跃"的勇气所以妨碍了能力，因为没有能力所以更削弱了勇气。而生活中，只有那寻得"所爱"并为之守护的人，方可活得纯粹、自然、自在，活得酣畅淋漓、荡气回肠，活出了生命的尊严和价值。他们也许不会是成功者，但一定是人生路上的英雄豪杰。

短短的几月实习支教，我们的"所爱"应该是什么呢？是一个薄薄的证书，还是学生及家长的赞誉？是学生的发展，还是自身的成长？须三思。

四

世界因嘈杂而喧闹，心灵因阅读而宁静。心灵的麻木不是因眼睛蒙蔽、耳朵堵塞，而是因缺乏清水的滋润，"问渠那得清如许，为有源头活水来"，书籍就是滋养生命的活水。一种环境里待久了，一种声音听多了，一种现象看多了，自身总容易被环境同化，对生活、工作问题的审视也会固定于同一角度、同一层面。这会导致疲惫、厌倦，甚至是无名的烦恼，从而忽视了生存的丰富性、生活的多样性。

读不同的书就是与不同的人交流，读其思想，辨其思维，感其性情。朱寅年老师对阅读的作用讲得非常好："阅读，是一种交流，是一种关注，是一种传播，是一种滋养，是一种欣赏，是一种成长，是一种愉悦幸福；同时，也是一种耐心，是一种苦求，是一种思考，是一种选择，是一种评判，是一种挑剔，是一种辗转折磨。阅读，是无聊孤独时的大餐，是忙碌喧嚣时的调剂。你会发现阅读对手上正在做的其他事往往冥冥中有助益。"

校园中、教室里各种教育现象复杂而微妙，每个生命都是那样各不相同。想一劳永逸地解决所有困难，想寻找"一招鲜"的诀窍"一剑封喉"，这种思维的出发点本身就是片面的。单是"驯养"，就需要爱、辛苦和时间的付出，何况在寻求教育真理的过程中，有很漫长的路需要探索。如何探求？唯有读书。

说句武断的话，没有喜爱阅读的老师，我看不到学校培养出爱阅读的学生的可能性。没有学生阅读能力的提高和阅读量的增加，我看不到农村小学生发展的可能性在哪里。

五

常常想到《阿甘正传》，不知疲倦地奔跑的阿甘，从日升到月上，从春来到冬去，日复一日。他为什么而跑？不为什么，跑就是目的，跑就是意义，还需要其他多余的意义吗？我想，如果把麻木的心灵比作一座封闭的监狱，那么我们每个人的一生都是一次漫长的大逃狱，其中包含无数小逃狱。

做事，就是逃狱的最好途径之一。

在一定阶段，我们都循着一定的目的和理由去披星戴月地努力做事，但是慢慢地，你会发现不做的理由比做的理由更充分，更有说服力。其实，此时，在没有察觉时，心灵的监狱之墙已在慢慢增高并加固了。

做事，需要理由吗？在我看来，唯一的理由就是：因为活着。我能理解茶馆里的人从早晨到晚上的闲聊、喝茶、打牌，但自己的心灵真的不能容忍给身体这样的放假。

有一种行动的目的是，我要得到某种东西；还有一种行动的理由是，我要让别人得到某种东西。用李镇西老师的话说，让人们因我的存在而感到幸福！如果一定要为积极做事寻找意义，那意义也在做的过程中。

积极做事，不是不讲究方法、不讲究效率、不辨明方向，而是一种积极、阳光的生活态度；是一种不以功利为目的、纯粹的"游戏精神"；是一种悲天悯人、脚踏实地、身体力行的责任感；是一种日出而作、日落而息的简单生活。

六

每天早晨推门而望，雾霭如洁白的哈达飘绕青葱的山林，昌化江的河水清澈如翡翠。采一撷山之青，捧一掬水之碧，嗅一缕书之香，滋润心灵，如农人一样劳作，如渔人一样坐在时间的溪水里垂钓天上的星星吧！

（2011年9月）

第七辑

理想：在远方召唤着你

办一所让孩子不愿回家的学校

站在新的起点,不妨探讨一个根本性的问题:我们要办一所怎样的学校?

常见站在学校角度的表述,如知名学校、一流名校、家长满意的学校等,很少从学生角度来描述。站在学生角度看,我们首先要办一所让孩子不愿回家的学校。

什么样的学校让孩子不愿回家?

在这里,孩子能吃到花式多样、可口美味的饭菜,能住在整洁、清爽的宿舍,能坐在明亮、干净、充满书香气息的教室;不论是男生还是女生,不论学习优异还是薄弱,都能获得无差别的安全感,能得到来自同伴和老师的呵护、包容、关爱和尊重;哪怕学习薄弱,也不会被同学和老师耻笑,能得到耐心的关注、帮助和个性化的指导;有丰富多彩的社团活动,能让每个孩子充分释放自己的天性,发展自己的潜力;哪怕孩子取得了再微小的进步,都能被老师看到,能得到及时的赞赏和鼓励;每个孩子都能挑战困难,获得成就,建立自信。

如何才能办一所让孩子不愿回家的学校?

学校是一个有机的大系统,需要各个部门、全体教师同心同德,统一发力。

从学校层面来说,要清醒认识到,当今世界正处于百年未有之大变局,经历大发展、大变革、大调整。作为学校,要时刻关注大势,明确战略定位,加强文化策划，延揽选用人才，放弃急功近利，诚实守信办学，勇于否定自我，不断超越创新，全力发展学校，壮大学校。

  从中层来说，要领会一位企业家说的一段话："任何团队的核心骨干都必须学会在没有鼓励，没有认可，没有帮助，没有理解，没有宽容，没有退路，只有压力的情况下，一起和团队获得胜利。成功只是一个定义，就是对结果负责，如果你靠别人的鼓励，才能发光，你最多算个灯泡，我们必须成为发动机去影响其他人发光，你自然就是核心。"

  从教师来说，不能让分数成了维系师生关系的主要手段，而情感、人格、兴趣、个性、民主等被忽略，师生关系因此变得异常紧张。我们需要摒弃匆忙的行走习惯而返回学生内心；需要直面生命个性并关照学生的真实兴趣和情感；需要创造机会让学生生成观念、敢于质疑，构建自己的立场；需要尊重和欣赏学生的选择和幼稚，把错误作为教育资源和真正学习的起点；需要把自己的学科加以拓展，跨学科整合课程，为学生提供更有意义、更有价值的学习。

  我们只有办成一所让孩子不愿回家的学校，办成孩子的学园、家园和乐园，才能让每位家长真正放心，才能对得起家长对我们的信任，才能给孩子提供健康成长的最佳土壤。当孩子留在学校不愿回家，我们也就办成了老师不愿回家的学校，每个老师在这里生活得舒心，工作得顺心，学习得开心。这样，我们的学校也就能生机勃勃、充满活力，在日趋激烈的办学竞争中站稳脚跟，勇立潮头。

（2024 年 4 月）

给未来教师的十点建议

这么多年，我在小学、中学、大学里穿梭，又在南方、北方来回辗转，同时还经历着农村、城市的对比，有一些自己的感受。对于大学生来说，今天知识获得的渠道非常多，就如何学习，应该去学习什么，应该如何去珍惜时间，应该如何去尊重他人等能够获得非常多的信息。这些都很有价值，难的是如何把它们变成自己的行为。

我想和大家谈谈如何朝向卓越教师。大学期间到底该学什么？我想谈的不是那种大众的、泛泛而谈的观点，而是深刻地启发了我或者说是自己人生阅历当中体会到的、观察到的东西。大家在当下不一定能够完全理解，需要后期在实践中慢慢领会。人生就是一个因缘世界，有一些知识可能我们当下有用，过后慢慢就没用了；有一些知识，当下没有用，后期慢慢觉得越来越有价值。

看到一则新闻，谈到2022年报考研究生数量已经达到420万。这是什么概念？我上大学期间是1998年左右，当时全国的高考报名人数是400多万。有学者评论今天的研究生类似于20年前的专科生。学历提升的同时学历也在贬值。很多专科同学不得不升本科，再考研究生。结果从事的工作专科毕业就能做。但是为什么要上研究生呢？我也是在读博期间才有一些深刻的体会，切身感受做研究生对自身成长的重要性和自己在读博过程中的变化。我把它们罗列为十个观点：专业阅读、专业写作、寻找高人、参与社团、投身公益、关心他人、批判思维、学会研究、全力以赴、丢掉玻璃心。前五点主要是具体的行动，后五点主要是思维方式。行动和思维方式，二者同等重要，行动体现思维，思维决定行动。

一、要进行专业书籍的专业阅读

什么是专业阅读？专业阅读，简单地说就是阅读专业的书籍、期刊，关键是学以致用。

一要有专业的方法。就是把一本书，掰碎咀嚼，并且结构化。为什么要讲专业阅读呢？是因为我们从幼儿园到大学读了那么多的书，真正的专业阅读并不多。我现在回想，专业阅读某种程度上类似于我在高中的时候学政治、学历史、学地理。那时候，我真的是把一本本这样的课本掰碎了。当然，今天浩如烟海的书籍当中，不是每一本书都值得这样读。但是，一年当中选择一本有价值的书，用这样的方式，逐句逐段地阅读，然后，把这本书内化成自己理解的实践和解决问题的工具，这个就非常重要。

我觉得读得透彻比读得多更重要。读书的价值在于真正把一本有价值的书，内化到自己的认知中、行为中，但是要拒绝套路化阅读。当今，更多的人是没有专业阅读的意识，泛泛而谈、泛泛而读。读得多，也觉得挺有意思，但是，合上书之后就忘记了。当下有各种听书的 App，听别人讲书的学习视频，我觉得如果自己已经理解了这本书，那么听书也是有价值的，但是如果自己没有专业阅读的方法，只是靠听书，那不会带来专业的提升。

二要阅读专业的书籍。我们将来要成为老师，未来的老师应该是专业型的老师，不是经验型的老师。这些概念可能对同学们来说，听起来比较抽象。举一个例子，未来的老师相当于袁隆平，而经验型的老师相当于老农民。老农民种的庄稼再好也是经验型的，而袁隆平种的庄稼是专业型的。因此，未来的老师就应该向袁隆平学习，成为一个专业型的老师，而不仅仅是凭着自己的经验去教。要有对自己的经验进行反思的能力，在反思的基础上去提升自己。

那么，要成为一个专业型的老师，就得进行专业研究，而专业研究就得阅读专业的书籍。我们今天的书很多，如果读的都是浅层次的畅销书，那就没有专业性。我们过去在招聘老师的时候，都要问这样的问题：你是中文系的，请你说出读了哪些根本性的书籍？读了哪些学科的经典之作？你研究诗歌，请你说出诗歌的奠基之作是哪一本？这些都是在了解应聘者的专业性如何。

二、要进行专业写作

与专业写作相对的是业余写作、兴趣写作。而专业写作分为多种类型。就我自身的经验而言，经历了几种变化。在大学读中文专业时，进行的是文学创作。当了老师之后，进行的是教育随笔写作。之后在大学工作，被安排到党政办公室，从事的就是公文写作。而今天从事的是学术写作。这些写作各有各的价值，各有各的特点，差异也非常大。

那么想成为专业的一线老师，应该进行怎样的专业写作？一个老师的专业写作最重要的是要有反思意识，用书写来反思。不论是写案例，写随笔，还是写研究，都要贯穿反思意识。如果没有反思，专业性就不够，自身成长就不够。这是专业写作与业余写作的第一个区别，即要有反思性。专业写作不追求词语的华丽，而要追求客观的分析。试想一个医生在做了一台手术之后进行专业写作。写什么？那一定是分析在整个手术过程中，哪些是最优化的，哪些是不足的，要进行客观分析，所以不能写成动人的故事，更不能写成文学性的小说。

上大学期间，要想形成专业写作的能力，首先要培养一种自动化写作的习惯。什么叫自动化写作的习惯？就是用书写来代替思考。我们打个比喻，"说"是液体，说完之后就流走了；"写"是固体，通过写就能够把思维固定下来。而更重要的，写作是思维训练最有效、最直接的方式和工具。一个人的思维是不是严谨，通过写作就能反映出来。有的人自认为想清楚而写不出来，其实就是没想清楚。写得模糊，就是思维的模糊；写得有逻辑性，就是思维有逻辑性；写得大而化之，就是思维大而化之；写得精确，就是思维精确。所以说，写作是每一个师范生应该重视的能力。

我们成年人都知道，在任何一个单位当中，找一个会写作的人很难，找一个写作水平高的人更难。这是因为写作能力对人的要求非常高。反过来说，在单位如果擅长写作，如果习惯写作，那么也会脱颖而出。我们知道很多官员都是秘书出身，秘书主要就是写材料、写公文、写讲话、写报告、写总结。写作的过程，是锤炼，也是折磨。但是，这种锤炼和折磨对人的提升和塑造非常快。每一个老师都应该去高度重视自己写作能力的提高，培养自动化写作的习惯。我在读博期间，主要的考验也是写作。在大学当老师，课讲得好不好不重要，写作好不好非常重要。讲课好不一定受重视，但是写不出论文，做不了科研，那就会受到影响。

三、要尽量去寻找高人

什么叫高人？高人就是这一领域当中顶尖的专家。你找到哪个层次的高人，就会受到哪个层次的影响。过去我们读武侠小说，会看到一个人想成为武林高手，一定要云游四海拜访高僧。孙悟空想成为高手就得出海寻找师父。所以说一个人要快速地发展，那一定得去寻找高人。没有高人，得不到高人的指点，是许多人终生发展不快、高度不够的主要原因。高人是一种稀缺资源。

为什么寻找高人很重要呢？这一领域当中长期研究，取得那么高的成就的人一定有他独特的思维方式和方法论。而这种思维方式和方法论，是在他长期研究过程当中得出的，而且是行之有效的。我们很多时候做不好一件事情，往往就是思维方式不变，方法用得不对。李连江老师的书《不发表　就出局》，颠覆了我过去对写作方法的认识。他说，写文章先要打磨提纲、打磨标题。标题就是框架，你得不断地去打磨框架。框架定了，再去寻找材料，才有价值。李连江老师每天写作至少要投入六个小时。每天早晨，先把文章从头到尾看一遍，一篇文章往往要写一个月甚至两三个月。每天看一遍，那的确是千锤百炼。所以，这些方法论如果不是高人指导，自己就很难知道。甚至，终生也不会知道。但是，一旦你了解了这些方法和技巧，立刻就会被点化，效果就非常好。再比如，我的导师朱永新老师，身居高位而著书不断，学习不辍。怎么做到的？他每天早晨五点钟起来就开始学习读书。这就是思维方式，就是生活习惯。所以，每天在别人八点上班开始工作学习的时候，他已经把很多人一天的学习量学完了。这就是一种高人的姿态，就是一种与众不同。

如何才能寻找到高人？高人的时间和精力都是有限的，不是说我们想找就能找到的。要想进入高人的视野，需要做到两点：第一，要有做事的品质。就是你在与他接触的时候，你做事情的品质让人刮目相看。如果你做的事情粗糙，又松松垮垮，高人凭什么去指点你。第二，要说深思熟虑的话。我们与之交流，提一些观点，一定要深思熟虑，而不是随意去谈。因为随意去谈，对方看不到你的潜质，看不到你的用心。

四、要积极地参与社团活动

为什么要参与社团？因为社团能够接触到不同专业的人。而不同专业的人，思维方式不一样。我们长期待在一个专业领域里，思维是同质化的。而要想了解不同的思维，在社团当中与其他专业的同学和老师进行深度交往，就能学习到别人的思维方式。此外，在社团中能够锻炼组织能力、沟通能力、协调能力。组织、沟通、协调在未来的社会当中非常重要，在现实工作当中也非常重要。而这些能力不是在课堂上能够学习到的，而是在生活当中获得的。大学生参与真实社会的机会非常有限，那么弥补这种不足的机会就是参与社团。

在我的同学中，现在发展比较好的，大部分在大学期间就担任过班干部、学生会干部，或者社团组织者。不是说参与社团的人未来都能成为成功者，但是社团对我们的锻炼，是提升未来成功的概率的有效途径。如果只是闭门读书，两耳不闻窗外事，不与真实世界连接，不去与人沟通，我们的组织、沟通、协调能力就很难提升。

五、要积极地投身公益活动

为什么要做一些公益的事情？大学期间同学们大部分时间属于校园生活。虽然参与社团对自身的锻炼也非常大，但毕竟大学与现实社会还是有差别的。大学是一个比较封闭的世界，与真实的世界连接才能提升自己真实的能力。跑外卖、发传单、当保洁，暑期做超市的收银员，这些都不如投身公益对自己的锻炼大。不要仅仅为了一点点钱，就把自己的时间和精力消耗掉。做事情，有的可以赚钱，比如发传单，但它消耗了时间和能量，不会对我们的能力有多少提高。现在社会上有很多有品质的、高水平的公益团队。他们做事的方式，他们阳光的心态，他们与社会沟通的能力，他们组织的能力，都是非常好的。

而且，在投身公益当中，也塑造了自己正确的价值观。懂得去关心他人，在理解、帮助他人的过程当中，能够体会到自身的价值。这样就不会在将来做一些像传销似的坑蒙拐骗的价值观错误的事情。而且，在做公益的过程当中，会更真实地去理解这个世界的复杂性。所以，暑期当中大家要去投身公益事业。比如，"新网师"的很多老师都是志愿者，因为我们也是一个公益团队。还有很多大学生参与，他们在这个过程当中付出虽然不少，但是对自己的锻炼、提升也非常大。

六、要学会换位思考和关心他人

为什么要关心他人呢？人都是自我中心的，这是人的本能。当人人都在关心自我的时候，如果有人能够以他人为中心，那么这个人就了不得，就发挥了社会价值，就会获得更大的成功。只有关心他人，他人才会关心你。所以老子也说以其无私成其私，无私就是最大的自私。可能你关心一个人，这个人也可能会关心你。你关心50个人，这50个人就可能会关心你。你关心全社会，全社会就可能会关心你。你帮助多少人，就可能有多少人帮助你。所以我们要树立一个正确的价值观。我们很多时候都想赚钱，但想着赚钱是赚不了钱的。做好事情搞好服务，钱就自然而来。要想成为一个成功者，成为一个有成就的人，就要有一种思维的颠覆，即以他人为中心，换位思考他人需要什么样的帮助。我怎么给予他人帮助，就会怎么成就自己。

什么叫关心他人？不是说要做出多么惊天动地的大事业，不是要像科技工作者那样去做一个开创性的东西。生活中点点滴滴都可以体现关心他人之心。我在一个微信群里推荐三本书。有一位不熟悉的老师就留言：你把那三本书给我拍摄一下。这句话说明他没有去换位思考。虽然我发了这三本书的目录，但这三本书不一定在我跟前。再者，我也没有时间总是去回复这样具体的要求。这只能说明他没有去换位思考。如果是我，我会怎么做呢？我会从百度上搜到这三本书，然后把这三本书的封面发出来，让对方看一下是不是这三本书。大家想想，就这样一个微小的事情都会反映出有无换位思考的意识和能力。我们很多同学经常与老师交流，那么在与老师交流的过程当中，是否想过老师是在上班还是上课，或者中午会休息。我现在给别人打电话，一般情况下第一句都会说："您有没有时间？方便不方便接电话？"你不能觉得自己空闲，开口就跟别人聊天，别人或许正在忙。有一次晚上半夜一两点的时候，突然有一个日常联系不多的朋友打电话。我很惊诧，以为发生什么意外的事情，结果他说："我正在喝茶，给你推荐一款茶叶。"卖茶叶，也不能凌晨给别人打电话吧？这样的做法是很难把茶叶卖出去的。所以说要关心他人是体现在点点滴滴上的。

要想关心他人，还得先让自己成为一个有价值的人，得让自己的"含金量"提升，得让自己变得更"值钱"。因为，关心他人就意味着你要有关心他人的能力。我们很多时候不是没有关心他人的认识，而是缺乏关心他人的能力。没有能力，关心他人就是一句空话。

七、培养自己的批判性思维

与批判性思维相对的有很多种思维，比如固化思维、片面思维、单面思维、幼稚思维等。我们在从小学到大学这么长的过程中学了很多知识，也形成了一些不好的思维方式。应试训练带来的不好的思维方式是什么？一是迷信权威。我们总认为权威的老师说的结果才是正确的。二是找标准答案。我们总想等着标准答案出现。考试的过程当中是有标准答案的，但是，真实的世界往往没有标准答案。我们看到，由于应试教育的影响，知识学了很多，但思维判断力没有养成。这种情况很多，特别是在年轻的时候，缺乏社会的阅历，对社会的复杂性理解不够，自己的经验又欠缺，所以思维容易固化、容易偏激、容易片面、容易冲动。而这些思维都会影响到自身的发展。一个不成熟的人，他人难以信任，一个欠缺复杂性思维的人，事情也做不好。

什么是批判性思维？

第一，就是分清事实和逻辑。很多时候，我们在与人讨论的时候，常常会说我认为怎么样。但是，你认为的是事实吗？是主观的猜测还是客观的事实？如果事实都错了，后面所有的东西都是空的。事实就如盖房子用的砖，如果盖房子的根基是海绵做的，那么这个房子不管设计得多漂亮都不能用。我们看到外交部的人发言的时候，经常遇到有些记者下套：假如什么事情发生，你会怎么样？外交部的发言人就会说，我们不回答假设的情况，因为假设的情况就不是事实，我们要基于事实来做判断。所以做一件事情，先看事实是什么。我们要考研，那就要分清楚考研的概率有多高，我们现在处于什么水平，怎样才能获得成功，要把这些事实搞清楚，而不是完全听信某一个人谈经验。小马过河中的牛认为水很浅，松鼠就认为水很深。从他们的角度看问题，这些当然都是事实，但是从批判性思维来看，水深水浅是基于谁的角度来判断就很重要。

有事实还不够，还得讲究逻辑。所谓逻辑，就是推理的客观的道理。给大家推荐一本书《批判性思维工具》。关于逻辑，我再稍微补充一下，有一个常见的"三段论"。打个比方，人都会死，这是一个大前提。小明是一个人，所以小明会死。这三句话就形成了一个逻辑关系：一个大前提、一个小前提和一个结论。但是我们需要注意，如果事实错误，那么逻辑结论就不成立，结论也就不成立。例子中这个大前提、小前提和结论，无懈可击，就是因为它有逻辑性。

第二，学会辩证思考。所谓辩证思考就是把一件事情从正面和反面来思考。遇到一个观点，既要听赞成的观点，更要听反面的观点。看一件事情，既要看有利的一面，也要看不足的一面，才能避免偏听偏信，盲信盲从。大家在网上关注到一些舆论事件，我们说谨慎推理，大胆假设。要想知道是不是那么一回事，先不要基于自己的立场为某一群体发声。比如，不要因为我们是大众，就认为凡是站在大众的立场说的都是对的，而是要听一听另外的立场的观点，即对立的观点，才能够去判断一个事情的是与否。

很多时候，我们的思维方式是基于立场，而不是基于事实。判断一个观点，不是基于对错，而是基于是否对自己有利，只要对自己有利，就认为对，对自己没利，就认为错。这都不属于批判性思维，都会影响到自己的发展。

第三，发展性思考。所谓发展性思考，就是站在长期角度与变化角度去思考问题。有同学说，你谈的这些，感觉跟我离得有点儿远，那么这就是缺乏发展性思考。因为今天觉得没用，未来不一定没用，今天有用，未来不一定有用。

第四，学会系统思考。所谓系统思考，是放在系统当中去思考一个问题。系统思考是一种网状的思考，不是点状的思考。比如，今天理解批判性思维，理解专业写作，这不是就批判性思维理解批判性思维，就写作理解写作，而是把十个问题放在这个系统当中，彼此有联系。批判性思维会促进写作，写作会提升批判性思维，而写作又取决于阅读，阅读会带动写作，而阅读呢？又与做事有关系。你做的事越多，需求越多。这是彼此联系的，这就是系统思考。

八、要学会研究

为什么要学会研究？研究太重要了。许多人做事失败，原因就是不会研究。无论是在读的硕士还是博士都叫研究生，为什么叫研究生？因为学的就是研究方法、研究能力、研究习惯。常人日常做事是基于自己的经验和感受，基于自己的道听途说和判断。这些听到的、看到的所形成的结论和判断，有的对、有的错、有的清晰、有的模糊。许多结论和判断我们都不清楚为什么是这样？因为我们没有去研究，没有审慎地去思考，没有去推敲，却成为影响我们思考和行为的深层观念。

而研究，就是寻找本质规律，就是要厘清来龙去脉，就是要基于大概率分析，通过收集信息，运用研究方法，对一个问题进行分析，简单的就是分类。把它分成各种类型，进行综合。所谓综合，就是从差异当中找共同之处。所谓分析，就是从共同当中找差异。比如，"我如何才能提升学习能力？"这句话就太宽泛，就需要我们去分析你说的学习能力，是小学生的、中学生的、大学生的，还是成年人的？你学外语还是数学？你学文科还是理科？你是什么时间学？等等。这就是分析与提炼。还有你的依据是什么？未来作为一个老师，我们需要以研究生的方式当老师；未来做工作，我们需要以研究的方式做工作。

要做成一个事情，要在研究中去做，而不仅是凭兴趣、凭经验、凭感觉。

九、要全力以赴地做事情

什么叫全力以赴？就是竭尽全力去做一件事情。有一则小故事：一个小孩子的父亲说，你全力以赴把这个石头搬起来。那个小孩子用了各种办法，最后说，我全力以赴了，但还是搬不起来。父亲说，你没有全力以赴，我就站在你的身边，你都没有向我求助，怎么能叫全力以赴呢？我想和大家说三点：第一点，全力以赴就是使出浑身解数，想尽所有办法，竭尽全部精力去做一件事。第二点，有价值的事就需要这样去做。第三点，为什么要全力以赴？因为竭尽全力也不一定做好一件事，你不去全力以赴，更做不好一件事，成功的概率就很低。今天的生活里干扰很多，手机、App、各种信息会分散我们的注意力。诱惑也非常多，人都有好逸恶劳的本能。所以，全力以赴做一件事就显得非常重要。如果静不下来，总是处于浮躁的状态，总是三天打鱼两天晒网，总是浅尝辄止，到处挖坑，但是没有一口坑挖到井水，就做不好一件事情。

我们看到很多成功者都在竭尽全力去做一件事情，这个过程是非常枯燥的。我们所看到的成功是别人台下十年功、台上一分钟的鲜花绽放，背后的汗水泪水，甚至流血我们是看不到的。如果只看到别人的鲜花，看不到背后的汗水，那就不利于成功。即使是那些我们看到的网红，能够成为带货销售的富翁，那也是背后在以专业性的方式、研究性的方式，竭尽全力地去做，而不是那么简单的、轻轻松松的。卓越者一生只做一件事。比如袁隆平一生研究水稻。只有这样才能把事情做到专业，做到顶尖专家，才能在这个领域有发言权，有话语权，才能有自己的影响范围。我们看到奥运会上，14岁的跳水小姑娘，每天就是枯燥地跳水；跑百米的冠军，每天就是枯燥地跑步。一段时间内就做一件事，这样才能成为赛场上的佼佼者，才能赢得万众瞩目。很多时候，常人羡慕别人的风光，又不愿意去投入别人的付出。只是羡慕，而不甘心清贫，难忍受枯燥，那就很难有大的成就。尤其在年轻的时候，更容易去羡慕那些荣华富贵和风光无限，而缺乏一种沉淀下来的定力。有定力才能静下来，静下来才能专注，专注才能研究。

十、要丢掉玻璃心

什么叫丢掉玻璃心？就是别太脆弱。有一点点挫折就受不了是成不了大事的。为什么呢？

第一，受挫是人生的常态。俗话说人生不如意十之八九，大多数时候是不如意的。既然是常态，就需要有一颗平常心去理解这种受挫。谁都希望自己一次成功、一鸣惊人。学生希望自己一次高考就考上了理想大学，一次考研就考上了双一流。但是，这不是大概率的，这不是常态。而很多人往往是一次高考失败了，二次考研受挫了，这才是常态。所以不能太脆弱，如果一次受挫就放弃，那永远不会成功。

第二，避免过于自尊。人都有自尊之心，都希望别人夸奖。自尊有自尊的好处，自尊会激励奋发，自尊会激励努力，但是，过于自尊就是把面子看得太重。别人一批评，面子就挂不住，那么，就失去了成长的机会。我们看到能当领导的人，都不是太过自尊。在单位有成就的人也不是太过自尊。你如果被领导批评了一次，你就受不了，那领导就不敢批评你了，不敢批评就意味着靠边站。

第三，避免过于看重自己有限的经验和阅历。在年轻的时候，阅历很有限，经验很有限，如果我们固执己见，坚持自己的观念去理解这个世界，那一定是很偏颇的。所以，需要把心态打开，保持空杯心态，善于去听与自己观点不一样的观点，去听反对的意见，这就最大限度避免了判断失误。

与大家交流自己的一些体会，可能谈得比较抽象。我在想，如果我给自己的孩子说一些道理，说什么呢？我想这十点也会说给他听。同时也在想，如果我20多岁，有人给我讲一些这样的道理，可能我就会避免走很多弯路。我是基于青年，基于大学生的背景而谈的思考，如果是对参加工作比较久的人，我可能会从另外的方面交流。

（2022年6月）

栖居精神家园，仰望深邃的天空

爆竹声中一岁除，春风送暖入屠苏。

春节到了，清晨的第一缕阳光打在了红红的对联上，我为您送去新春的美好祝福。

从天空俯视中华大地，从白雪皑皑、冰天雪地的北疆漠河，到鲜花绽放、碧海金沙的南海小岛；从西陲巍巍昆仑，到华北八百里太行；从塞北茫茫草原，到江南水乡小镇，神州大地，普天同庆。每一个城市，每一个乡村，华灯璀璨，空气飘香。

今天，大人们不用忙碌加班了，孩子们可以不写作业了，父母们不用挂念游子何时回来了，男女老少都沉浸在祥和、喜庆、温馨之中。让旧年的烦恼、忧虑在噼噼啪啪的鞭炮声中随风而逝，让龙年的期望与祝福伴随着迎春的鼓点落入你我的心田。

亲爱的朋友，此时此刻，也许，您正坐在沙发上，在手机上一条一条翻读亲朋好友发来的微信祝福；也许，正斟酌词句给远方的亲友发拜年的短信；也许，您正端上一盘热气腾腾的饺子，看谁能吃出那枚象征幸运的硬币；也许，您正带着家人驾车行驶在前往旅游景点的路上；也许，您正提着礼盒带着孩子到邻村给长辈拜年；也许，您在老屋子里翻出泛黄的老照片，慨叹岁月的变迁；也许，您正漫步在乡间小路依稀寻找童年的画面；也许，您正系着围裙，杀鸡宰鹅为家人准备丰盛的午餐；也许，您和家人穿着节日的盛装，在照相馆准备拍个难得的全家福……

不论您身处何地，我都为您送上真挚的祝福：祝您春节吉祥，阖家安康，万事顺意！

春节，是传统农业文明的代表、农耕社会的产物；是我国最古老、最盛大、最隆重、最热烈、最被看重的节日；是极具浓郁东方特色的习俗。今天，生活条件变好了，物质越来越丰裕了，我们可以通过手机或电脑，随时与远方的父母视频通话；每天吃的饭，穿的新衣，像是天天在过年，不少人感叹年味有点变淡了。身处信息时代，农人更愿意相信化肥、灌溉，而不再完全祈祷风调雨顺；人们不再把平安寄托于灶王爷，小孩子也不相信鞭炮是用来驱除那个叫作"年"的怪兽。但，春节依然是中华民族一次全民总动员的嘉年华。

"家，是中国人最核心的认同；年，是中国人最盛大的节日。"临近春节，中华民族世代相传积淀下的文化心理再次被拨动。"扫除茅舍涤尘嚣，一炷清香拜九霄。"哪怕再累，也要擦玻璃，打扫屋子，除旧布新，让庭院干干净净，让屋子清清爽爽。哪怕再忙，也要祭祀先祖，缅怀先人，慎终追远。哪怕路途再远，也要回家过年。哪怕外面的饭菜再好，也没有家里的年饭吃得香甜而有意义。对于孩子们来说，虽然期待许多节日，但春节还是他们最期盼、最高兴、最快乐的节日。"儿童强不睡，相守夜欢哗"，拿着压岁钱，穿着新衣服，吃着美食，欢喜得睡不着觉。在这一天，对于漂泊异乡的人来说，总会平添几分乡愁；对于成年人来说，总会感叹时光易逝，抒发人生感慨。春节，不仅仅是一次亲人的聚会，更重要的是经历了一次精神的放松和灵魂的洗礼。

人，需要两个家园。一处安放身体，一处安放灵魂。

春节是安放身体的家园。"新网师"，期望成为您汲取能量、增长见识、丰富知识、纯洁情操、蜕变成长的精神家园。

在那里，知识自由飞翔。

在那里，没有把世界分割成狭小国家的城墙。

在那里，话语闪耀着真理深邃的光芒。

在那里，不懈地努力在实现完美的理想。

在那里，理智的清泉没有在陋习的荒漠里沦亡。
在那里，心灵沿着真理指引的方向，
以不断拓展的行为和思想，
奔向自由的天堂。

——《吉檀迦利》节选

在这个精神家园里，给人以自由，你可以积极向榜样学习，但也可以消极做自己。在这个家园里，给人以安全，你既不用担心因为优秀而被人嫉妒，也不用担心因为落后而被人看不起。在这个精神家园里，给人以力量，当你取得每一点进步，都会迎来由衷的赞誉，当你遇到困难，总会得到真诚的帮助。在这个精神家园里，有一种甘肃刘瀚校长总结的"新网师现象"：他们每天早晨六点甚至五点多就起床，起床第一件事就是阅读分享，把阅读学习当成了生命的必需、生活的标配，不论年轻、年长，都在精神发育的路上奋力前行！通过阅读学习、行走教育，最终实现理解知识、理解他人、理解自我，从而不断充盈自己的内心世界，提升自己的生命意义。

之所以要建构并呵护精神家园，是因为面对不确定性的时代、不确定性的世界、不确定性的未来，需要寻找一块确定的基石，让我们在焦灼与不安中获得精神的慰藉，在遍体鳞伤后依然有前行的勇气和力量，在虚无的人生中探寻到存在的意义。

我们祈盼"过一种幸福完整的教育生活"，但通往幸福的路途何其坎坷。《心流》一书中写道："幸福如此难能可贵，主要是因为宇宙初创之时，就没有以人类的安逸舒适为念。它广袤无边，充斥着威胁人类生存的空洞与寒漠，它更是一个充满危险的地方。"这仿佛是一个隐喻，我们所处的因缘世界也不是以自我的幸福来配置，它充满着必然与偶然，危机与机遇，冲突与纠葛，诱惑与召唤。我们犹如一个刚学驾驶的新手司机，不仅要时刻观察外面的"路况"，还要时时校正被基因刻写、被阅历锻造的理智与情感，欲望与冲动。精神家园，就是生命中的发动机、加油站、导航仪和灵魂憩的港湾。

栖居精神家园，仰望深邃而苍凉的天空。对未知的世界和知识永葆好奇与激情，以探索精神、求知欲望和勇往直前的心态去追求知识、发现新事物。对自然界、人类社会、宇宙以及一切未知领域保持尊重和敬畏之心。永远谦逊、虚心学习，更加谨慎和珍惜当下，永怀一颗谦卑和感恩的心。

就把一切迷茫、烦恼、焦虑、忧伤都暂时放下吧，给生命留一道缝隙，让温暖与希望的光芒照射进来。在这个美好的节日，我们期盼万物萌发、繁花似锦的春天，期待那个重新焕发活力的自我。

愿您龙马精神，生龙活虎，鱼跃龙门，飞龙在天。

敬，每一位终身学习者。

（2024年2月）

以自身的确定性迎接不确定的未来

新年好！我们又一次在清晨的第一缕阳光中相遇。在这寒冷的冬日为您送去新年真诚的祝福与美好的期待，期望给终年忙碌的您带去温暖与力量，给单调的生活增加色彩与光亮。

回顾刚刚过去的2021年，估计许多刻骨铭心的画面和场景让您难以忘怀。对我而言，有一幕记忆犹新。

2021年7月20日下午，四川成都，"新网师清凉之夏"共读营闭幕式正在举行。经过六天朝夕相处的老师们讲述着共读的收获与感悟，李镇西老师的意外出现更是让大家惊奇兴奋，把仪式推向了高潮。所有人都沉浸在温馨、祥和与不舍之中。全然不知，同一时间，千里之外的郑州，一场百年未见的洪灾正悄然降临。

第二天早晨，在微信群陆续看到河南的老师说"下暴雨""发洪灾"了。我连忙给提前乘坐高铁返郑州的李末校长留言："看到郑州洪灾，你情况如何？"他回复："滞留汉中，忧心郑州。"

高铁大面积停运，参加共读的河南老师滞留成都，无法回家。

突如其来的意外，让我真切感受到世界的不确定性，感受到风"豫"同舟。作为普通人的个体，如何面对世界与未来的不确定？

我的建议是：以自身的确定性迎接未来的不确定。

就像罗振宇的跨年演讲，任凭时光荏苒，风云变幻，自"雷打不动"。哪怕对着空旷大厅中 12000 个空座位演讲，他也要兑现曾经的诺言。

危机，换个角度是"危中有机"。只有保证自身的确定性，才有可能在危机中育先机、于变局中开新局，才有可能开新局、应变局、稳大局。

一颗星遇上另一颗星，光芒和热量会照亮整个夜空。这一年，我们在"新网师"的相遇是确定的。"一年有 365 个日出，我送你 365 个祝福"，每天早晨，您确定会收到"早安新网师"；每个周一，确定会收到"一周观察"和"新网师向您汇报"；从周一到周五的每个夜晚，确定会有一门课程等候您开启探索新知的旅程。我们通过网络一次次在开学典礼、入学课程、"云端论剑"和附属学校每月云论坛等相遇。更难得的是，疫情之下，我们还能在线下安全地相遇。姹紫嫣红的五月，我们在中原郑州相"豫"，每天 8 个小时一字一句啃读《教学勇气》，于求真共同体中领会伟大事物的魅力。我们穿越巴山蜀水在"来了就不想走"的成都相聚，6 天 36 个小时共读《非理性的人》《卓越密码：如何成为专家》，探寻那个被称为"存在"的神秘之光，顿悟专业发展的方向和路径。我们奔赴黄土高原，与陕北榆林的您相遇，2 天时间，"真刀实枪"、酣畅淋漓探求理想课堂，让知识与生命相融。

"时代的一粒灰尘落在一个人头上就是一座山。"疫情之下，这句话广为流传。平凡的个体如何才能增强自我的确定性？

答案是：发展自己。

草原危机四伏，雄狮悠然自得。没有专业上的发展，没有实力的强大，没有在知识领域的掌控与自由感，就只能被环境束缚，就不可能化危机为机遇，就会遇到更多的不确定。

专业发展不是新话题，但在建设高质量教育体系的时代大背景下，教师更要注重自主发展。时间再久温度再适宜，石头中也不可能孵出小鸡，环境再好条件再具备，也发展不了"沉睡的人"。周国平说："一切教育都是自我教育，一切学习本质上都是自学。真正做出大成就的人都是自学者，他的主要力量都花在自学上。"如果我们还停留在传统"他主"式"被发展"层面，仅靠外部驱使而不激发成长内驱力，终究原地打转，止步不前，甚至悄然倒退。

自主发展意味着什么？

意味着要制订个人成长规划。从新年的第一天开始，重新思考"开始做什么""继续做什么""停止做什么"，带着对未来的筹划重新对当下进行选择。这意味着要学会研究。只有成为一个研究者才能不让麻木控制自己，正如魏智渊所言："让心灵处于警觉状态，对习焉不察的日常教育教学给予持续的省思与改进。"意味着融入"尺码"相同的学习共同体。不断超越所处环境、区域，连接更广阔的世界，在与外界的交互连接中寻找高人，把握方向，汲取能量，直至自己也成为能量的一部分。还意味着学会拒绝，清空自我，避免被成功学完全裹挟。亚里士多德指出，从事"爱智"思考必须具备三个条件：闲暇、惊讶、自由。只有适度的拒绝才能拥有闲暇，只有不断清空自我才能对身边习以为常的事物保持惊讶，只有跳出成功学的裹挟才能拓展精神自由与身体自由的空间。

"新网师"也要增强确定性。围绕教师成长这一中心任务，邀请更多专家和名家入驻，开设更专业、可复制、更实用的课程；将全方位开放课程，努力让每一个学员有更多的选择、更丰富的体验和更多的收获；将努力突破无独立资质、无实体学校、无专职团队的三大瓶颈，全方位升级文化、课程、管理三大系统；重点聚焦课堂质量、学术创新、成果转化、品牌效应四大提升。虽然我们的力量还很有限，但不妨存有一个大大的梦想：为中国教师专业发展创造"新网师"范式。

言说是一种显现，也是一种遮蔽。当我在这样规划和描摹"新网师"时，又隐隐有一种遮掩其本质的担忧。"新网师"是什么？"新网师"不是批量定制化培训教师的工厂，而是依赖每一个参与其中的你、我、他共同筑造、劳作的精神家园；不是供您短暂停留匆匆而过的旅舍，而是一个让我们栖居、歌唱的精神家园。在这一方小小的空间里，我们编织生命，编织生活，以日以年。"新网师"不是繁华喧嚣的市场，而是清冷又热烈的古庙。清冷，是指这里拒绝浮躁与声名，耐得住寂寞；热烈，是指如初民围绕在篝火四周载歌载舞一样，我们围绕在知识这一伟大事物的周围如切如磋，如琢如磨，与知识谈一场纯粹而热烈的恋爱。这里没有直播的网红，也没有能轻而易举点化你的高僧，倒是有几个热情、谦卑陪您"念经"的扫地僧。因为我们知道，除非您亲自上路，否则，无人可替您抵达。

一元复始，辞旧迎新。

元，是第一、最初的意思；旦，表示太阳从地平线升起。元旦，太阳从地平线第一次升起，预示新的一年开始了。不管世界如何变迁，太阳每天确定从东方升起，给芸芸众生以温暖、光明、信念与力量。

当然，从茫茫宇宙来看，无所谓日升日落。时间，是人类从自身角度对世界创造的一种诠释。宇宙之无限永恒，人生之短暂渺小，这就是生命的真相。人在时间中存在，在岁月中成长。多年后，垂垂暮年时回看今天的文字，也许会感到幼稚而单调；当我们经历了人生的风风雨雨，再读今天的语言，可能会觉得浅薄而天真。但这也是生命生生不息的一种见证，正如西西弗斯一次次滚石爬坡，我们只有在奋斗不已的创造中，才能走出生存的困境，超越生活的庸常，寻找生命的意义，抵御人生的虚无，获得心灵的宁静。

正如电影《生命之树》中的台词所言：

"我们不能停滞不动，必须勇往直前，我们得找到比财富和命运更重要的东西，除此之外，没有什么能带来安宁。"

祝您新的一年，安康，顺意，幸福。

（2022年1月）

学习希望

在这个星球上,每天有成千上万的婴儿呱呱坠地,也有成千上万的人,犹如一粒粒灰尘悄然消失在茫茫太空,无声无息,永远消逝。只有少数人,因彰显了人性的高贵与庄严,因印证了人类在某一领域抵达的高度与深度,因影响了人类的历史进程,所以,在人类历史的天空中,他们虽然犹如流星一样短暂滑过,但"星光"永远璀璨。

一则短短的话打动了我——

生命中最伟大的时刻不在于永不坠落,而在于坠落后总能再度升起。

我从中读出了:信念与希望。

一

希望是需要学习的。

回顾走过的路,在校园长大,在校园求学,然后在校园工作。当初,选择教书这份工作,既谈不上十分喜欢,也谈不上十分讨厌,只是水到渠成,顺其自然而已。前六年工作,每年皆有新变化、新挑战,从班主任、团委书记,到校报主编、年级主任,角色不断变化,从高一、高二到高三、高补,挑战不断增加，外在的变化逼迫我不断调整姿势，以最佳的角度切入不断变化的轨道中，这一阶段的生命特征是：新鲜与激情。

然后，也就是从第五个年头开始吧，随着工作的不断重复，自身没有实质性的提升，逐渐心生对教育的倦怠：教学基本是把教学参考书原本复制到课堂上，说一些连自己也觉得索然寡味的话；工作的全部目的就是培养几个能触及高考线的学生，然后赚取学生、家长和领导廉价的赞扬；教育变成了"维稳"，学生成了筹码，工作成了劳役，而自己也沦落为一个愤青，对工作不满，对教育不满，对生活不满，而根源上，其实是对自己不满。

对世界的不信任，根植于对自身的不信任。

从自身身上看不到未来，也就失去了存在与挑战的勇气。

带着对自身的不满，选择了改变环境，但再肥沃的土壤也孕育不了干瘪的种子。就这样，在彷徨中踯躅，在沉沦中挣扎，在迷惘中摸索。这一徘徊，就徘徊了三年，直到有一天开始聆听那些卓越者的声音：从孔子、王国维、叶嘉莹、朱永新、李镇西、王荣生、王晓春一直到苏霍姆林斯基、怀特海、阿德勒、海德格尔、巴雷特……

生命的种子开始湿润并逐渐饱满，逐渐散发自然的芬芳。

还记得2009年那个在乡下支教的冬日，窗外原野苍茫空旷，雪花飘洒纷飞，寒风凛冽，屋内温暖如春，自己俯在课桌旁，一字字敲出阅读李镇西老师《从批判走向建设》后的感触：

几年过后，学生带了一两轮，成绩也稍微有点了，对学生的抱怨多了，对教育制度的指责多了，对学生的一些行为麻木了，组织活动也没有兴趣了，觉得教书也就那个样了，慢慢对这周而复始的工作有点懈怠了，棱角磨圆了，环境熟悉了，日子平凡了，这时，开始慢慢向教书匠靠近了。此时，从学校流水线上滑出的不仅是一个个缺乏个性的学生，而且也复制了一个个匠气十足的老师。而李镇西老师没有沿着这个轨迹前行，他一次次击碎岁月在心灵上结下的老茧，一次次在教育的前沿阵地发起攻击，有彷徨，更有呐喊；有理论，更有实践；有批判，更有建设。一期期班级日报仍如当初那样新鲜，一次次活动让李老师永葆青春活力，一次次教学上的探索和突破，一篇篇文章的问世，一本本书的出版，年龄在增长，心灵永年轻。

真实的希望不是一种认识，不是认识到就能够获得的，不是我知道希望很重要就可以拥有希望。真实的希望绽放于失望与挫折的废墟中，突变于危机与威胁的胁迫中，博尔诺夫在《教育人类学》中说："它只由经历了沉重的生命危机之后，学会了放弃其固有愿望而把自己完全寄托于无法预测的未来的人所产生。只有当这种希望摆脱了对种种将发生的事物的特定想象之后，才是真实的希望。"

唯有放弃了对一个个具体目标的希望（因为只要是具体的，就有失败的可能），而从内心生发出抽象的，仅是对自我生命的希望时，这种希望才会产生巨大的力量。这种希望不同于《犟龟》中的希望，犟龟的希望是一种对自己生命的绝对信任，坚信生命能遇到庆典，即使遇不到二十八世狮王的庆典，也会遇到二十九世狮王的庆典；而真实的希望是生命在遭遇了危机、挫折、失望之后燃起的对自我和未来的绝对信任。真实的希望，是对信任的信任，对希望的希望。如果说犟龟的希望处在怀特海所说的浪漫阶段，那么，真实的希望则处在综合阶段。

当存在主义为我们描述出了一个存在即虚无、他人即地狱的世界，当存在主义告诉我们人生本无意义与价值时，人之高贵处正在于能在虚无的废墟上，通过自身的行动与创造重新燃起希望之光：

> 从明天起，做一个幸福的人
> 喂马，劈柴，周游世界
> 从明天起，关心粮食和蔬菜
> 我有一所房子，面朝大海，春暖花开
>
> 从明天起，和每一个亲人通信
> 告诉他们我的幸福

那幸福的闪电告诉我的

我将告诉每一个人

给每一条河每一座山取一个温暖的名字

陌生人，我也为你祝福

愿你有一个灿烂的前程

愿你有情人终成眷属

愿你在尘世获得幸福

我只愿面朝大海，春暖花开

——海子《面朝大海，春暖花开》

二

  对世界的希望源于对自身的希望，对自身的希望源于生命的不断丰满、提升与成长。希望的大小取决于生命的厚度与高度，取决于精神格局。相比之下，狮子要比绵羊更对世界充满希望。

  只有自己不断提升，不断擦亮观察世界的眼睛，才能真正洞察种种扑朔迷离的现象，才能全面理解形形色色的他人；

  只有不断更新、完善自己的知识结构，才能敏锐捕捉问题症结之所在，并提出最优化的应对措施；

  只有历经一次次艰难的突破，才能理解生命的奇妙与魅力；

  只有运用智慧突破一个个纷纭复杂的难题，才能对自己产生强大的信任与希望。

  很难想象一个对自己失去信心的人能对他人充满信心，理解不了自己的人也难以理解他人，无法和自己相处的人也很难和他人相处。一个生命干瘪的教师，教育教学总容易在"术"的层面徘徊，真正好的教学来自教师对自我本质身份的认同与自我生命的完整性，教育家与教书匠的区别在于，前者自身与学科融为一体，自身就是语文课、数学课……，而后者往往把自己置身于所教科目之外，疏远了学生，疏远了学科，也疏远了自身。

希望是一种根本的姿态，它在绝望中绽放与自我证明，这种姿态会体现在每一件具体的事上。

拥有"真实希望"的人会非常自信，他不再迫切地追逐外在声名和荣誉来证明自己是行的；他会非常从容，对儿童充满无限信任，拥有极大耐心，不会把自己的惶恐投射到教室里和生活中；他会非常优雅，不再单纯把此生的意义建立在他者的身上，而是力求让生命散发出自然的芬芳；他将异常坚韧，即使遭遇挫折、失败，也敢在失败处信任；他依然对这个世界保持怀疑，但"看透这个世界，依然爱它"。

周四研讨《教育人类学》时，魏智渊老师与另外一个"新网师"学员的对话深深击中了我：

有时候，我们要体会一下我们的生命气质与经典之间的微妙的关系，以免除某些无效学习，不过一般人经常会不自觉地落入陷阱，从而很难让读书成为打开自己的过程。你有个优势，是愿意学习，愿意反思。但生命类型的原因，很容易导致选择性反思。你可能一直在阅读，但很难出现质的突破，因为你无法自觉地引入异质的元素进入到自己的生命。

所谓"异质的元素"就是和自己生命气质不契合的知识，文学的气质很难融合理科的严谨，人文的气质很难兼容技术主义的逻辑。很多时候，如果不注意打通与其他学科的联系，所谓的自由和希望，可能只是在封闭的逻辑中自我陶醉，气球虽然可以吹得足够大，飞得足够远，但一根针就能将其打回到地面。

在"新网师"的学习，之所以让许多老师畏惧，就是因为其学习内容和路径与日常的专业发展有着根本性不同，对绝大多数一线老师来说，吸收的是"异质的元素"，所以，其过程非常艰难，但只有穿越这种艰难，才能重塑对自我、对教育的真实希望。

新教育就是在培植这种根本的希望。朱永新老师的伟大之处不在于他发现了中国教育的弊端，而在于能在千疮百孔的教育现实中，提出清晰的理想路径，重新点燃众多一线教师的希望，激发出寻找理想教育的信念，从而在教育生涯中体验幸福与自身价值。

新教育研究中心的意义不仅仅在于开发出了多少理论，出版了多少书，而在于在艰苦恶劣的环境下，在生源薄弱的条件下，通过一步一脚印的行动与创造，在塞外创造了乡村教育的奇迹，让众多对教育失望者看到希望。

曼德拉的伟大，也不在于其是理性睿智的思想家和治国有术的政治家，而在于其自我牺牲（战争时，牺牲了人身自由，和平时，牺牲自己的权威）和宽容他人的博大胸怀，正是崇高人格让南非土地上的黑人和白人摆脱了奴役循环，看到了明天的希望。

三

怀特海说，教育的本质在于它那虔诚的宗教性。

学习希望，就是要在内心确定一个原点，但这个原点不可能通过论证推理求得，而只能以宗教的方式确定。当内心真正确立这个原点后，你的人生态度、教育态度将焕然一新。

这种真实的希望将内生出做人的责任和社会责任，内生出对人、对生活、对世界的神圣的宗教般的崇敬，内生出对世界、对事物发展过程和其整体存在的潜在活力的领悟力量；内生出自我智力发展的不竭动力。

眨眼又是年终，又是岁末，年初的梦想还散发着余热，而一年已经匆匆而过。回想这一年，大多数时光仍然在琐碎、庸常、忙碌中消磨，岁月不会因你有梦想就显现出过多的温情，但不管怎样，在这个即将辞旧迎新的寒冷冬日里，我仍然会像一个任性的孩子一般——向着未来述说梦想，拿出蜡笔画下明天！

（2013年12月）

充满劳绩而诗意地栖居

深秋九月，天高云淡。每到这个季节，漫步在苏州大学的校园里，总能闻到若有若无淡淡的桂花香。

我在苏州大学的新教育研究院办公室，通过网络与老师们在云端共同参加"新网师"一年一度的开学典礼，非常高兴，也特别激动。我对"新网师"是名副其实的朝思暮想。每天早晨醒来第一件事，就是发"早安新网师"。从2020年9月10日开始写起，截至今日，已经连续写了750天。每天晚上，也是以完成"新网师"的工作为一天的结束。我加入了所有的课程群，经常潜水关注着大家在课程群的发言、交流和对话。我看到选修高中语文课程的任鑫星老师将学员的优秀作业精心编辑成册；我看到徐雪花老师，在家校共育课程中对老师们的打卡认真点评；我看到曹舒云老师，在晚上九点多还提交英语课程作业；我看到选修班主任课程的董纯老师，将文章发表在了《德育报》上；我看到武乡一中李玲老师的作品，被"新网师向您汇报"录用。我感受到了老师们学会教育极简技术后的激动与开心，看到了老师们在初中语文课程群里的热切交流。

此时此刻，我也不禁回忆起，近几年来，与"新网师"老师们从山西太原、河南汝阳、山东武城、河南郑州、四川成都、陕西榆林，一路走来，一起共读，一起畅谈的难忘场景。每次相聚都是一次朴素而盛大的庆典，一次刻骨铭心的回忆。这一切都深深感染着我、滋养着我、激励着我，让我更加投入

"新网师"，努力为它增色添彩。

为写典礼致辞的初稿，我一整天在办公室构思，写几行又删除，一直到下班也没有写完。晚上一看手机，才发现错过填写入校白名单。咨询相关老师，答复是再过三天才开放。这就意味着未来三天无法出入校门。我不想因为这点小事麻烦老师和领导，但保安又严格按制度执行。如何办？

很多时候啊，在没有办法的情况下，如何办？这才是生活的常态。

当下时代和未来的社会，不确定性出现的概率会更高。你经常会感受到，曾经积累的经验、储备的知识和锻炼的能力，难以应付当下的问题。我们每天都通过文章、讲座、视频、做事等各种途径学习、思考知识，但知识是学不完的。对于大多数人来说，学知识是手段，而不是目的。正如怀特海所说："教育只有一个主题，那就是五彩缤纷的生活。"那么，面对浩如烟海的知识，究竟学什么才是最核心和最关键的？

我认为，核心素养才是最核心和最关键的。这不仅是每一名学员要考虑的，也是每一位讲师要考虑的。

核心素养，是一个人能够适应终身发展和社会发展需要的必备品格和关键能力。怀特海说"当一个人把在学校学到的知识忘掉，剩下的就是教育"。从理想的教育来说，剩下的应该是核心素养，应该是必备品格和关键能力。我们可能会在某件事上被打败，而一旦具备不服输的坚毅品格，就不会被打倒。曾经掌握的知识可能会忘记，而一旦掌握关键的学习能力就会受用终身。正如李开复对他女儿所言："最重要的不是你学到的具体的知识，而是你学习新事物和解决新问题的能力。"

主持典礼的周卫梅老师本来不熟悉小鹅通平台，但典礼要用，怎么办？学。

王小龙老师代表"新网师"在教育部国培办组织的会议上发言，首次参加这样的会议，缺乏经验，怎么办？学。

我们总以为是学会了才做，而生活的真相是，做中学——只有去做，才能学会。

我与一位讲师交流时说："知识是教不完的。'新网师'授课，要聚焦学科中的大概念，培养教师核心素养。""新网师"的讲师，要从教知识与能力，向培养教师的核心素养转变。比如教授苏霍姆林斯基的《给教师的建议》，就要聚焦"自尊""思维""读写自动化"等大概念。教授王国维的《人间词话》，就要聚焦"境界""气象""有我之境""无我之境"等大概念。马斯洛《动机与人格》中的"需要"，佐藤学《静悄悄的革命》中的"对话"与"润泽的教室"，阿德勒《自卑与超越》中的"自卑"，皮亚杰《儿童的人格教育》中的"图式""同化""顺应""平衡"等，就是要深度学习的大概念。我们对这些大概念透彻地理解与领会，才得以重塑大脑深处支配我们观点和行为的深层信念。由此，游刃有余的教学才能发生，生命的裂变才能发生。"新网师"今年组建了学术团队，成立13个研究中心，就是希望能够对相关学科深度研究，并研发出相应的课程。

每一名老师，也要从学知识向提升核心素养转变。核心素养不是可罗列的知识和能力，而是"知识、技能、态度、价值观和情绪的集合体"。这就意味着，我们的学习，不单单是瞄着知识和技能，而是对学习习惯、学习动力、学习行为、学习评价的全面更新。最终成为自我激励的、自我指导的、自我控制的学习者，去创造性解决一生中可能遇到的各种问题，提高生活、工作的质量。

当我在阐述上面的观点时，不仅是与大家分享心得，也是自我勉励。因为我与大家一样，也正在学习之旅中艰苦跋涉。每天绞尽脑汁，冥思苦想，阅读写作。有时想，人生短短，何苦如此？但又想，在壮年时期，离开了奋斗，生命又有多少意义？

与大家分享一首荷尔德林的诗歌，一起共勉！

    如果人生纯属辛劳，
    人就会仰天而问：
    难道我所求太多以至无法生存？
    是的。
    只要良善和纯真尚与人心相伴，

他就会欣喜地拿神性来度测自己。

神莫测而不可知？

神湛若青天？

我宁愿相信后者。

这是人的尺规。

人充满劳绩，但还诗意地栖居于这块大地之上。

（2022年9月）

后 记

时光荏苒，在这本《终身成长：教师专业发展指南》即将付梓之际，我心中既有完成书稿的欣慰，也有一丝忐忑。欣慰的是，多年教育实践与思考的积淀终于再次以书籍的形式与读者见面；忐忑的是，教育之路永无止境，书中所述仍有未尽之处。成长本身即是一场"向未知的自己逼近"的旅程，接受不完美，才能拥抱更多可能。

2016年，我出版了专著《给青年教师的四十封信》，现在，这本书与原出版社的出版协议已经到期。我原准备将其再版面世，但整理中感觉一些文章写得比较粗糙，于是只是精选了部分文章，补充近三年写作的新文章，汇集成了这本书。

这本书中的文章，源于我对教师成长的长期深切思考。从一线教师到师范院校的指导者，再到新教育实验的参与者，我目睹了教师在专业发展中的迷茫与困惑：有人因事务性工作疲于奔命，逐渐丧失教育热情；有人因于经验主义，难以突破教学瓶颈；还有人渴望成长，却不知从何入手。这些问题让我意识到，教师的成长不仅需要个体的努力，更需要系统的指引与共同体的支持。

于是，我开始梳理自己的教育实践，结合新教育实验的"三专"模式（专业阅读、专业写作、专业交往），试图为同行者绘制一幅清晰的成长地图。书中提到的"啃读经典""对话反思""跨界共读"等方法，既是我个人的经验总结，也是无数教育先行者的智慧结晶。写作过程中，我始终秉持一个信念：教师的成长不应是孤独的苦行，而应是点燃生命、彼此照亮的过程。

不禁回忆起15年前在海南省五指山市支教的那段时光，是我教育生涯的转折点。远离城市的喧嚣，我带着一群大学生在黎村苗寨的学校中扎根。那里没有繁重的迎检任务，没有无休止的会议，却有大段安静的时光供我阅读与写作。正是在这样的环境中，我真正理解了"闲暇出智慧"的深意。每天清晨五点起床读书，夜晚伏案写作，两年时间啃读了苏霍姆林斯基、怀特海、佐藤学等教育家的著作。这些经典书籍像一盏盏明灯，照亮了我对教育的认知。

然而，真正的挑战并非来自外部环境，而是如何将理论转化为实践。书中提到的"啃读"方法，正是那段经历的提炼。我深知，读懂一本书容易，但将书中理念融入课堂、化为行动却需要漫长的磨砺。记得在带领师范生实习时，我曾反复研读《给教师的建议》，试图用"两套大纲"理论指导教学。起初，学生们对理论一知半解，课堂效果平平；但通过持续的共读、案例分析和实践反馈，他们逐渐领悟到理论背后的教育逻辑。这种"知行合一"的过程，让我更加坚信：教师的成长不是知识的堆砌，而是思维的革新。

不禁回忆起三年前在苏州大学攻读教育学博士的岁月，是我从"经验型"向"研究型"蜕变的转折点。曾经，我习惯于用个案的成功推导普遍规律，以直觉的判断替代严谨的论证；而博士研究生阶段的学术训练，如同一面锐利的镜子，照见自身认知的局限——教育现象背后的复杂性，远非个人经验所能穷尽。在撰写论文的过程中，我学习了质性研究方法，尝试用理论分析"新网师"学习共同体，用"知识图谱"追踪教育思潮的演变。这些工具让我意识到：真正的教育变革，需要超越零散的技巧总结，走向基于证据的系统建构。这段经历也让我深刻理解了：我们不必迷信理论的高深，但需要敬畏研究的严谨；不必抛弃实践的智慧，但需要学会用学术语言对话世界。当我在书中强调"专业阅读"与"专业写作"时，不仅是方法的传递，更是对教育研究生态的呼唤——愿每一位教师都能成为"反思的行动者"，在理论与实践的往复中，织就属于自己的专业尊严。

这本书的完成，绝非一人之功。我要感谢导师、新教育实验的发起人朱永新老师，您的"过一种幸福完整的教育生活"理念，为我打开了教育理想的大门；您以灯塔般的学术智慧和躬身垂范的严谨治学，为我推开学术研究之门。感谢新教育的许新海、李镇西、陈东强、李庆明、许庆豫、唐斌、尹艳秋、杨帆、杜涛等领导和老师，你们的鼎力支持、学术引领与精神感召，让我在专业发展的道路上始终步履坚定。感谢"新网师"的伙伴们，你们以默默的付出减轻了我的事务性压力——每一步前行，皆因你们的同行而充满温度与可能。感谢大夏书系的编辑卢风保老师，正是他的厚爱与支持，才让散落的文字得以凝练成章。特别感谢编辑潘琼阁老师，每一次对细节的推敲、对文章的打磨，甚至对标点的斟酌，不仅让我深刻体会到"编辑是作品的第二作者"，而且让这本书更加贴近教师的需求，也让我在写作中收获了超越文字的成长。

我还要感谢那么多熟悉和不熟悉的读者，你们的真诚阅读给我的专业写作增加信心，你们的热情反馈为我的文字注入力量，你们的持续提问推动我不断深化思考。感谢共同学习的一线教师们，在每年的暑期经典共读营等活动中，我见证了无数教师从"被动学习"到"主动觉醒"的蜕变。来自山西省武乡一中的冯利霞老师在内蒙古巴彦淖尔参加完暑期经典共读后写道："这五天的学习不仅加深了我对相关理论与概念的理解，更触动了我的内心，促使我重新审视自己的学习、教学与生活，强化了学习意识、问题意识与反思意识。"这样的反馈让我深刻体会到，教育共同体的意义在于"让知识流动，让思想碰撞"。

感谢我的家人。这几年我专注于工作与学习，妻子始终默默支持，承担了大部分家务；父母年事已高，但不愿给我增加麻烦，以沉默的深情筑起港湾，用一生的隐忍为我遮挡风雨。我常年在外，给两个孩子的陪伴不多，但他们一直努力上进，减少了我的分心，我也希望用自己的身体力行给他们一些无形但深远的影响。我相信，教育者的每一分努力，都在为下一代播撒希望的种子。

人工智能时代的到来，让教育面临前所未有的变革。有人担忧技术会取代教师，但我始终认为，教育的本质是"人的唤醒"，而教师的角色恰恰在于以生命影响生命。书中提到的"对话：突破认知的禁锢"等方法，正是对教育本质的回归。无论时代如何变迁，教师的核心使命始终是帮助学生成为"完整的人"，而作为教师的我们，也正是在成就他人的过程中才朝向了"幸福完整"。

这本书并非终点，而是新的起点。教育实践中仍有太多问题值得探索：如何让新课标理念真正落地？如何在"双减"背景下为教师减负增效？如何构建更具活力的在线学习共同体？如何让平凡教师的生命中彰显教育家精神？这些问题需要更多教育者携手同行，持续探寻。"独行快，众行远"，期待未来有更多教师加入终身学习的行列，共同书写教育的诗意与远方。

最后，我想以书中的一句话与读者共勉："一本本大家之作静静地躺在那里，有待被'吻醒'，您会是那一个幸运的王子吗？"教育是一场永不停歇的探索，教师的成长亦是一场自我启蒙的修行。愿每一位翻开本书的同行者，都能在阅读中遇见更好的自己，在教育中点燃更多生命的火花。

教育的路上，我们终将相遇。

郝晓东

2025年春于苏州